Albert Eije Barreto Mouta

Manual de Implantação da Nota Fiscal Eletrônica

Manual de Implantação da Nota Fiscal Eletrônica
Copyright© Editora Ciência Moderna Ltda., 2010.
Todos os direitos para a língua portuguesa reservados pela EDITORA CIÊNCIA MODERNA LTDA.

De acordo com a Lei 9.610, de 19/2/1998, nenhuma parte deste livro poderá ser reproduzida, transmitida e gravada, por qualquer meio eletrônico, mecânico, por fotocópia e outros, sem a prévia autorização, por escrito, da Editora.

Editor: Paulo André P. Marques
Supervisão Editorial: Aline Vieira Marques
Copidesque: Nancy Juozapavicius
Diagramação: Julio Cesar Baptista
Capa: Paulo Vermelho
Assistente Editorial: Vanessa Motta

Várias **Marcas Registradas** aparecem no decorrer deste livro. Mais do que simplesmente listar esses nomes e informar quem possui seus direitos de exploração, ou ainda imprimir os logotipos das mesmas, o editor declara estar utilizando tais nomes apenas para fins editoriais, em benefício exclusivo do dono da Marca Registrada, sem intenção de infringir as regras de sua utilização. Qualquer semelhança em nomes próprios e acontecimentos será mera coincidência.

FICHA CATALOGRÁFICA

MOUTA, Albert Eije Barreto
Manual de Implantação da Nota Fiscal Eletrônica
Rio de Janeiro: Editora Ciência Moderna Ltda., 2010

1. Informática, 2. Banco de dados,
3. Programação de Computador – Programas e Dados
I — Título

ISBN: 978-85-7393-953-8   CDD 001.642
                                                 005.74
                                                 005

Editora Ciência Moderna Ltda.
R. Alice Figueiredo, 46 – Riachuelo
Rio de Janeiro, RJ – Brasil   CEP: 20.950-150
Tel: (21) 2201-6662 / Fax: (21) 2201-6896
LCM@LCM.COM.BR
WWW.LCM.COM.BR   08/10

Sobre o Autor

O AUTOR TEVE OS PRIMEIROS CONTATOS com a informática nos idos de 1993. Nessa época, trabalhou durante um período no Departamento de Tecnologia do maior banco do Nordeste. Dedicou-se a trabalhar com computação gráfica e depois partiu para a programação de sistemas.

A primeira linguagem utilizada foi o Clipper. Na época, existiam muitos *clippeiros* que desenvolviam sistemas sob medida para as empresas. Nesse ínterim, foram surgindo as linguagens visuais, para aproveitar todo o poder do Windows. O autor fez sua escolha pelo Delphi e desenvolveu diversos sistemas comerciais com essa ferramenta.

Com o avanço da tecnologia, um programador não poderia ser dar ao luxo de saber apenas uma ou duas linguagens e também não poderia se concentrar apenas em desenvolvimento de aplicativos para Desktop, já que a Internet havia se tornado um portal para negócios comerciais.

Dessa forma, o autor começou a trabalhar com a linguagem PHP, desenvolvendo *sites* para a Web. Começou também a estudar a linguagem Java, que utiliza ativamente no desenvolvimento de sistemas no Banco do Brasil.

Atualmente, o autor mantém o *site* www.t2ti.com, que possui um acervo de cursos a distância, e é funcionário de carreira do Banco do Brasil trabalhando como analista de sistemas no complexo tecnológico do BB em Brasília.

Sumário

Apresentação XIII

Parte I – Conceitos

Retrospectiva e Histórico do Projeto 3

SPED – Sistema Público de Escrituração Digital 7
    Apresentação 7
    Objetivos 8
    Premissas 9
    Benefícios 9
    Universo de atuação 10

Projeto Nota Fiscal Eletrônica – NF-e 15
    Justificativas para o projeto 15
    Objetivos do projeto 17
    Benefícios esperados 18
        Benefícios para o contribuinte vendedor (emissor da NF-e)..... 18
        Benefícios para o contribuinte comprador (Receptor da NF-e) 19
        Benefícios para a sociedade 19
        Benefícios para as Administrações Tributárias 19
    Descrição do projeto 20
        Conceito de NF-e 21
        Características da NF-e 21

Descrição simplificada do modelo operacional 22

Detalhamento das etapas do modelo operacional 23

Cancelamento da NF-e... 31

Consulta do status da NF-e 32

Obrigatoriedade.. 32

DANFE – Documento Auxiliar da NF-e... 39

Conceitos.. 39

Modelos.. 40

Campos do DANFE 42

Chave de acesso 42

Dados da NF-e 43

Dados do emitente... 43

Quadro "Fatura/Duplicatas".................................... 43

Quadro "Dados dos Produtos/Serviços" 43

Informações complementares 45

Reservado ao Fisco 45

Modificações permitidas 45

Bloco de Canhoto... 45

Quadro "Fatura/Duplicatas".................................... 46

Quadro "Cálculo do ISSQN" 46

Verso do DANFE 46

Folhas adicionais.. 46

Código de barras CODE-128C 47

Cálculo do dígito verificador do código de barras 128 51

Impressão 52

Chave de acesso 53

Cálculo do dígito verificador da chave de acesso 54

DANFE em contingência 55

Contingência 57

Modalidades de emissão da NF-e 58

Quadro de resumo das modalidades de emissão da NF-e 70

Contingências do tipo "b" e "c" – Formulários de Segurança 71

Manual de Implantação da Nota Fiscal Eletrônica VII

Formulários de Segurança para impressão do DANFE............. 71
Localização da estampa fiscal no FS-DA................................... 75
Impressão do DANFE em contingência com Formulário de
Segurança 77
Ações que devem ser tomadas após a recuperação da falha 78
NF-e pendentes de retorno 79

Parte II – Tecnologias Adotadas

XML – eXtensible Markup Language 83
Introdução 83
O que é mesmo o XML?.. 84
A linguagem HTML.. 86
Comparações entre HTML e XML... 86
Características da linguagem XML... 88
Representação dos dados de forma estruturada 88
Separação entre apresentação e dados..................................... 89
Definição conceitual do XML.. 90
Estrutura do documento 90
Explicação das TAGs 91
Documentos com DTDs.. 92
Padrões da estrutura do XML 94
Uma noção sobre DOM 95
Principais benefícios da linguagem XML.. 95
Buscas mais eficientes... 96
Desenvolvimento de aplicações flexíveis para a Web.............. 96
Integração de dados de fontes diferentes 96
Computação e manipulação locais... 96
Múltiplas formas de visualizar os dados 97
Atualizações granulares dos documentos 97
Fácil distribuição na Web.. 97
Compressão.. 98
XML no Projeto NF-e.. 98
Padrão de Codificação.. 98

Declaração namespace 98
Otimização na montagem do arquivo 100
Validação de Schema 100
Tratamento de caracteres especiais no texto de XML 101
Compreendendo o layout do padrão XML da NF-e 101
Exemplo de uma NF-e – Arquivo XML 105
Elemento Produto – Campos uTrib e qTrib 111
Preenchimento das informações do ICMS 113

Certificação Digital 123
Introdução 123
Criptografia 124
Definição 124
Histórico 124
Criptografia hoje 131
Tipos de criptografia 133
Assinatura digital 138
Documento eletrônico 141
Assinatura manual 141
Assinatura digital 141
Certificado digital 142
Tipos de certificado 153
Formatos de certificados 155
Como obter um certificado digital 158
Cuidados 159
Certificação digital no projeto NF-e 160
Padrão de certificado digital 160
Padrão de assinatura digital 161
Validação de assinatura digital pela SEFAZ 164
O melhor certificado para uso com NF-e 165

Web Services 171
Introdução 171
Definição 171

MANUAL DE IMPLANTAÇÃO DA NOTA FISCAL ELETRÔNICA   IX

Tecnologias envolvidas 172
    XML 172
    SOAP 173
    WSDL 175
    UDDI 176
Segurança 176
    Mecanismos de segurança 177
Web Services no projeto NF-e 178
    Serviços disponíveis 179
    Modelo operacional 181
    Padrão de mensagens dos Web Services 186
    Validação do XML enviado aos Web Services 187
    Schemas XML 188
    Disponibilização dos Web Services 190
    Regras de validação 201
    Tabela de erros 211
    Padrões de nomes para os arquivos 214
    Resumo dos padrões técnicos 216
    Processo de autorização 217
    Cadeia de certificados 217
    Ambiente de Homologação e Ambiente de Produção 222
    Credenciamento 222
    Endereços dos Web Services 223
    SEFAZ Virtual 224

Parte III – Implementação

Emissor Gratuito de NF-e 227
    Introdução 227
    Janela principal 228
    Cadastro de emitentes 228
    Cadastro de produtos 231
    Cadastro de clientes 236
    Cadastro de transportadoras 237

Digitação da nota fiscal 239
Validação da nota fiscal.. 246
Assinatura da nota fiscal 251
Transmissão da nota fiscal 258
Impressão da nota fiscal.. 259

Estratégia de Implantação da NF-e 261
Emissor Gratuito de NF-e 261
1 – A empresa já possui um sistema de faturamento 261
2 – A empresa não possui um sistema de faturamento............. 262
Comprar uma solução pronta...................................... 262
Desenvolver a própria solução 265
Sequência lógica da implantação 265

Implementando NF-e em Delphi 269
Soluções prontas 269
NFe_Util.dll 269
ACBrNFe – Componente Delphi para Nota Fiscal Eletrônica . 280
Construindo a solução.. 299
Delphi e XML 299
Delphi e certificação digital 311
Delphi e Web Services 328
Conclusões 333

Implementando NF-e em Java 335
Soluções prontas 335
Projeto Stella NFe 335
Projeto Java NFe – jNFe 338
Conclusões 340
Construindo a solução.. 340
Java e XML... 340
JAXB – Java Architecture for XML Binding........................ 346
Java e certificação digital 353
Assinando e validando arquivos XML............................... 353
Java e Web Services 366

Arquivos WSDL.. 366

Consumindo o Web Service.. 372

Conclusões 380

Anexo A – Contatos com as Secretarias de Fazenda 381

Anexo B – Protocolo de Cooperação nº 03 / 2005 – II ENAT.............. 385

Anexo C – Ato Cotepe nº 72, de 20 de dezembro de 2005................... 389

Anexo I 390

Anexo II 408

Anexo III – 1. Transmissão de NF-e 411

Anexo D – Ajuste SINIEF 07/05 419

Referências.. 459

Apresentação

ESTE LIVRO FOI DESENVOLVIDO COM o objetivo de ajudar o desenvolvedor a entender o projeto Nota Fiscal Eletrônica – NF-e. Devido à complexidade do projeto, alguns desenvolvedores têm muita dificuldade para entender o que deve ser feito. Este livro mostra o caminho das pedras.

A primeira parte do livro explica a parte conceitual do projeto. A leitura destes capítulos é de extrema importância para a compreensão do que deve ser feito.

A segunda parte do livro explica quais as tecnologias adotadas para a implementação da solução.

A terceira parte do livro mostra como implementar a solução utilizando duas linguagens: Delphi e Java.

Este livro foi desenvolvido com o total apoio da Internet, onde são encontrados os manuais do projeto e as referências para todas as tecnologias adotadas para a implementação do mesmo.

Durante o trabalho, foram utilizadas diversas imagens. As imagens retiradas de manuais ou sites da Internet estão com os devidos créditos.

Durante a escrita do livro poderão aparecer nomes, marcas ou imagens de órgãos públicos e/ou empresas. Todas as marcas e *copyrights* citados no livro pertencem aos seus respectivos proprietários.

O material desenvolvido pelo autor durante o livro pode ser baixado na Internet, no seguinte endereço: http://www.t2ti.com/livro/nfe/material.

Parte I – Conceitos

ESTA É A PRIMEIRA PARTE do livro. Aqui serão abordados todos os conceitos envolvidos no Projeto NF-e.

De início, faremos uma retrospectiva para compreender como "nasceu" o Projeto NF-e. Após isso, abordaremos o SPED – Sistema Público de Escrituração Digital, que engloba vários projetos incluindo o Projeto NF-e. Abordaremos todos os conceitos da Nota Fiscal Eletrônica, do DANFE e dos planos de contingência.

Retrospectiva e Histórico do Projeto

Dezembro de 2003 – Emenda Constitucional nº 42. Trata da integração entre os Fiscos.

Julho de 2004 – Para atender o disposto da Emenda Constitucional nº 42, Inciso XXII, art. 37, foi realizado o I Encontro Nacional de Administradores Tributários – ENAT, realizado no Estado da Bahia.

O encontro teve como objetivo buscar soluções conjuntas das três esferas de Governo que promovessem maior integração administrativa, padronização e melhor qualidade das informações; racionalização de custos e da carga de trabalho operacional no atendimento; maior eficácia da fiscalização; maior possibilidade de realização de ações fiscais coordenadas e integradas; maior possibilidade de intercâmbio de informações fiscais entre as diversas esferas governamentais; cruzamento de dados em larga escala com dados padronizados e uniformização de procedimentos.

Foram aprovados dois protocolos de cooperação técnica nas áreas de cadastramento:

- Cadastro Sincronizado;
- Nota Fiscal Eletrônica (NF-e).

Abril de 2005 – Em parceria firmada com a COFIS (SRF), o ENCAT assume a coordenação do Projeto NF-e, que passa a integrar o Projeto SPED – Sistema Público de Escrituração Digital:

- Nota Fiscal Eletrônica (NF-e);
- Escrituração Fiscal Digital;
- Escrituração Contábil Digital.

Abril a Junho de 2005 – O grupo técnico do projeto unifica o conceito da NF-e e conclui o projeto lógico do sistema.

Julho de 2005 – O projeto unificado é apresentado e aprovado pelos administradores e coordenadores tributários estaduais, durante o ENCAT Pará.

Agosto de 2005 – Durante o segundo ENAT, em São Paulo, são assinados os seguintes protocolos:
- ENAT 02/2005 – Cria o SPED;
- ENAT 03/2005 – Cria a NF-e.

É formalizada a parceria para a execução do projeto entre a RFB e os Estados.

Setembro de 2005 – Apresentação do projeto aos grandes contribuintes do Estado de São Paulo, buscando parceria para a participação no piloto. Os seguintes Estados participaram do piloto: BA, SP, RS, GO, MA e SC.

Participaram do projeto piloto as seguintes empresas:

Bahia
1. BR – Petrobrás Distribuidora de Petróleo S.A.
2. Cervejaria Kaiser S.A.
3. Companhia Ultragaz S.A.
4. Ford Motor Company Brasil Ltda.
5. Gerdau Aços Longos S.A.
6. Sadia S.A.
7. Souza Cruz S.A.
8. Petrobras – Petróleo Brasileiro S.A.

Goiás
1. Souza Cruz S.A.

Maranhão
1. Souza Cruz S.A

Rio Grande do Sul
1. BR – Petrobrás Distribuidora de Petróleo S.A.
2. Cervejaria Kaiser S.A.
3. Companhia Ultragaz S.A.
4. Dimed Distribuidora de Medicamentos S.A.
5. General Motors do Brasil Ltda.
6. Gerdau Aços Especiais S.A.
7. Sadia S.A.
8. Siemens VDO Automotive Ltda.
9. Souza Cruz S.A.
10. Toyota do Brasil

Santa Catarina
1. Petrobrás Distribuidora de Petróleo S.A.
2. Wickbold & Nosso Pão Indústrias Alimentícias Ltda.

São Paulo
1. BR Petrobrás Distribuidora de Petróleo S.A.
2. Cervejarias Kaiser S.A.
3. Companhia Ultragaz S.A.
4. Eletropaulo Metropolitana Eletricidade de São Paulo S.A.
5. Eurofarma Laboratórios Ltda.
6. Ford Motor Company Brasil Ltda.
7. General Motors do Brasil Ltda.
8. Gerdau Aços Longos S.A.
9. Office Net do Brasil S.A.
10. Petrobras – Petróleo Brasileiro S.A.
11. Robert Bosch Limitada
12. Sadia S.A.
13. Siemens VDO Automotive Ltda.
14. Souza Cruz S.A.

15. Telefônica – Telesp Telecomunicações de São Paulo S.A.
16. Toyota do Brasil
17. Volkswagen do Brasil Indústria de Veículos Automotores Ltda.
18. Wickbold & Nosso Pão Indústrias Alimentícias Ltda.

Novembro de 2005 – A Suframa passa a integrar o projeto.

Janeiro de 2007 – SPED e NF-e são incluídos no PAC, com prazo de dois anos.

SPED – Sistema Público de Escrituração Digital

Apresentação

Instituído pelo Decreto n° 6.022, de 22 de janeiro de 2007, o projeto do Sistema Público de Escrituração Digital (Sped) faz parte do Programa de Aceleração do Crescimento do Governo Federal (PAC 2007-2010) e constitui-se em mais um avanço na informatização da relação entre o fisco e os contribuintes.

De modo geral, consiste na modernização da sistemática atual do cumprimento das obrigações acessórias, transmitidas pelos contribuintes às administrações tributárias e aos órgãos fiscalizadores, utilizando-se da certificação digital para fins de assinatura dos documentos eletrônicos, garantindo assim a validade jurídica dos mesmos apenas na sua forma digital.

- É composto por três grandes subprojetos: Escrituração Contábil Digital, Escrituração Fiscal Digital e a NF-e – Ambiente Nacional.
- Representa uma iniciativa integrada das administrações tributárias nas três esferas governamentais: federal, estadual e municipal.
- Mantém parceria com 20 instituições, entre órgãos públicos, conselho de classe, associações e entidades civis, na construção conjunta do projeto.
- Firma Protocolos de Cooperação com 27 empresas do setor privado, participantes do projeto-piloto, objetivando o desenvolvimento e o disciplinamento dos trabalhos conjuntos.
- Possibilita, com as parcerias fisco-empresas, planejamento e identificação de soluções antecipadas no cumprimento das obrigações acessórias, em face às exigências a serem requeridas pelas administrações tributárias.
- Faz com que a efetiva participação dos contribuintes na definição dos meios de atendimento às obrigações tributárias acessórias exigidas pela legislação tributária contribua para aprimorar esses mecanismos e confira a esses instrumentos maior grau de legitimidade social.
- Estabelece um novo tipo de relacionamento, baseado na transparência mútua, com reflexos positivos para toda a sociedade.

Objetivos

- **Promover a integração dos fiscos,** mediante a padronização e compartilhamento das informações contábeis e fiscais, respeitadas as restrições legais.
- **Racionalizar e uniformizar as obrigações acessórias para os contribuintes,** com o estabelecimento de transmissão única de distintas obrigações acessórias de diferentes órgãos fiscalizadores.
- **Tornar mais ágil a identificação de ilícitos tributários,** com a melhoria do controle dos processos, a rapidez no acesso às informações e a fiscalização mais efetiva das operações com o cruzamento de dados e auditoria eletrônica.

Premissas

- Propiciar melhor ambiente de negócios para as empresas no País;
- Eliminar a concorrência desleal com o aumento da competitividade entre as empresas;
- O documento oficial é o documento eletrônico com validade jurídica para todos os fins;
- Utilizar a Certificação Digital padrão ICP Brasil;
- Promover o compartilhamento de informações;
- Criar na legislação comercial e fiscal a figura jurídica da Escrituração Digital e da Nota Fiscal Eletrônica;
- Manutenção da responsabilidade legal pela guarda dos arquivos eletrônicos da Escrituração Digital pelo contribuinte;
- Redução de custos para o contribuinte;
- Mínima interferência no ambiente do contribuinte;
- Disponibilizar aplicativos para emissão e transmissão da Escrituração Digital e da NF-e para uso opcional pelo contribuinte.

Benefícios

- Redução de custos com a dispensa de emissão e armazenamento de documentos em papel;
- Eliminação do papel;
- Redução de custos com a racionalização e simplificação das obrigações acessórias;
- Uniformização das informações que o contribuinte presta às diversas unidades federadas;
- Redução do envolvimento involuntário em práticas fraudulentas;
- Redução do tempo despendido com a presença de auditores fiscais nas instalações do contribuinte;
- Simplificação e agilização dos procedimentos sujeitos ao controle da administração tributária (comércio exterior, regimes especiais e trânsito entre unidades da federação);

- Fortalecimento do controle e da fiscalização por meio de intercâmbio de informações entre as administrações tributárias;
- Rapidez no acesso às informações;
- Aumento da produtividade do auditor através da eliminação dos passos para coleta dos arquivos;
- Possibilidade de troca de informações entre os próprios contribuintes a partir de um leiaute padrão;
- Redução de custos administrativos;
- Melhoria da qualidade da informação;
- Possibilidade de cruzamento entre os dados contábeis e os fiscais;
- Disponibilidade de cópias autênticas e válidas da escrituração para usos distintos e concomitantes;
- Redução do "Custo Brasil";
- Aperfeiçoamento do combate à sonegação;
- Preservação do meio ambiente pela redução do consumo de papel.

Universo de atuação

- Sped – Contábil
  De maneira bastante simplificada, podemos definir o Sped Contábil como a substituição dos livros da escrituração mercantil pelos seus equivalentes digitais.

- Sped – Fiscal
  A Escrituração Fiscal Digital (EFD) é um arquivo digital, que se constitui de um conjunto de escriturações de documentos fiscais e de outras informações de interesse dos fiscos das unidades federadas e da Secretaria da Receita Federal do Brasil, bem como de registros de apuração de impostos referentes às operações e prestações praticadas pelo contribuinte.
  Este arquivo deverá ser assinado digitalmente e transmitido, via Internet, ao ambiente Sped.

- NF-e – Ambiente Nacional
  O Projeto Nota Fiscal Eletrônica (NF-e) está sendo desenvolvido, de forma integrada, pelas Secretarias de Fazenda dos Estados e Receita Federal do Brasil, a partir da assinatura do Protocolo ENAT 03/2005, de 27/08/2005, que atribui ao ENCAT a coordenação e a responsabilidade pelo desenvolvimento e implantação do Projeto NF-e.
  A integração e a cooperação entre Administrações Tributárias têm sido temas muito debatidos em países federativos, especialmente naqueles que, como o Brasil, possuem forte grau de descentralização fiscal.
  Atualmente, as Administrações Tributárias despendem grandes somas de recursos para captar, tratar, armazenar e disponibilizar informações sobre a emissão de notas fiscais dos contribuintes. Os volumes de transações efetuadas e os montantes de recursos movimentados crescem em ritmo intenso e, na mesma proporção, aumentam os custos inerentes à necessidade do Estado de detectar e prevenir a evasão tributária.
  Este livro tem como foco apenas este item do Sped.

- NFS-e
  O Projeto Nota Fiscal de Serviços Eletrônica (NFS-e) está sendo desenvolvido de forma integrada, pela Receita Federal do Brasil (RFB) e Associação Brasileira das Secretarias de Finanças das Capitais (Abrasf), atendendo o Protocolo de Cooperação ENAT nº 02, de 7 de dezembro de 2007, que atribuiu a coordenação e a responsabilidade pelo desenvolvimento e implantação do Projeto da NFS-e.
  A Nota Fiscal de Serviços Eletrônica (NFS-e) é um documento de existência digital, gerado e armazenado eletronicamente em Ambiente Nacional pela RFB, pela prefeitura ou por outra entidade conveniada, para documentar as operações de prestação de serviços.
  Esse projeto visa o benefício das administrações tributárias padronizando e melhorando a qualidade das informações, racionalizando os custos e gerando maior eficácia, bem como o aumento da

competitividade das empresas brasileiras pela racionalização das obrigações acessórias (redução do custo-Brasil), em especial a dispensa da emissão e guarda de documentos em papel.

- CT-e
O Conhecimento de Transporte eletrônico (CT-e) é o novo modelo de documento fiscal eletrônico, instituído pelo AJUSTE SINIEF 09/07, de 25/10/2007, que poderá ser utilizado para substituir um dos seguintes documentos fiscais:
  1. Conhecimento de Transporte Rodoviário de Cargas, modelo 8;
  2. Conhecimento de Transporte Aquaviário de Cargas, modelo 9;
  3. Conhecimento Aéreo, modelo 10;
  4. Conhecimento de Transporte Ferroviário de Cargas, modelo 11;
  5. Nota Fiscal de Serviço de Transporte Ferroviário de Cargas, modelo 27;
  6. Nota Fiscal de Serviço de Transporte, modelo 7, quando utilizada em transporte de cargas.

O CT-e também poderá ser utilizado como documento fiscal eletrônico no transporte dutoviário e, futuramente, nos transportes Multimodais.

Podemos conceituar o CT-e como um documento de existência exclusivamente digital, emitido e armazenado eletronicamente, com o intuito de documentar uma prestação de serviços de transportes, cuja validade jurídica é garantida pela assinatura digital do emitente e a Autorização de Uso fornecida pela administração tributária do domicílio do contribuinte.

O Projeto Conhecimento de Transporte Eletrônico (CT-e) está sendo desenvolvido, de forma integrada, pelas Secretarias de Fazenda dos Estados e Receita Federal do Brasil, a partir da assinatura do Protocolo ENAT 03/2006, de 10/11/2006, que atribui ao ENCAT a coordenação e a responsabilidade pelo desenvolvimento e implantação do Projeto CT-e.

- e-Lalur
  O objetivo do sistema é eliminar a redundância de informações existentes na escrituração contábil, no Lalur e na DIPJ, facilitando o cumprimento da obrigação acessória.

- Central de Balanços
  A Central de Balanços brasileira é um projeto integrante do Sistema Público de Escrituração Digital (Sped), em fase inicial de desenvolvimento, que deverá reunir demonstrativos contábeis e uma série de informações econômico-financeiras públicas das empresas envolvidas no projeto.
  As informações coletadas serão mantidas em um repositório e publicadas em diversos níveis de agregação. Esses dados serão utilizados para geração de estatísticas, análises nacionais e internacionais (por setor econômico, forma jurídica e porte das empresas), análises de risco creditício e estudos econômicos, contábeis e financeiros, dentre outros usos.
  A Central tem como objetivo a captação de dados contábeis e financeiros (notadamente as demonstrações contábeis), a agregação desses dados e a disponibilização à sociedade, em meio magnético, dos dados originais e agregados.

Conforme já mencionado, nosso foco será apenas na NF-e nacional. Estudaremos os conceitos teóricos para a implantação desse quesito do Sped e veremos como implementá-lo utilizando duas linguagens diferentes: Delphi e Java.

Projeto Nota Fiscal Eletrônica – NF-e

Justificativas para o projeto

A busca pela integração e modernização da Administração Tributária relaciona-se à forma federativa adotada pelo estado brasileiro. Nesse contexto, a União, os Estados, o Distrito Federal e os Municípios são dotados de autonomia política, administrativa e financeira. Suas atribuições, limitações e competências estão previstas na Constituição Federal, que concede a cada esfera de governo a competência de instituir e administrar os respectivos tributos.

A integração e cooperação entre administrações tributárias têm sido temas muito debatidos em países federativos, especialmente naqueles que, como o Brasil, possuem forte grau de descentralização fiscal. Nesses países, é comum que a autonomia tributária gere multiplicidade de rotinas de trabalho, burocracia, baixo grau de troca de informações e falta de compatibilidade entre os dados econômico-fiscais dos contribuintes.

Cada órgão estadual pode escolher trabalhar da sua maneira. Em termos de software, uma Secretaria de Fazenda pode escolher trabalhar com Natural, armazenando seus dados em DB2, e criando uma interface Web para seus usuários utilizando Java. Outra pode escolher trabalhar com Cobol, armazenando seus dados em Oracle, e criando uma interface Web para seus usuários utilizando Dot Net. Imagine a dificuldade de integração.

Para os cidadãos, o Estado mostra-se multifacetado, ineficiente e moroso. Para o governo, o controle apresenta-se difícil porque falta a visão integrada das ações dos contribuintes. Para o País, o custo público e privado do cumprimento das obrigações tributárias torna-se alto, criando um claro empecilho ao investimento e geração de empregos.

Com o advento da informática, os agentes econômicos aumentaram a sua mobilidade, exercendo ações em todo o território nacional e deixando de estar restritos ao conceito de jurisdição territorial. Dessa forma, é comum que empresas sejam contribuintes, simultaneamente, de diversos governos, em nível federal, estadual ou municipal. A consequência direta desse modelo é que os bons contribuintes acabam penalizados pela burocracia, pois têm que lidar com procedimentos e normas diversos em cada unidade da federação ou município.

As administrações tributárias enfrentam o grande desafio de adaptarem-se aos processos de globalização e de digitalização do comércio e das transações entre contribuintes. Os volumes de transações efetuadas e os montantes de recursos movimentados crescem num ritmo intenso e, na mesma proporção, aumentam os custos inerentes à necessidade do Estado de detectar e prevenir a evasão tributária.

No que se refere às administrações tributárias, há a necessidade de despender grandes somas de recursos para captar, tratar, armazenar e disponibilizar informações sobre as operações realizadas pelos contribuintes, administrando um volume de obrigações acessórias que acompanha o surgimento de novas hipóteses de evasão.

No que tange aos contribuintes, há a necessidade de alocar recursos humanos e materiais vultosos para o registro, contabilidade, armazenamen-

Manual de Implantação da Nota Fiscal Eletrônica 17

to, auditoria interna e prestação de informações às diferentes esferas de governo que, no cumprimento das suas atribuições legais, as demandam, usualmente por intermédio de declarações e outras obrigações acessórias. Sem dúvida, o custo inerente ao grande volume de documentos em papel que circulam e são armazenados, tanto pela administração tributária como pelos contribuintes, é substancialmente elevado.

Portanto, a integração e o compartilhamento de informações têm os seguintes objetivos:

- Racionalizar e modernizar a administração tributária brasileira;
- Reduzir custos e entraves burocráticos;
- Facilitar o cumprimento das obrigações tributárias e o pagamento de impostos e contribuições;
- Fortalecer o controle e a fiscalização por meio de intercâmbio de informações entre as administrações tributárias.

Vindo ao encontro dessas necessidades, a Emenda Constitucional nº 42 introduziu o Inciso XXII ao art. 37 da Constituição Federal, que determina às administrações tributárias da União, dos Estados, do Distrito Federal e dos Municípios a atuar de forma integrada, inclusive com o compartilhamento de cadastros e de informações fiscais.

De modo geral, o projeto justifica-se pela necessidade de investimento público voltado para a redução da burocracia do comércio e dos entraves administrativos enfrentados pelos empresários do País, exigindo a modernização das administrações tributárias nas três esferas de governo.

O projeto prevê ainda o investimento em tecnologia de forma a modernizar o parque tecnológico e os sistemas de informação, ampliando a capacidade de atendimento das unidades administrativas.

Objetivos do projeto

O objetivo principal do projeto Nota Fiscal Eletrônica é a implantação de um modelo nacional de documento fiscal eletrônico, que substitua a sistemática atual do documento fiscal em papel, com validade jurídica para todos os fins, simplificando as obrigações acessórias dos contribuintes, permitindo ainda um controle em tempo real das operações comerciais pelo Fisco.

A Nota Fiscal Eletrônica representa um grande avanço nas relações comerciais entre contribuintes e no cumprimento das obrigações acessórias correspondentes.

Além disso, a Nota Fiscal Eletrônica representa uma forte mudança cultural, onde existe o abandono de uma realidade toda baseada no papel para uma nova, uma realidade virtual, em que os documentos são totalmente digitais.

Nesse contexto de mudança de cultura e de uso de nova tecnologia, é importante que o projeto seja desenvolvido e implantado de forma gradativa, direcionado inicialmente para grandes contribuintes. A emissão da NF-e para os pequenos e médios contribuintes será implementada na segunda fase do projeto.

Benefícios esperados

O Projeto NF-e se enquadra na convergência dos objetivos do Sistema Público de Escrituração Digital (SPED), e possibilitará os seguintes benefícios e vantagens às partes envolvidas na atividade comercial (comprador e vendedor), ao Fisco e também para a sociedade como um todo:

Benefícios para o contribuinte vendedor (emissor da NF-e)

- Redução de custos de impressão;
- Redução de custos de aquisição de papel;
- Redução de custos de envio do documento fiscal;
- Redução de custos de armazenagem de documentos fiscais;
- Simplificação de obrigações acessórias, como dispensa de AIDF;
- Redução de tempo de parada de caminhões em Postos Fiscais de Fronteira;
- Incentivo a uso de relacionamentos eletrônicos com clientes (B2B).

Benefícios para o contribuinte comprador (Receptor da NF-e)

- Eliminação de digitação de notas fiscais na recepção de mercadorias;
- Planejamento de logística de entrega pela recepção antecipada da informação da NF-e;
- Redução de erros de escrituração devido a erros de digitação de notas fiscais;
- Incentivo a uso de relacionamentos eletrônicos com fornecedores (B2B).

Benefícios para a sociedade

- Redução do consumo de papel, com impacto positivo para o meio ambiente;
- Incentivo ao comércio eletrônico e ao uso de novas tecnologias;
- Padronização dos relacionamentos eletrônicos entre empresas;
- Surgimento de oportunidades de negócios e empregos na prestação de serviços ligados a Nota Fiscal Eletrônica.

Benefícios para as Administrações Tributárias

- Aumento na confiabilidade da Nota Fiscal;
- Melhoria no processo de controle fiscal, possibilitando um melhor intercâmbio e compartilhamento de informações entre os fiscos;
- Redução de custos no processo de controle das notas fiscais capturadas pela fiscalização de mercadorias em trânsito;
- Diminuição da sonegação e aumento da arrecadação;
- Suporte aos projetos de escrituração eletrônica contábil e fiscal da Secretaria da Receita Federal e demais Secretarias de Fazendas Estaduais.

Descrição do projeto

O Projeto Nota Fiscal Eletrônica consiste na alteração da sistemática atual de emissão de nota fiscal em papel, modelos 1 e 1A, por nota fiscal de existência apenas eletrônica (digital).

Observe abaixo os modelos 1 e 1A que serão substituídos.

Nota Fiscal Modelo 1

Manual de Implantação da Nota Fiscal Eletrônica

21

Nota Fiscal Modelo 1A

Conceito de NF-e

A Nota Fiscal Eletrônica (NF-e) é um documento de existência exclusivamente digital, emitido e armazenado eletronicamente, com intuito de documentar uma operação de circulação de mercadoria ou prestação de serviço, ocorrida entre as partes, cuja validade jurídica é garantida pela assinatura digital do emitente e recepção, pelo fisco, antes da ocorrência do fato gerador.

Características da NF-e

A Nota Fiscal Eletrônica possui as seguintes características:
- Documento digital que atende aos padrões definidos na MP 2.200/01, no formato XML (*Extended Markup Language*);

- Garantia de autoria, integridade e irrefutabilidade, certificadas através de assinatura digital do emitente, definido pela Infraestrutura de Chaves Públicas Brasileiras (ICP Brasil);
- O arquivo da NF-e deverá seguir o leiaute de campos definido em legislação específica;
- A NF-e deverá conter um "código numérico", obtido por meio de algoritmo fornecido pela administração tributária, que comporá a "chave de aceso" de identificação da NF-e, juntamente com o CNPJ do emitente e número da NF-e;
- A NF-e, para poder ser válida, deverá ser enviada eletronicamente e autorizada pelo fisco, da circunscrição do contribuinte emissor, antes de seu envio ao destinatário e antes da saída da mercadoria do estabelecimento;
- A transmissão da NF-e será efetivada, via Internet, por meio de protocolo de segurança ou criptografia;
- A NF-e transmitida para a SEFAZ não pode mais ser alterada, permitindo-se apenas, dentro de certas condições, seu cancelamento;
- As NF-e deverão ser emitidas em ordem consecutiva crescente e sem intervalos a partir do 1º número seqüencial, sendo vedado a duplicidade ou reaproveitamento dos números inutilizados ou cancelados;
- A critério das administrações tributárias, a NF-e poderá ter o seu recebimento confirmado pelo destinatário.

Descrição simplificada do modelo operacional

A empresa emissora de NF-e gerará um arquivo eletrônico contendo as informações fiscais da operação comercial, o qual deverá ser assinado digitalmente, de maneira a garantir a integridade dos dados e a autoria do emissor. Este arquivo eletrônico corresponde à Nota Fiscal Eletrônica e deverá ser transmitido para os seguintes órgãos, via Internet:
- Secretaria da Fazenda de jurisdição do contribuinte que fará uma pré-validação do arquivo e devolverá um protocolo de recebimento

MANUAL DE IMPLANTAÇÃO DA NOTA FISCAL ELETRÔNICA 23

(Autorização de Uso), sem o qual não poderá haver o trânsito da mercadoria;

- Receita Federal, que será repositório nacional de todas as NF-e emitidas (Ambiente Nacional);
- Secretaria de Fazenda de destino da operação, no caso de operação interestadual;
- Suframa, no caso de mercadorias destinadas às áreas incentivadas.

As Secretarias de Fazenda e a RFB (Ambiente Nacional), disponibilizarão consulta, através da Internet, para o destinatário e outros legítimos interessados, que detenham a chave de acesso do documento eletrônico.

Para acompanhar o trânsito da mercadoria será impressa uma representação gráfica simplificada da Nota Fiscal Eletrônica, intitulado DANFE. Este será impresso em papel comum, em única via. Neste documento constará, em destaque, a chave de acesso para consulta da NF-e na Internet e um código de barras bidimensional que facilitará a captura e a confirmação de informações da NF-e pelas unidades fiscais.

O DANFE não é e não substitui uma nota fiscal. Serve apenas como instrumento auxiliar para consulta da NF-e, pois contém a chave de acesso da NF-e, que permite ao detentor desse documento confirmar sua efetiva existência através do Ambiente Nacional (RFB) ou do *site* da SEFAZ na Internet.

Caso o contribuinte destinatário não seja emissor de NF-e, poderá escriturar os dados contidos no DANFE, sendo que sua validade ficará vinculada à efetiva existência da NF-e nos arquivos das administrações tributárias envolvidas no processo, comprovada através da emissão da Autorização de Uso.

O contribuinte emitente da NF-e realizará a escrituração a partir das NF-e emitidas e recebidas.

Detalhamento das etapas do modelo operacional

O processo de emissão da NF-e será constituído das seguintes etapas:

- Etapa 1 – Habilitação do contribuinte como emissor de NF-e;
- Etapa 2 – Emissão e Transmissão da NF-e;
- Etapa 3 – Consulta da NF-e;
- Etapa 4 – Envio da NF-e para a Receita Federal e para a Secretaria de Fazenda do destino;
- Etapa 5 – Confirmação de Recebimento da NF-e pelo destinatário.

Etapa 1 – Habilitação do contribuinte como emissor de NF-e

Esta etapa corresponde ao processo eletrônico pelo qual um contribuinte solicita seu cadastramento como emissor de NF-e junto à Secretaria da Fazenda.

O objetivo é que o contribuinte, através do acesso ao site da SEFAZ, solicite sua habilitação como emissor de NF-e. Após a solicitação, a SEFAZ realizará a análise eletrônica do pedido, efetuando críticas referentes à situação cadastral / econômico-fiscal e pagamentos realizados pelo contribuinte (critérios próprios de cada UF).

Cumprida essa etapa inicial de cadastramento, o contribuinte deverá iniciar o envio de Notas Fiscais Eletrônicas, em ambiente de testes, para homologação do seu sistema.

Após a fase dos testes, o contribuinte receberá um código de habilitação para emitir NF-e, podendo, a partir deste instante, iniciar a transmissão de suas NF-e para a Secretaria da Fazenda.

O contribuinte deverá acessar o site da SEFAZ do seu Estado para saber os detalhes da habilitação. Dependendo do Estado, a SEFAZ disponibiliza um manual de credenciamento, onde estão descritos os passos necessários para a habilitação.

Etapa 2 – Emissão e transmissão da NF-e

Esta etapa descreve o processo de emissão e transmissão de uma Nota Fiscal Eletrônica. O contribuinte emissor envia a NF-e para a Secretaria da Fazenda, que após sua autorização de uso, transmitirá o documento eletrônico para a Receita Federal. Caso seja uma operação interestadual o documento também é enviado para a SEFAZ de destino, permitindo assim o trânsito da mercadoria.

Nesta etapa, o contribuinte deverá adaptar seu sistema de emissão de Nota Fiscal de forma que, após dispor dos dados da operação comercial, possa extraí-los do seu banco de dados e preencher os campos do arquivo da Nota Fiscal Eletrônica.

De posse do arquivo de NF-e, e após efetuar validações quanto ao correto preenchimento de seus campos, o contribuinte deverá efetuar a assinatura digital do arquivo, através do padrão ICP-Brasil.

Esse arquivo, já assinado digitalmente, deverá ser transmitido pela Internet para a Secretaria da Fazenda, através do uso da tecnologia de Web Services, antes da saída da mercadoria de seu estabelecimento.

A transmissão de dados utilizará protocolo de segurança e/ou criptografia, visando a proteção e sigilo da informação.

A transmissão para a Secretaria da Fazenda será feita em lotes, no entanto, cada NF-e deverá ter sua assinatura digital.

A Secretaria da Fazenda, ao receber a NF-e pela Internet, realizará automaticamente uma validação de recepção, momento no qual serão avaliados eletronicamente os seguintes aspectos:

- Emissor autorizado;
- Assinatura digital do emitente;
- Integridade (*hash code*);
- Formato dos campos do arquivo (esquema XML);
- Regularidade fiscal do emitente;
- Regularidade fiscal do destinatário;
- Não existência da NF-e na base de dados da Secretaria da Fazenda (duplicidade);

Se não for detectado nenhum problema na etapa da validação de recepção, a NF-e será recebida e armazenada pela SEFAZ que, simultaneamente, retornará com um protocolo de transação com status "Autorização de Uso". A SEFAZ disponibilizará a NF-e para consulta pelas partes envolvidas (emitente e destinatário) e aos terceiros legitimamente interessados (aqueles que dispuserem da chave de acesso da NF-e). A consulta deverá ser feita via Internet.

Esse protocolo de transação com o status "Autorização de Uso" conterá ainda:

- A identificação da NF-e através de sua chave de acesso;
- O momento em que a NF-e foi recebida pela SEFAZ (data/hora/minuto/segundo);
- Um código de protocolo.

Opcionalmente esse protocolo poderá ser assinado digitalmente pela Secretaria da Fazenda Receptora.

Somente após o contribuinte emissor receber o protocolo de transação com o status "Autorização de Uso" é que poderá haver a saída da mercadoria de seu estabelecimento. A NF-e autorizada poderá ser enviada para o destinatário por qualquer meio, inclusive correio eletrônico.

Para facilitar o controle, deverá ser impresso um documento auxiliar para acompanhar o trânsito da mercadoria, o DANFE. Veja mais à frente a seção específica sobre o DANFE.

Uma NF-e recebida pela SEFAZ representa, simplesmente, que a declaração de uma transação comercial feita pelo contribuinte emitente do documento foi aceita em termos de formato pela SEFAZ, que a partir desse momento poderá proceder a homologação do lançamento da NF-e, conforme legislação em vigor.

Se houver algum problema já na validação de recepção, poderão ocorrer três situações distintas:

- Interrupção da comunicação, sem um protocolo de transação em resposta da SEFAZ;
- Resposta da SEFAZ com protocolo de transação com status "Rejeição";
- Resposta da SEFAZ com protocolo de transação com status "Não Autorização de Uso".

A primeira hipótese, de interrupção da comunicação, sem um protocolo de transação em resposta da SEFAZ, ocorrerá quando, por algum problema de ordem técnica na comunicação de dados, não for possível a recepção do arquivo pela SEFAZ. Nesse caso, o contribuinte deverá proceder com um novo envio da NF-e para a SEFAZ.

A segunda hipótese corresponde à situação de rejeição da NF-e, devido a problemas detectados pela SEFAZ na validação de recepção. Os problemas podem ser: assinatura digital inválida, não preenchimento ou preenchimento inválido do número da NF-e, existência da NF-e na base de dados da SEFAZ, etc. Nesse caso, o arquivo de NF-e, que foi rejeitado pela SEFAZ, não será armazenado na base de consultas da SEFAZ, podendo o contribuinte corrigir o problema e enviar novamente o arquivo para a SEFAZ.

O protocolo de transação com status "Rejeição" conterá, além da identificação do status, a identificação do motivo da rejeição da NF-e.

A última hipótese corresponde à situação onde a NF-e não teve seu uso autorizado pela SEFAZ. Este caso ocorrerá quando houver qualquer problema com a regularidade fiscal do emissor ou destinatário.

Na hipótese da não autorização de uso, a NF-e é armazenada para consulta na base de dados da SEFAZ com este status, não podendo esse mesmo número de NF-e ser utilizado novamente pelo contribuinte emissor. Da mesma forma, o contribuinte emissor não poderá realizar a saída da mercadoria acobertada por uma NF-e cujo status seja "Não Autorização de Uso".

O protocolo de transação com status "Não Autorização de Uso" conterá ainda:

- A identificação da NF-e, através de sua chave de acesso;
- O momento em que a NF-e foi recebida pela SEFAZ (data/hora/ minuto/segundo);
- A identificação do motivo da não autorização;
- Um código de protocolo.

Observe a seguir uma imagem que mostra o fluxo da Etapa 2 – Emissão e Transmissão da NF-e.

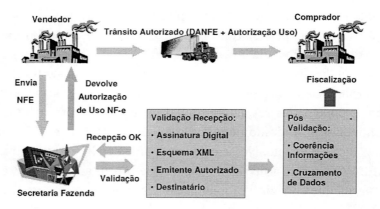

Fonte: Projeto Conceitual da Nota Fiscal Eletrônica – SRF/ENCAT

Etapa 3 – Consulta da NF-e

A existência de uma NF-e e sua validade poderão ser verificadas através de uma consulta no *site* da Secretaria da Fazenda do Estado de origem do emitente da NF-e ou através do Portal Nacional da NF-e, a partir da informação da chave de acesso da NF-e.

A chave de acesso da NF-e, que consta impressa no DANFE, é composta pelas seguintes informações:
- Código da UF do emitente da NF-e;
- Ano e mês de emissão;
- CNPJ do emissor;
- Modelo do documento fiscal;
- Série;
- Número da NF-e;
- Código numérico que compõe a chave de acesso.

O código de acesso é uma sequência de 10 posições numéricas, geradas pelo emissor da NF-e no momento de sua emissão e que tem como objetivo tornar menos previsível a construção da chave de acesso da NF-e.

Todas as informações contidas no arquivo XML da NF-e ficarão disponíveis para consulta por um prazo de 180 dias. Após este período a consulta será mais restrita.

Observe na imagem abaixo o fluxo da Etapa 3 – Consulta NF-e pela Internet.

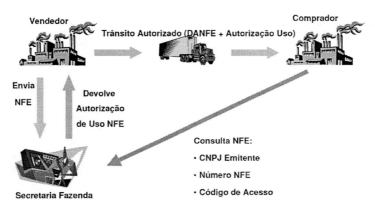

Fonte: Projeto Conceitual da Nota Fiscal Eletrônica – SRF/ENCAT

Etapa 4 – Envio da NF-e à Receita Federal e à SEFAZ de destino

A SEFAZ de origem recebe, armazena e disponibiliza para consulta a NF-e enviada pelo contribuinte. Após isso, a SEFAZ de origem envia a NF-e para a RFB.

Nos casos de operações interestaduais, a NF-e também é enviada para os postos fiscais de fronteira, via Rede de Informações Sintegra (RIS). Dessa forma, os Postos Fiscais de Fronteira receberão a informação prévia da NF-e, eliminando-se a necessidade atual de digitação de notas fiscais. Isso facilita o controle do Fisco e reduz o tempo gasto pelo contribuinte nessas repartições.

A NF-e será transmitida para a SEFAZ do Estado de embarque das mercadorias, tratando-se de exportação de mercadorias através de portos ou aeroportos não situados na UF da circunscrição do emitente da Nota Fiscal;

Observe na imagem abaixo o fluxo da Etapa 4 – Envio da NF-e para a RFB e outra SEFAZ.

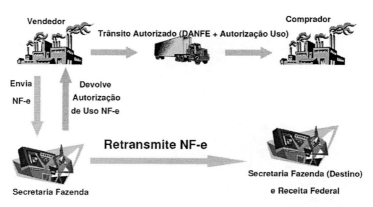

Fonte: Projeto Conceitual da Nota Fiscal Eletrônica – SRF/ENCAT)

Etapa 5 – Confirmação de recebimento da NF-e pelo destinatário

A confirmação do recebimento não será implantada nesta fase inicial do projeto.

Todavia, a título de esclarecimento, a confirmação da NF-e pelo destinatário corresponde ao processo pelo qual o contribuinte destinatário da mercadoria realiza a confirmação para a SEFAZ de que recebeu as mercadorias constantes de uma NF-e.

O projeto da NF-e prevê que a confirmação de recebimento do destinatário poderá ser realizada de duas formas:
- De forma manual no *site* da SEFAZ, com o contribuinte destinatário identificando-se pelo controle de acesso;
- De forma eletrônica, através de tecnologia de Web Services.

Observe na imagem abaixo o fluxo da Etapa 5 – Confirmação de Recebimento pelo Destinatário.

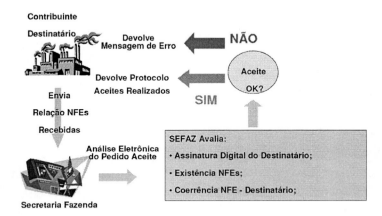

Fonte: Projeto Conceitual da Nota Fiscal Eletrônica – SRF/ENCAT)

Cancelamento da NF-e

Após ter sido recebida pela SEFAZ, uma NF-e não poderá sofrer qualquer tipo de alteração. A única coisa possível é o seu cancelamento, dentro de certas condições.

São condições para o cancelamento de uma NF-e:
- Ter sido autorizada pelo Fisco (protocolo "Autorização de Uso");
- Não ocorrência do fato gerador, ou seja, a mercadoria não saiu do estabelecimento;
- Obedecer ao intervalo de tempo estabelecido pela legislação, após sua emissão e recepção pela SEFAZ.

Caso não haja restrição quanto ao pedido de cancelamento, a SEFAZ responderá ao contribuinte através de protocolo de transação com o status "Cancelamento de NF-e".

O protocolo de transação com o status "Cancelamento de NF-e" conterá ainda, além de identificar este status:

- A identificação da NF-e, através de sua chave de acesso;
- O momento em que a NF-e teve seu cancelamento registrado pela SEFAZ (data/hora/minuto/segundo).

Ao se realizar uma consulta desta NF-e no site da SEFAZ, essa retornará a informação quanto ao seu cancelamento.

Consulta do status da NF-e

O emissor de NF-e terá à sua disposição, via Web Service, um serviço de consulta ao status de uma NF-e.

O objetivo desse serviço é permitir ao emissor certificar-se da situação de uma NF-e que tenha emitido e enviado para a SEFAZ.

Essa consulta será feita através do envio para a SEFAZ de uma mensagem no formato XML, solicitando o status de uma NF-e, informando sua correspondente chave de acesso.

A SEFAZ responderá a consulta por intermédio de protocolo de transação, identificando a NF-e por sua chave de acesso e trazendo o histórico de status desta NF-e com o correspondente momento de registro (data/hora/minuto/segundo) na base de dados da SEFAZ.

Obrigatoriedade

As informações a seguir foram retiradas do Portal da Nota Fiscal Eletrônica. Consulte a SEFAZ do seu Estado para saber sobre a obrigatoriedade em relação à sua empresa.

O Protocolo ICMS 30/07 de 06/07/2007, alterou disposições do Protocolo ICMS 10/07 e estabeleceu a obrigatoriedade de utilização da NF-e a partir de 1º de abril de 2008, para os contribuintes:

I – fabricantes de cigarros;

II – distribuidores de cigarros;

III – produtores, formuladores e importadores de combustíveis líquidos, assim definidos e autorizados por órgão federal competente;

MANUAL DE IMPLANTAÇÃO DA NOTA FISCAL ELETRÔNICA

IV – distribuidores de combustíveis líquidos, assim definidos e autorizados por órgão federal competente;

V – transportadores e revendedores retalhistas – TRR, assim definidos e autorizados por órgão federal competente.

O Protocolo ICMS 88/07 de 14/12/2007, alterou disposições do Protocolo ICMS 10/07 e estabeleceu a obrigatoriedade de utilização da NF-e a partir de 1º setembro de 2008, para os contribuintes:

VI – fabricantes de automóveis, camionetes, utilitários, caminhões, ônibus e motocicletas;

VII – fabricantes de cimento;

VIII – fabricantes, distribuidores e comerciante atacadista de medicamentos alopáticos para uso humano;

IX – frigoríficos e atacadistas que promoverem as saídas de carnes frescas, refrigeradas ou congeladas das espécies bovinas, suínas, bufalinas e avícola;

X – fabricantes de bebidas alcoólicas inclusive cervejas e chopes;

XI – fabricantes de refrigerantes;

XII – agentes que assumem o papel de fornecedores de energia elétrica, no âmbito da Câmara de Comercialização de Energia Elétrica – CCEE;

XIII – fabricantes de semi-acabados, laminados planos ou longos, relaminados, trefilados e perfilados de aço;

XIV – fabricantes de ferro-gusa.

O Protocolo ICMS 68/08 de 14/07/2008, alterou disposições do Protocolo ICMS 10/07, mudando a obrigatoriedade de utilização da NF-e para os segmentos descritos nos itens VI a XIV, do parágrafo anterior, para 01/12/2008 e estabeleceu a obrigatoriedade a partir de 01/04/2009 para os seguintes contribuintes:

XV – importadores de automóveis, camionetes, utilitários, caminhões, ônibus e motocicletas;

XVI – fabricantes e importadores de baterias e acumuladores para veículos automotores;

XVII – fabricantes de pneumáticos e de câmaras-de-ar;

XVIII – fabricantes e importadores de autopeças;

XIX – produtores, formuladores, importadores e distribuidores de solventes derivados de petróleo, assim definidos e autorizados por órgão federal competente;

XX – comerciantes atacadistas a granel de solventes derivados de petróleo;

XXI – produtores, importadores e distribuidores de lubrificantes e graxas derivados de petróleo, assim definidos e autorizados por órgão federal competente;

XXII – comerciantes atacadistas a granel de lubrificantes e graxas derivados de petróleo;

XXIII – produtores, importadores, distribuidores a granel, engarrafadores e revendedores atacadistas a granel de álcool para outros fins;

XXIV – produtores, importadores e distribuidores de GLP – gás liquefeito de petróleo ou de GLGN – gás liquefeito de gás natural, assim definidos e autorizados por órgão federal competente;

XXV – produtores, importadores e distribuidores de GNV – gás natural veicular, assim definidos e autorizados por órgão federal competente;

XXVI – atacadistas de produtos siderúrgicos e ferro gusa;

XXVII – fabricantes de alumínio, laminados e ligas de alumínio;

XXVIII – fabricantes de vasilhames de vidro, garrafas PET e latas para bebidas alcoólicas e refrigerantes;

XXIX – fabricantes e importadores de tintas, vernizes, esmaltes e lacas;

XXX – fabricantes e importadores de resinas termoplásticas;

XXXI – distribuidores, atacadistas ou importadores de bebidas alcoólicas, inclusive cervejas e chopes;

XXXII – distribuidores, atacadistas ou importadores de refrigerantes;

XXXIII – fabricantes, distribuidores, atacadistas ou importadores de extrato e xarope utilizado na fabricação de refrigerantes;

XXXIV – atacadistas de bebidas com atividade de fracionamento e acondicionamento associada;

XXXV – atacadistas de fumo;

XXXVI – fabricantes de cigarrilhas e charutos;

MANUAL DE IMPLANTAÇÃO DA NOTA FISCAL ELETRÔNICA 35

XXXVII – fabricantes e importadores de filtros para cigarros;

XXXVIII – fabricantes e importadores de outros produtos do fumo, exceto cigarros, cigarrilhas e charutos;

XXXIX – processadores industriais do fumo.

O Protocolo ICMS 87/08 de 26/09/2008, alterou disposições do Protocolo ICMS 10/07, estabelecendo a obrigatoriedade a partir de 01/09/2009 para os seguintes contribuintes:

XL – fabricantes de cosméticos, produtos de perfumaria e de higiene pessoal;

XLI – fabricantes de produtos de limpeza e de polimento;

XLII – fabricantes de sabões e detergentes sintéticos;

XLIII – fabricantes de alimentos para animais;

XLIV – fabricantes de papel;

XLV – fabricantes de produtos de papel, cartolina, papel-cartão e papelão ondulado para uso comercial e de escritório;

XLVI – fabricantes e importadores de componentes eletrônicos;

XLVII – fabricantes e importadores de equipamentos de informática e de periféricos para equipamentos de informática;

XLVIII – fabricantes e importadores de equipamentos transmissores de comunicação, pecas e acessórios;

XLIX – fabricantes e importadores de aparelhos de recepção, reprodução, gravação e amplificação de áudio e vídeo;

L – estabelecimentos que realizem reprodução de vídeo em qualquer suporte;

LI – estabelecimentos que realizem reprodução de som em qualquer suporte;

LII – fabricantes e importadores de mídias virgens, magnéticas e ópticas;

LIII – fabricantes e importadores de aparelhos telefônicos e de outros equipamentos de comunicação, peças e acessórios;

LIV – fabricantes de aparelhos eletromédicos e eletroterapeuticos e equipamentos de irradiação;

LV – fabricantes e importadores de pilhas, baterias e acumuladores elétricos, exceto para veículos automotores;

LVI – fabricantes e importadores de material elétrico para instalações em circuito de consumo;

LVII – fabricantes e importadores de fios, cabos e condutores elétricos isolados;

LVIII – fabricantes e importadores de material elétrico e eletrônico para veículos automotores, exceto baterias;

LIX – fabricantes e importadores de fogões, refrigeradores e maquinas de lavar e secar para uso domestico, peças e acessórios;

LX – estabelecimentos que realizem moagem de trigo e fabricação de derivados de trigo;

LXI – atacadistas de café em grão;

LXII – atacadistas de café torrado, moído e solúvel;

LXIII – produtores de café torrado e moído, aromatizado;

LXIV – fabricantes de óleos vegetais refinados, exceto óleo de milho;

LXV – fabricantes de defensivos agrícolas;

LXVI – fabricantes de adubos e fertilizantes;

LXVII – fabricantes de medicamentos homeopáticos para uso humano;

LXVIII – fabricantes de medicamentos fitoterápicos para uso humano;

LXIX – fabricantes de medicamentos para uso veterinário;

LXX – fabricantes de produtos farmoquímicos;

LXXI – atacadistas e importadores de malte para fabricação de bebidas alcoólicas;

LXXII – fabricantes e atacadistas de laticínios;

LXXIII – fabricantes de artefatos de material plástico para usos industriais;

LXXIV – fabricantes de tubos de aço sem costura;

LXXV – fabricantes de tubos de aço com costura;

LXXVI – fabricantes e atacadistas de tubos e conexões em PVC e cobre;

LXXVII – fabricantes de artefatos estampados de metal;

LXXVIII – fabricantes de produtos de trefilados de metal, exceto padronizados;

MANUAL DE IMPLANTAÇÃO DA NOTA FISCAL ELETRÔNICA   **37**

LXXIX – fabricantes de cronômetros e relógios;

LXXX – fabricantes de equipamentos e instrumentos ópticos, peças e acessórios;

LXXXI – fabricantes de equipamentos de transmissão ou de rolamentos, para fins industriais;

LXXXII – fabricantes de máquinas, equipamentos e aparelhos para transporte e elevação de cargas, peças e acessórios;

LXXXIII – fabricantes de aparelhos e equipamentos de ar condicionado para uso não-industrial;

LXXXIV – serrarias com desdobramento de madeira;

LXXXV – fabricantes de artefatos de joalheria e ourivesaria;

LXXXVI – fabricantes de tratores, peças e acessórios, exceto agrícolas;

LXXXVII –fabricantes e atacadistas de pães, biscoitos e bolacha;

LXXXVIII – fabricantes e atacadistas de vidros planos e de segurança;

LXXXIX – atacadistas de mercadoria em geral, com predominância de produtos alimentícios;

XC – concessionários de veículos novos;

XCI – fabricantes e importadores de pisos e revestimentos cerâmicos;

XCII – tecelagem de fios de fibras têxteis;

XCIII – preparação e fiação de fibras têxteis".

Para os demais contribuintes, a estratégia de implantação nacional é que esses, voluntaria e gradualmente, independentemente do porte, se interessem por ser emissores da Nota Fiscal Eletrônica.

A obrigatoriedade se aplica a todas as operações efetuadas em todos os estabelecimentos dos contribuintes referidos acima, ficando vedada a emissão de nota fiscal, modelo 1 ou 1-A. Excepcionalmente, a cláusula segunda do Protocolo ICMS 10/2007, estabelece os casos especiais nos quais é permitida a emissão de notas fiscais modelos 1 e 1A, conforme apresentado abaixo:

A obrigatoriedade de emissão de NF-e, em substituição a Nota Fiscal, modelo 1 ou 1-A, não se aplica:

- Ao estabelecimento do contribuinte onde não se pratique e nem se tenha praticado as atividades listadas acima há pelo menos 12 (doze) meses, ainda que a atividade seja realizada em outros estabelecimentos do mesmo titular;
- Na hipótese das operações realizadas fora do estabelecimento, relativas às saídas de mercadorias remetidas sem destinatário certo, desde que os documentos fiscais relativos à remessa e ao retorno sejam NF-e.
- Nas hipóteses dos contribuintes citados nos itens II, XXXI d XXII, às operações praticadas por estabelecimento que tenha como atividade preponderante o comércio atacadista, desde que o valor das operações com cigarros ou bebidas não ultrapasse 5% (cinco por cento) do valor total das saídas do exercício anterior;
- Na hipótese dos fabricantes de bebidas alcoólicas inclusive cervejas e chopes, ao fabricante de aguardente (cachaça) e vinho que aufira receita bruta anual inferior a R$ 360.000,00 (trezentos e sessenta mil) reais.

É bom frisar que mesmo que sua empresa, ou a empresa do seu cliente, não seja obrigada a emitir a NF-e, com o tempo esse será o procedimento padrão para todas as empresas. O próprio Mercado exigirá isso. Portanto, quanto antes sua empresa começar a trabalhar dessa forma, melhor.

DANFE – Documento Auxiliar da NF-e

Conceitos

O DANFE é um documento fiscal auxiliar impresso em papel com o objetivo de:

a. Acompanhar o trânsito físico das mercadorias;
b. Colher a firma do destinatário / tomador para comprovação de entrega das mercadorias ou prestação de serviços;
c. Auxiliar a escrituração da NF-e no destinatário não receptor de NF-e;

O DANFE não é uma nota fiscal, nem substitui uma nota fiscal. Serve apenas como instrumento auxiliar para consulta da NF-e, já que contém impressa a chave de acesso da NF-e, permitindo assim que a validade da operação seja confirmada pelo detentor desse documento auxiliar, através do site da SEFAZ na Internet.

O DANFE deve ser impresso em papel comum, exceto papel jornal, no tamanho mínimo A4 (210 x 297 mm) e máximo ofício 2 (230 x 330 mm). Possui os mesmos campos definidos para a Nota Fiscal Modelo 1 e 1A, incluindo-se a chave de acesso e o código de barras unidimensional (padrão CODE 128 C).

O DANFE poderá ser emitido em mais de uma folha, assim um DANFE poderá ter tantas folhas quantas forem necessárias para discriminação das mercadorias.

Inicialmente, poderá ser escriturado no livro de registro de entradas e arquivado pelo prazo decadencial, juntamente com o número da Autorização de Uso, em substituição ao arquivo da NF-e (no caso de contribuintes não autorizados para emissão da NF-e).

Através da leitura do código de barras do DANFE, as unidades de fiscalização de mercadorias em trânsito do percurso e o Estado de destino verificam a autenticidade da operação e registram a passagem do veículo na unidade (Ambiente Nacional).

Modelos

Veja nas páginas seguintes os dois modelos de DANFE. O primeiro representa a Nota Fiscal modelo 1A e o segundo a Nota Fiscal modelo 1.

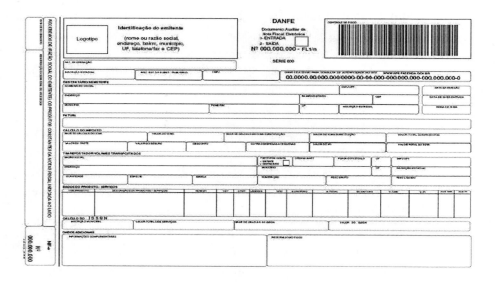

Manual de Implantação da Nota Fiscal Eletrônica

RECEBEMOS DE (RAZÃO SOCIAL DO EMITENTE) OS PRODUTOS CONSTANTES DA NOTAS FISCAL INDICADA AO LADO

NF-e
Nº. 000.000.000
SÉRIE 001

DATA DE RECEBIMENTO — IDENTIFICAÇÃO E ASSINATURA DO RECEBEDOR

Logotipo

Identificação do emitente
(nome ou razão social, endereço, bairro, município, UF, telefone/fax e CEP)

DANFE
Documento Auxiliar da
Nota Fiscal Eletrônica
1 - SAÍDA □
2 - ENTRADA
Nº 000.000.000-FLn/n
SÉRIE 000

CONTROLE DO FISCO

NATUREZA DA OPERAÇÃO

INSCRIÇÃO ESTADUAL — INSC. ESTADUAL DO SUBST. TRIBUTÁRIO — CNPJ

CHAVE DE ACESSO DA NF-e P/ CONSULTA DE AUTENTICIDADE NO SITE WWW.NFE.FAZENDA.GOV.BR
00.00.00.00.00.000.000/0000-00-000.000.000-000-000.000.000-0

DESTINATÁRIO/REMETENTE

NOME/RAZÃO SOCIAL		CNPJ/CPF	DATA DA EMISSÃO
ENDEREÇO	BAIRRO/DISTRITO	CEP	DATA DA ENTRADA
MUNICÍPIO	FONE/FAX	UF	INSCRIÇÃO ESTADUAL	HORA DE SAÍDA

FATURA

CÁLCULO DO IMPOSTO

| BASE DE CÁLCULO DO ICMS | VALOR DO ICMS | BASE DE CÁLCULO DO ICMS SUBSTITUIÇÃO | VALOR DO ICMS SUBSTITUIÇÃO | VALOR TOTAL DOS PRODUTOS |
| VALOR DO FRETE | VALOR DO SEGURO | DESCONTO | OUTRAS DESPESAS ACESSÓRIAS | VALOR DO IPI | VALOR TOTAL DA NOTA |

TRANSPORTADOR/VOLUMES TRANSPORTADOS

RAZÃO SOCIAL	FRETE POR CONTA 1-EMITENTE 2-DESTINATÁRIO	CÓDIGO ANTT	PLACA DO VEÍCULO	UF	CNPJ/CPF
ENDEREÇO	MUNICÍPIO		UF	INSCRIÇÃO ESTADUAL
QUANTIDADE	ESPÉCIE	MARCA	NUMERAÇÃO	PESO BRUTO	PESO LÍQUIDO

DADOS DO PRODUTO / SERVIÇOS

CÓD. PROD.	DESCRIÇÃO DO PRODUTO / SERVIÇOS	NCM/SH	CST	CFOP	UNIDADE	QUANTIDADE	V. UNITÁRIO	V. TOTAL	BC ICMS	V. ICMS	V. IPI	ALÍQ. ICMS	ALÍQ. IPI

CÁLCULO DO ISSQN

| INSCRIÇÃO MUNICIPAL | VALOR TOTAL DOS SERVIÇOS | BASE DE CÁLCULO DO ISSQN | VALOR DO ISSQN |

DADOS ADICIONAIS

INFORMAÇÕES COMPLEMENTARES

O Manual de Integração do contribuinte traz quatro anexos com imagens para os DANFEs permitidos:

- Tamanho A-4 em modo retrato:
  - Folhas Soltas – Anexo II do Manual do Contribuinte
  - Formulário Contínuo – Anexo III do Manual do Contribuinte

- Tamanho A-4 em modo paisagem:
  - Folhas Soltas – Anexo IV do Manual do Contribuinte
  - Formulário Contínuo – Anexo V do Manual do Contribuinte

O manual ainda traz uma tabela com a sugestão para o tamanho e a posição de cada campo do DANFE.

Campos do DANFE

O conteúdo dos campos do DANFE deverá refletir o conteúdo das TAGs XML da NF-e. O conteúdo dos campos poderá ser impresso em mais de uma linha, desde que a leitura possa ser feita de forma clara.

O DANFE deverá conter todos os campos previstos no modelo adotado, com exceção dos campos não obrigatórios, que veremos adiante.

As regras estabelecidas para a impressão dos campos aplicam-se também para a impressão das folhas adicionais do DANFE.

Chave de acesso

A chave de acesso será impressa em onze blocos de quatro dígitos cada, com a seguinte máscara:

9999 9999 9999 9999 9999 9999 9999 9999 9999 9999 9999

Dados da NF-e

Em caso de contingência, os dados adicionais da NF-e serão impressos em nove blocos de quatro dígitos cada, com a seguinte máscara:
9999 9999 9999 9999 9999 9999 9999 9999 9999

Dados do emitente

Deverá conter a identificação do emitente, com os seguintes campos:
- Nome ou razão social;
- Endereço completo (logradouro, número, complemento, bairro, município, UF, CEP);
- Telefone.

Poderá conter o logotipo da empresa, desde que a sua inclusão não prejudique a exibição das informações obrigatórias.

Quadro "Fatura/Duplicatas"

Poderá conter linhas divisórias internas separando as informações. Poderão ser acrescidas ao quadro outras informações relativas ao assunto, além das informações contidas no grupo de Dados de Cobrança da NF-e, desde que essas informações adicionais também estejam contidas no arquivo da NF-e.

Quadro "Dados dos Produtos/Serviços"

As informações adicionais de produto (TAG <infAdProd>) deverão ser impressas no DANFE logo abaixo do produto a que se referem.

Sempre que o conteúdo de um mesmo produto for impresso utilizando-se mais de uma linha do quadro "Dados dos Produtos/Serviços", deverá ser aplicado um destaque divisório que identifique quais linhas foram utilizadas para cada produto, a fim de distinguir com clareza um produto do outro. Pode-se utilizar uma linha tracejada ou pontilhada. Essa exigência também se aplica no caso da utilização de uma mesma coluna para aposição de outro campo.

O quadro "Dados dos Produtos/Serviços" deve ser utilizado para detalhar as operações que não caracterizem circulação de mercadorias ou prestações de serviços, e que exijam emissão de documentos fiscais (como transferência de créditos ou apropriação de incentivos fiscais, por exemplo).

O contribuinte poderá suprimir colunas do quadro "Dados dos Produtos/Serviços" que não se apliquem a suas atividades e acrescentar outras do seu interesse. A inserção dessas colunas será realizada à direita da coluna "Descrição dos Produtos/Serviços".

As seguintes colunas não poderão ser suprimidas:
- Código dos Produtos/Serviços;
- Descrição dos Produtos/Serviços;
- NCM;
- CST;
- CFOP;
- Unidade;
- Quantidade;
- Valor Unitário;
- Valor Total;
- Base de Cálculo do ICMS próprio;
- Valor do ICMS próprio;
- Alíquota do ICMS.

Os campos que podem ser colocados na mesma coluna são:
- "Código do Produto/Serviço" com "NCM/SH";
- "CST" com "CFOP";
- "Quantidade" com "Unidade";
- "Valor Unitário" com "Desconto";
- "Valor Total" com "Base de Cálculo do ICMS";

- "Base de Cálculo do ICMS por Substituição Tributária" com "Valor do ICMS por Substituição Tributária";
- "Valor do ICMS Próprio" com "Valor do IPI";
- "Alíquota do ICMS" com "Alíquota do IPI".

Informações complementares

O XML da NF-e contem as TAGs <infAdFisco> e <infCpl>. Os dados dessas TAGs deverão aparecer aqui. Fica facultada a impressão das informações adicionais contidas nas TAGs <obsCont>. Caso não haja espaço suficiente no quadro de "informações complementares", a impressão dessas deverá ser continuada no verso ou na folha seguinte, nesse quadro ou no quadro "Dados dos Produtos/Serviços".

Reservado ao Fisco

O contribuinte não deverá preencher este quadro, sendo seu preenchimento de uso exclusivo do fisco.

Modificações permitidas

Bloco de Canhoto

Caso o emitente não utilize o Bloco de Canhoto, poderá aumentar o quadro "Dados dos Produtos/Serviços" suprimindo os campos do referido bloco e deslocando para cima os campos seguintes.

Para a impressão de DANFE que não utilizar formulário de segurança, o bloco de canhoto poderá ser deslocado para a extremidade inferior do formulário, sem alterações nas demais dimensões e disposições de campos e quadros. Essas alterações serão admitidas somente no formato retrato.

Quadro "Fatura/Duplicatas"

Poderá ser suprimido, caso o contribuinte não utilize esses documentos; ou reduzido, desde que contenha todos os dados das respectivas TAGs.

O valor obtido com a eliminação ou redução desse quadro deverá ser acrescido na altura do quadro "Dados dos Produtos/Serviços", deslocando para cima os campos seguintes ao quadro Fatura e anteriores ao quadro a ser aumentado.

Essas alterações poderão ser feitas tanto nos formatos retrato quanto paisagem.

Quadro "Cálculo do ISSQN"

O emitente poderá suprimir os campos desse quadro, caso não se aplique às suas operações e efetuar os seguintes ajustes:

- Aumentar a altura do quadro "Dados dos Produtos/Serviços" no mesmo valor da redução obtida.
- Aumentar a altura do campo "Informações Complementares" e do quadro "Reservado ao Fisco" no mesmo valor da redução obtida.

Verso do DANFE

Até 50% do verso de qualquer folha do DANFE poderá ser utilizado para continuação dos dados do quadro "Dados dos Produtos/Serviços", do campo "Informações Complementares" ou para uma combinação de ambos. O restante do verso deverá ser deixado sem nenhum tipo de impressão.

Sempre que o verso do DANFE for utilizado, a informação "CONTINUA NO VERSO" deverá constar no anverso, ao final dos quadros "Dados dos Produtos/Serviços" e "Informações Complementares", conforme a utilização.

Folhas adicionais

O DANFE poderá ser emitido em mais de uma folha.

Cada uma das folhas adicionais deverá conter na parte superior as seguintes informações mínimas, impressas no mesmo padrão da primeira folha:

- Dados de Identificação do Emitente;
- As descrições "DANFE" em destaque, e "Documento Auxiliar da Nota Fiscal Eletrônica";
- O número e a série da NF-e, o tipo de operação, se Entrada ou Saída, além do número total de folhas e o número de ordem de cada folha;
- Código(s) de Barras;
- Campos Natureza da Operação e Chave de Acesso;
- Demais campos de identificação do Emitente: Inscrição Estadual, Inscrição Estadual do Substituto Tributário e CNPJ.

A área restante das folhas adicionais poderá ser utilizada exclusivamente para imprimir:

- Os demais itens da NF-e que não couberem na primeira folha do DANFE, mantendo-se as mesmas colunas com o mesmo padrão da primeira folha;
- As demais informações complementares da NF-e que não couberem no campo próprio da primeira folha do DANFE.

Código de barras CODE-128C

Existe uma lógica para a criação do código de barras 128C. O padrão de código de barras 128 é antigo, de 1981. Existem 3 variações: A, B e C.

- 128A – Caracteres ASCII 00 a 95 (0-9, A-Z códigos de controle) e caracteres especiais;
- 128B – Caracteres ASCII 32 a 127 (0-9, A-Z, a-z) e caracteres especiais;
- 128C – 00-99 (código de dupla densidade codificado apenas com dados numéricos).

O Projeto NF-e utiliza o padrão 128C. Veja na tabela abaixo a codificação para os três tipos apresentados:

Valor	Code A	Code B	Code C	Combinação
0	Space	Space	00	bbsbbssbbss
1	!	!	01	bbssbbsbbss
2	"	"	02	bbssbbssbbs
3	#	#	03	bssbssbbsss
4	$	$	04	bssbsssbbss
5	%	%	05	bsssbssbbss
6	&	&	06	bssbbssbsss
7	`	(	07	bssbbsssbss
8	(	)	08	bsssbbssbss
9	)	*	09	bbssbssbsss
10	*	*	10	bbssbsssbss
11	+	+	11	bbsssbssbss
12	,	,	12	bsbbssbbbss
13	-	-	13	bssbbsbbbss
14	.	.	14	bssbbssbbbs
15	/	/	15	bsbbbssbbss
16	0	0	16	bssbbbssbbss
17	1	1	17	bssbbbssbbs
18	2	2	18	bbssbbbssbs
19	3	3	19	bbssbsbbbss
20	4	4	20	bbssbssbbbs
21	5	5	21	bbsbbbssbss
22	6	6	22	bbssbbbsbss
23	7	7	23	bbbsbbsbbbs
24	8	8	24	bbbsbssbbss
25	9	9	25	bbbssbsbbss
26	:	:	26	bbbssbssbbs
27	;	;	27	bbbsbbssbss
28	<	<	28	bbbssbbsbss
29	Equal	Equal	29	bbbssbbssbs
30	>	>	30	bbsbbsbbbss
31	?	?	31	bbsbbsssbbs
32	@	@	32	bbsssbbsbbs
33	A	A	33	bsbsssbbsss
34	B	B	34	bsssbsbbsss
35	C	C	35	bsssbsssbbs
36	D	D	36	bsbbsssbsss
37	E	E	37	bsssbbsbsss
38	F	F	38	bsssbbsssbs
39	G	G	39	bbsbsssbsss

MANUAL DE IMPLANTAÇÃO DA NOTA FISCAL ELETRÔNICA

Valor	Code A	Code B	Code C	Combinação
40	H	H	40	bbsssbsbsss
41	I	I	41	bbsssbsssbs
42	J	J	42	bsbbsbbbsss
43	K	K	43	bsbbsssbbbs
44	L	L	44	bsssbbsbbbs
45	M	M	45	bsbbbsbbsss
46	N	N	46	bsbbbssssbbs
47	O	O	47	bsssbbbsbbs
48	P	P	48	bbbsbbbsbbs
49	Q	Q	49	bbsbsssbbbs
50	R	R	50	bbsssbsbbbs
51	S	S	51	bbsbbbsbsss
52	T	T	52	bbsbbbsssbs
53	U	U	53	bbsbbbsbbbs
54	V	V	54	bbbsbsbbsss
55	W	W	55	bbbsbsssbbs
56	X	X	56	bbbsssbsbbs
57	Y	Y	57	bbbsbbsbsss
58	Z	Z	58	bbbsbbssbbs
59	[	[	59	bbbsssbbsbs
60	\	\	60	bbbsbbbbsbs
61	]	]	61	bbssbssssbs
62	^	^	62	bbbbsssbsbs
63	_	_	63	bsbssbbssss
64	NUL	`	64	bsbssssbbss
65	SOH	A	65	bssbsbbssss
66	STX	B	66	bssbssssbbs
67	ETX	C	67	bssssbsbbss
68	EOT	D	68	bssssbssbbs
69	ENQ	E	69	bsbbssbssss
70	ACK	F	70	bsbbsssssbss
71	BEL	G	71	bssbbsbssss
72	BS	H	72	bssbbssssbs
73	HT	I	73	bsssssbbsbss
74	LF	J	74	bssssbbssbs
75	VT	K	75	bbsssssbssbs
76	FF	L	76	bbssbsbssss
77	CR	M	77	bbbbsbbbsbs
78	SO	N	78	bbssssbsbss
79	SI	O	79	bsssbbbbsbs
80	DLE	P	80	bsbssbbbbss
81	DC1	Q	81	bssbsbbbbss
82	DC2	R	82	bssbssbbbbs
83	DC3	S	83	bsbbbbssbss

Valor	Code A	Code B	Code C	Combinação
84	DC4	T	84	bssbbbbsbss
85	NAK	U	85	bssbbbbssbs
86	SYN	V	86	bbbbsbssbss
87	ETB	W	87	bbbbssbsbss
88	CAN	X	88	bbbbssbssbs
89	EM	Y	89	bbsbbsbbbbs
90	SUB	Z	90	bbsbbbbsbbs
91	ESC	{	91	bbbbsbbsbbs
92	FS	|	92	bsbsbbbbsss
93	GS	}	93	bsbsssbbbbs
94	RS	~	94	bsssbsbbbbs
95	US	DEL	95	bsbbbbsbsss
96	FNC3	FNC3	96	bsbbbbsssbs
97	FNC2	FNC2	97	bbbbsbsbsss
98	Shift	Shift	98	bbbbsbsssbs
99	Switch Code C	Switch Code C	99	bsbbbsbbbbs
100	Switch Code B	FNC4	Switch Code B	bsbbbbsbbbs
101	FNC4	Switch Code A	Switch Code A	bbbsbsbbbbs
102	FNC1	FNC1	FNC1	bbbbsbsbbbs
103	START Code A	START Code A	START Code A	bbsbsbbbbss
104	START Code B	START Code B	START Code B	bbsbssbsssb
105	START Code C	START Code C	START Code C	bbsbssbbbss
106	STOP	STOP	STOP	bbsssbbbsbsbb

O Código começa com um START e deve terminar com um STOP. Entre as barras de START e STOP estarão as barras que representam os dados desejados e o dígito verificador.

Na coluna "Combinação de Barras", a letra "b" representa uma barra e a letra "s" representa um espaço em branco.

Veja um exemplo de código 128A na imagem a seguir:

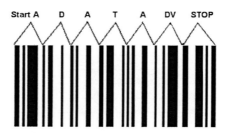

Fonte: The Code Project – www.codeproject.com

MANUAL DE IMPLANTAÇÃO DA NOTA FISCAL ELETRÔNICA **51**

Observe que a imagem começa com um START do tipo A. Após isso, o código apresenta os dados: DATA (que significa "dados" em inglês). Depois temos o dígito verificador e finalmente o STOP.

Vamos analisar a letra "D" da palavra DATA. Na tabela anterior, o "D" é o caractere cujo valor é 36. A combinação de barras para o "D" é a seguinte: "bsbbsssbsss". Isso significa que ao representar a letra "D" em um código de barras 128A, o desenho da barra deve conter o seguinte:

- 1 barra;
- 1 espaço;
- 2 barras;
- 3 espaços;
- 1 barra;
- 3 espaços.

Compare com a figura e veja que está exatamente assim.

Cálculo do dígito verificador do código de barras 128

O dígito verificador é baseado em um cálculo do "Módulo 103" considerando a soma ponderada dos valores de cada um dos dígitos na mensagem que está sendo codificada, incluindo o valor do caractere de início (START).

O seguinte exemplo foi retirado do Manual de Integração do Contribuinte: consideremos que a chave de acesso fosse apenas de oito caracteres e contivesse o seguinte número: 09758364.

Chave de acesso		START	09	75	83	64
Seqüência	A		1	2	3	4
Valor do caractere	B	105	9	75	83	64
Valor Ponderado (A X B)	C	105	9	150	249	256

- Na linha "Valor do caractere" foi incluído o valor 105, que corresponde ao START C (verifique a tabela).

- Os demais valores dos caracteres coincidem com os valores da chave de acesso, visto que utilizamos o Code C, que trabalha apenas com números.
- O dígito verificador do código será o resto da divisão da somatória dos valores ponderados dividido por 103 (módulo 103). Assim o dígito verificador será:
  - Valor da soma ponderada = $(1x105) + (1x9) + (2x75) + (3x83) + (4x64) = 769$;
  - $769/103 = 7$ resta 48. DV=48.

Representação simbólica

START	09	75	83	64	DV = 48	STOP
B S B S B S	B S B S B S	B S B S B S	B S B S B S	B S B S B S	B S B S B S	B S B S B S B
2 1 1 2 3 2	2 2 1 2 1 3	2 4 1 2 1 1	1 1 4 2 1 2	1 1 1 4 2 2	3 1 3 1 2 1	2 3 3 1 1 1 2

Impressão

Para a sua impressão será considerada a seguinte estrutura de simbolização:

Margem clara	Start C	Dados representados	DV	Stop	Margem clara

Fonte: Portal da Nota Fiscal Eletrônica – www.nfe.fazenda.gov.br

- Margem clara: espaço claro que não contém nenhuma marca legível por máquina, localizado à esquerda e à direita do código, a fim de evitar interferência na decodificação da simbologia. A margem clara é chamada também de "área livre", "zona de silêncio" ou "margem de silêncio".
- Start C: inicia a codificação dos dados CODE-128C de acordo com o conjunto de caracteres. O Start C não representa nenhum caractere.

- Dados representados: caracteres representados no código de barras.
- DV: dígito verificador da simbologia.
- Stop: caractere de parada que indica o final do código ao leitor óptico.

Os seguintes padrões devem ser respeitados no momento da impressão do código de barras:
- A área reservada no DANFE;
- Largura mínima total do código de barras:
  - 6 cm para impressoras de Não Impacto (Laser de Jato de Tinta);
  - 11,5 cm para impressora de Impacto (Matricial e de linha).
- Altura mínima da barra: 0,8 cm;
- Largura mínima da barra: 0,02 cm.

Chave de acesso

Observe atentamente a próxima imagem para compreender a representação da chave de acesso da NF-e, impressa no DANFE.

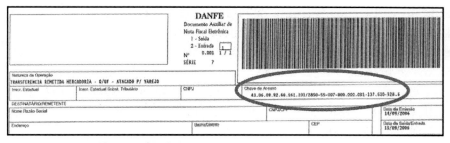

Chave de Acesso

430609NNNNNNNNNNNNNN550070000000011375309286

A Chave de Acesso da Nota Fiscal Eletrônica é representada por uma seqüência de 44 caracteres numéricos, representados da seguinte forma:

	Código da UF	AAMM da emissão	CNPJ do Emitente	Modelo	Série	Número da NF-e	Código Numérico	DV
Quantidade de caracteres	02	04	14	02	03	09	09	01

A Chave de Acesso da Nota Fiscal eletrônica é composta pelos campos apresentados na imagem anterior. Os campos têm o seguinte significado:

#	Campo	Descrição	Tam Max	Tipo	Observação
1	cUF	Código da UF do emitente do Documento Fiscal	2	N	Utilizar a Tabela de código de UF do IBGE (Anexo IV - Tabela de UF, Município e País)
2	AAMM	Ano e Mês de emissão da NF-e	4	N	AAMM da emissão da NF-e
3	CNPJ	CNPJ do emitente	14	C	Informar somente números considerando os zeros não significativos.
4	mod	Modelo do Documento Fiscal	2	C	Utilizar o código 55 para identificação da NF-e, emitida em substituição ao modelo 1 ou 1A.
5	serie	Série do Documento Fiscal	3	N	Informar zero para série inexistente
6	nNF	Número do Documento Fiscal	9	N	1 – 999999999
7	cNF	Código Numérico que compõe a Chave de Acesso	9	N	Número Aleatório gerado pelo Emitente para cada NF-e
8	cDV	Dígito Verificador da Chave de Acesso	1	N	Calculado com a aplicação do algoritmo módulo 11 base (2,9), vide item 5.4 do Manual de Integração do Contribuinte.

O Dígito Verificador (DV) garante a integridade da chave de acesso, protegendo principalmente contra digitações incorretas.

Cálculo do dígito verificador da chave de acesso

O dígito verificador da chave de acesso da NF-e é baseado no cálculo do módulo 11. O módulo 11 de um número é calculado multiplicando-se cada algarismo pela sequência de multiplicadores 2,3,4,5,6,7,8,9,2,3,... posicionados da direita para a esquerda.

A somatória dos resultados das ponderações dos algarismos é dividida por 11 e o DV será a diferença entre o divisor (11) e o resto da divisão:

DV = 11 – (resto da divisão)

Quando o resto da divisão for 0 (zero) ou 1 (um), o DV deve ser igual a 0 (zero).

Vamos ao seguinte exemplo retirado no Manual de Integração do Contribuinte. Na imagem abaixo podemos observar uma chave de acesso:

A	CHAVE DE ACESSO	5 2 0	6 0	4	3	3 0 0	9	9 1 1 0 0 2	5 0	6	5	5 0 1 2 0 0 0 0 0 0	7	8	0 0	2	6 7	3 0 1	6 1
B	PESOS		4 3 2	9 8	7	6	5 4 3	2	9 8 7 6 5 4	3 2	9	8	7 6 5 4 3 2 9 8 7 6	5	4	3 2	9	8 7	6 5 4	3 2
C	PONDERAÇÃO (A*B)	20 6 0	54 0	28	18	15 0 0	18	81 8 7 0 0 8	15 0	54	40	35 0 5 8 0 0 0 0 0 0	35	32	0 0	18	48 49	18 0 4	18 2

Fonte: Portal da Nota Fiscal Eletrônica – www.nfe.fazenda.gov.br

MANUAL DE IMPLANTAÇÃO DA NOTA FISCAL ELETRÔNICA   **55**

- Somatória das ponderações = 644;
- Dividindo a somatória das ponderações por 11 teremos: 644 /11 = 58, onde o resto da divisão é igual a 6;
- Para calcular o DV, faremos 11 – (resto da divisão): 11 – 6 = 5;
- Resultado: DV=5.

DANFE em contingência

Caso o DANFE seja impresso em contingência, deverá conter, além do código de barras que representa a chave de acesso, visto acima, outro código de barras para representar dados da NF-e emitida em contingência.

Os dados adicionais contidos no segundo código de barras serão utilizados para auxiliar o registro do trânsito de mercadorias acobertadas por notas fiscais eletrônicas emitidas em contingência.

O Código de Barras Adicional dos Dados da NF-e será formado pelo seguinte conteúdo, em um total de 36 caracteres:

	cUF	tpEmis	CNPJ	vNF	ICMSp	ICMSs	DD	DV
Quantidade de caracteres	02	01	14	14	01	01	02	01

Onde cada coluna tem o seguinte significado:
- cUF – Código da UF do destinatário do Documento Fiscal;
- tpEmis – Forma de Emissão da NF-e;
- CNPJ – CNPJ do destinatário;
- vNF – Valor Total da NF-e (sem ponto decimal, informar sempre os centavos);
- ICMSp – Destaque de ICMS próprio na NF-e no seguinte formato:
  1 – há destaque de ICMS próprio;
  2 – não há destaque de ICMS próprio.
- ICMSs – Destaque de ICMS por substituição tributária na NF-e, no seguinte formato:
  1 – há destaque de ICMS por substituição tributária;

2 – não há destaque de ICMS por substituição tributária.

- DD – Dia da emissão da NF-e;
- DV – Dígito Verificador, calculado nos termos do que vimos no sub-tópico "Cálculo do Dígito Verificador da Chave de Acesso".

Contingência

Veja as possíveis definições para a palavra contingência:

con.tin.gên.cia
sf (lat contingentia) **1** *Qualidade* do que é contingente. **2** Eventualidade. **3** Fato possível, mas incerto. (Michaelis On Line).
s.f. Eventualidade, possibilidade de que algo aconteça ou não. / Filosofia. Condição de toda coisa existente ser criada, ser condicionada. (Aurélio On Line).

Embora exista toda uma infraestrutura preparada para emissão de Notas Fiscais Eletrônicas, algo pode dar errado. Nesse ponto, entra a contingência. As informações analisadas neste capítulo foram tiradas na sua maioria do Manual de Emissão da NF-e em Contingência, disponível no site do Portal Nacional da Nota Fiscal Eletrônica.

A obtenção da autorização de uso da NF-e é um processo que envolve diversos recursos de infraestrutura, hardware e software. O mau funcionamento ou a indisponibilidade de qualquer um desses recursos pode prejudicar o processo de autorização da NF-e, com reflexos nos negócios do emissor da NF-e, que fica impossibilitado de obter a prévia autorização de uso da NF-e exigida na legislação para a emissão do DANFE para acompanhar a circulação da mercadoria.

A alta disponibilidade é uma das premissas básicas do sistema da NF-e e os sistemas de recepção de NF-e dos Estados foram construídos para funcionar em regime de 24x7. No entanto, existem diversos outros componentes do sistema que podem apresentar falhas e comprometer a disponibilidade dos serviços, exigindo alternativas de emissão da NF-e em contingência.

Modalidades de emissão da NF-e

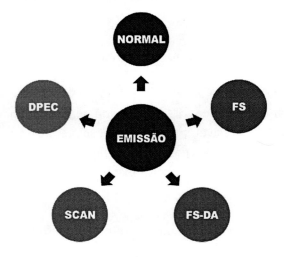

O AJUSTE SINIEF 07/05 e as legislações específicas de cada UF disciplinam e detalham as modalidades de emissão de NF-e vistas na figura anterior e que serão descritas de forma simplificada a seguir.

Em um cenário de falha que impossibilite a emissão da NF-e na modalidade normal, o emissor deve escolher a modalidade de emissão de contingência que lhe for mais conveniente, ou até mesmo aguardar a normalização da situação para voltar a emitir a NF-e na modalidade normal, caso a emissão da NF-e não seja urgente.

Como não existe precedência ou hierarquia nas modalidades de emissão da NF-e em contingência, o emissor pode adotar uma, algumas ou todas as modalidades que tiver à sua disposição, ou não adotá-las.

Vejamos abaixo as explicações sobre cada uma das modalidades:

a) **Normal** – é o procedimento padrão de emissão da NF-e, no qual o contribuinte transmite a NF-e para a Secretaria de Fazenda para obter a autorização de uso. O DANFE será impresso em papel comum após o recebimento da autorização de uso.

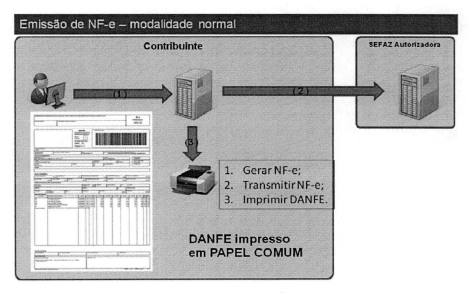

Fonte: Manual de Emissão da NF-e em Contingência – www.nfe.fazenda.gov.br

O processo de emissão normal é a situação desejada e mais adequada para o emissor, pois é a situação em que todos os recursos necessários para a emissão da NF-e estão operacionais e a autorização de uso da NF-e é concedida normalmente pela SEFAZ.

Nessa situação, a emissão das NF-e é realizada normalmente com a impressão do DANFE em papel comum, após o recebimento da autorização de uso da NF-e.

b) **FS – Contingência com uso do formulário de segurança** – é a alternativa mais simples para a situação em que exista algum impedimento para obtenção da autorização de uso da NF-e, como por exemplo, um problema no acesso à Internet ou a indisponibilidade da SEFAZ de origem do emissor. Nesse caso, o emissor pode optar pela emissão da NF-e em contingência com a impressão do DANFE em Formulário de Segurança. O envio das NF-e emitidas nessa situação para a SEFAZ de origem será realizado quando cessarem os problemas técnicos que impediam a sua transmissão. Somente as empresas que possuam estoque de Formulário de Segurança poderão utilizar esse impresso fiscal para a emissão do DANFE, pois o Convênio ICMS 110/08 criou o impresso fiscal denominado Formulário de Segurança para impressão de Documento Auxiliar do Documento Fiscal eletrônico (FS-DA), não sendo mais possível a aquisição do Formulário de Segurança (FS) para impressão do DANFE;

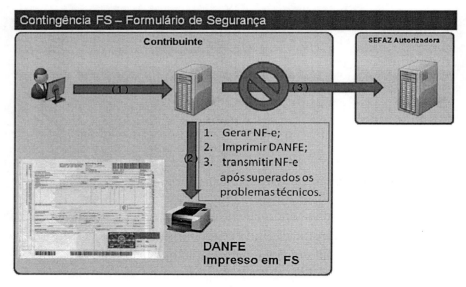

Fonte: Manual de Emissão da NF-e em Contingência – www.nfe.fazenda.gov.br

Essa alternativa de contingência poderá ser utilizada até o término do estoque de Formulários de Segurança (FS) autorizados até 31/07/09, desde que o Formulário de Segurança (FS) tenha tamanho A4 e seja lavrado termo no livro RUDFTO, conforme dispõe a cláusula décima segunda do Convênio ICMS 110/08, a seguir transcrita:

MANUAL DE IMPLANTAÇÃO DA NOTA FISCAL ELETRÔNICA **61**

> *"Cláusula décima segunda* Os formulários de segurança, obtidos em conformidade com o Convênio ICMS 58/95 e Ajuste SINIEF 07/05, em estoque, poderão ser utilizados pelo contribuinte credenciado como emissor de documento fiscal eletrônico, para fins de impressão dos documentos auxiliares dos documentos eletrônicos relacionados no § 1º da cláusula primeira, desde que:
>
> I — o formulário de segurança tenha tamanho A4 para todas as vias;
>
> II — seja lavrado, previamente, termo no livro Registro de Uso de Documentos Fiscais e Termos de Ocorrência - RUDFTO, modelo 6, contendo as informações de numeração e série dos formulários e, quando se tratar de formulários de segurança obtidos por regime especial, na condição de impressão autônomo, a data da opção pela nova finalidade.
>
> Parágrafo único. Os formulários de segurança adquiridos na condição de impressor autônomo e que tenham sido destinados para impressão de documentos auxiliares de documentos fiscais eletrônicos, nos termos do item II acima, somente poderão ser utilizados para impressão de documentos auxiliares de documentos fiscais eletrônicos."

c) FS-DA – Contingência com uso do formulário de segurança para impressão de documento auxiliar do documento fiscal eletrônico – é um modelo operacional similar ao Formulário de Segurança (FS), A única diferença é a substituição do FS pelo FS-DA. O FS-DA foi criado para aumentar a capilaridade dos pontos de venda do Formulário de Segurança com a criação da figura do estabelecimento distribuidor do FS-DA que poderá adquirir FS-DA dos fabricantes para distribuir para os emissores de NF-e de sua região;

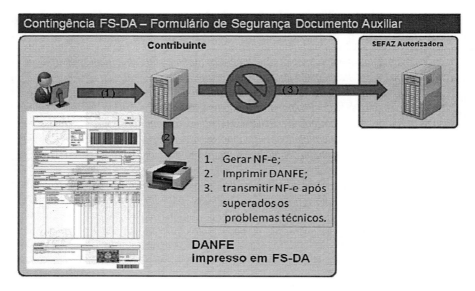

Fonte: Manual de Emissão da NF-e em Contingência – www.nfe.fazenda.gov.br

Este procedimento de contingência será adotado pelos emissores que adquirirem o Formulário de Segurança para impressão de Documento Auxiliar de Documento Fiscal (FS-DA), e substitui a contingência com o uso do formulário de segurança.

Sendo identificada a existência de qualquer fator que prejudique ou impossibilite a transmissão das NF-e e/ou obtenção da autorização de uso da SEFAZ, a empresa pode acionar a Contingência com FS-DA adotando os seguintes passos:

- Gerar novo arquivo XML da NF-e com o campo "tp_emis" alterado para "5".
- imprimir o DANFE em pelo menos duas vias do FS-DA constando no corpo a expressão "DANFE em Contingência – impresso em decorrência de problemas técnicos", tendo as vias a seguinte destinação:
    I – uma das vias permitirá o trânsito das mercadorias e deverá ser mantida em arquivo pelo destinatário pelo prazo estabelecido na legislação tributária para a guarda de documentos fiscais;

MANUAL DE IMPLANTAÇÃO DA NOTA FISCAL ELETRÔNICA 63

II – outra via deverá ser mantida em arquivo pelo emitente pelo prazo estabelecido na legislação tributária para a guarda dos documentos fiscais.

- Lavrar termo circunstanciado no livro Registro de Documentos Fiscais e Termos de Ocorrência (RUDFTO), modelo 6, para registro da contingência, informando:
  I – o motivo da entrada em contingência;
  II – a data, hora com minutos e segundos do seu início e seu término;
  III – a numeração e série da primeira e da última NF-e geradas neste período;
  IV – identificar a modalidade de contingência utilizada.
- Transmitir as NF-e imediatamente após a cessação dos problemas técnicos que impediam a transmissão da NF-e, observando o prazo limite de transmissão na legislação.
- Tratar as NF-e transmitidas por ocasião da ocorrência dos problemas técnicos que estão pendentes de retorno.

Os passos descritos anteriormente também deverão ser adotados para a modalidade "FS – Contingência com uso do Formulário de Segurança", sendo que no primeiro passo o campo "tp_emis" deve ser alterado para "2".

d) SCAN – Sistema de Contingência do Ambiente Nacional – é a alternativa de emissão da NF-e em contingência com transmissão da NF-e para o Sistema de Contingência do Ambiente Nacional (SCAN). Nessa modalidade de contingência, o DANFE pode ser impresso em papel comum e não existe necessidade de transmissão da NF-e para a SEFAZ de origem quando cessarem os problemas técnicos que impediram a transmissão. Além do uso de série específica reservada para o SCAN (série 900-999), o Sistema de Contingência do Ambiente Nacional depende de ativação da SEFAZ de origem, o que significa dizer que o SCAN só entra em operação quando a SEFAZ de origem estiver com problemas técnicos que impossibilitam a recepção da NF-e;

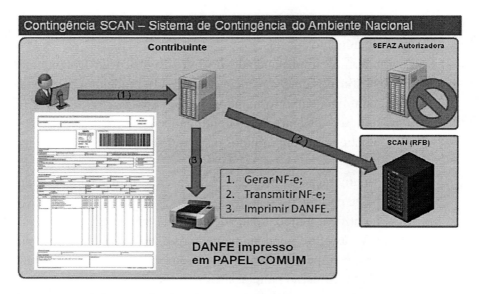

Fonte: Manual de Emissão da NF-e em Contingência – www.nfe.fazenda.gov.br

O Sistema de Contingência do Ambiente Nacional (SCAN) é administrado pela Receita Federal do Brasil que pode assumir a recepção e autorização das NF-e de qualquer unidade da federação, quando solicitado pela UF interessada.

O SCAN somente tratará NF-e emitidas com numeração nas séries 900 a 999, inclusive. Essa regra aplica-se a todos os serviços (autorização, cancelamento, inutilização e consulta da situação da NF-e).

Com essa restrição elimina-se a possibilidade de que, após a recuperação de uma falha, uma mesma NF-e tenha sido autorizada pelo SCAN e pela SEFAZ origem. Da mesma forma, a SEFAZ origem não autorizará, cancelará ou inutilizará numeração de NF-e nessas séries reservadas ao SCAN. A exceção a essa regra é o serviço de consulta à situação da NF-e, uma vez que a SEFAZ origem poderá responder à consulta de situação das NF-e das séries 900-999 que estejam em sua base de dados.

A recepção das NF-e pelo SCAN é ativada pela UF interessada. Uma vez acionado, o SCAN passa a recepcionar as NF-e de série 900 a 999 dos emissores credenciados para emitir NF-e na UF. Eventualmente, um emissor

MANUAL DE IMPLANTAÇÃO DA NOTA FISCAL ELETRÔNICA 65

credenciado recentemente pode não estar autorizado a emitir NF-e no SCAN caso o Cadastro Nacional de Emissores não tenha sido atualizado pela UF interessada. Finda a indisponibilidade, a SEFAZ origem acionará novamente o SCAN, agora para desativar o serviço. A desativação do serviço de recepção e autorização de NF-e pelo SCAN será precedida por um período de 15 minutos, em que ambos os ambientes estarão simultaneamente disponíveis, de forma a minimizar o impacto da mudança para o Contribuinte.

Inicialmente, o acionamento para ativação / desativação será baseado em interação humana, entre a operação da SEFAZ origem e a operação do SCAN.

Apenas o serviço de recepção e autorização de NF-e pelo SCAN seguirá a sistemática de ativação / desativação. Os demais serviços (cancelamento, inutilização, consulta status de NF-e e consulta status do serviço) ficarão permanentemente ativos. Com isso o Contribuinte poderá, a qualquer momento, executar os cancelamentos, inutilizações e consultas necessárias à manutenção da integridade da sequência de numeração das emissões de NF-e nas séries reservadas ao SCAN.

Após a recuperação da falha pela SEFAZ origem, as NF-e recebidas pelo SCAN (séries 900 a 999) serão transmitidas pelo Ambiente Nacional para a SEFAZ origem, de forma que, como as demais NF-e, elas ficarão disponíveis para consulta nos dois ambientes.

A contingência SCAN deverá ser ativada com maior frequência nas situações em que a indisponibilidade da recepção de NF-e pela SEFAZ de origem seja previsível e de longa duração, como é o caso das interrupções programadas para manutenção preventiva da infraestrutura de recepção da SEFAZ de origem.

A identificação de que o SCAN foi ativado pela SEFAZ será através do serviço Consulta ao Status do SCAN, e somente nesse caso a empresa pode acionar o SCAN, devendo adotar os seguintes procedimentos:

- Identificação de que o SCAN foi acionado pela SEFAZ;
- Geração de novo arquivo XML da NF-e com o campo "tp_emis" alterado para "3";
- Alteração da série da NF-e para a faixa de uso exclusivo do SCAN (900 a 999). A alteração da série implica na adoção da numeração

em uso da série escolhida o que implica na alteração do número da NF-e também;

- Transmissão da NF-e para o SCAN e obtenção da autorização de uso;
- Impressão do DANFE em papel comum;
- Lavratura de termo circunstanciado no livro Registro de Documentos Fiscais e Termos de Ocorrência – RUDFTO, modelo 6, para registro da contingência, informando:
  I – o motivo da entrada em contingência;
  II – a data, hora com minutos e segundos do seu início e seu término;
  III – a numeração e série da primeira e da última NF-e geradas nesse período;
  IV – identificar a modalidade de contingência utilizada.
- Tratamento dos arquivos de NF-e transmitidos antes da ocorrência dos problemas técnicos e que estão pendentes de retorno, cancelando aquelas NF-e autorizadas e que foram substituídas pela seriação do SCAN ou inutilizando a numeração de arquivos não recebidos ou processados.

Veja abaixo a lista de Web Services do SCAN nos ambientes de homologação e produção:

Web Services do ambiente de Homologação do SCAN:

https://hom.nfe.fazenda.gov.br/SCAN/NfeCancelamento/NfeCancelamento.asmx
https://hom.nfe.fazenda.gov.br/SCAN/NfeConsulta/NfeConsulta.asmx
https://hom.nfe.fazenda.gov.br/SCAN/NfeInutilizacao/NfeInutilizacao.asmx
https://hom.nfe.fazenda.gov.br/SCAN/NfeRecepcao/NfeRecepcao.asmx
https://hom.nfe.fazenda.gov.br/SCAN/NfeRetRecepcao/NfeRetRecepcao.asmx
https://hom.nfe.fazenda.gov.br/SCAN/NfeStatusServico/NfeStatusServico.asmx

Web Services do ambiente de produção do SCAN:

https://www.scan.fazenda.gov.br/NfeCancelamento/NfeCancelamento.asmx
https://www.scan.fazenda.gov.br/NfeConsulta/NfeConsulta.asmx
https://www.scan.fazenda.gov.br/NfeInutilizacao/NfeInutilizacao.asmx
https://www.scan.fazenda.gov.br/NfeRecepcao/NfeRecepcao.asmx

https://www.scan.fazenda.gov.br/NfeRetRecepcao/NfeRetRecepcao.asmx
https://www.scan.fazenda.gov.br/NfeStatusServico/NfeStatusServico.asmx

e) DPEC – Declaração Prévia de Emissão em Contingência – é a alternativa de emissão de NF-e em contingência com o registro prévio do resumo das NF-e emitidas. O registro prévio das NF-e permite a impressão do DANFE em papel comum. A validade do DANFE está condicionada à posterior transmissão da NF-e para a SEFAZ de Origem.

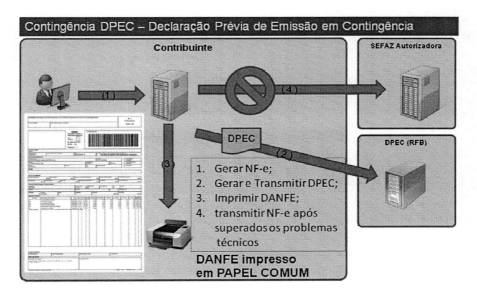

Fonte: Manual de Emissão da NF-e em Contingência – www.nfe.fazenda.gov.br

O modelo de Contingência Eletrônica foi idealizado como alternativa que permita a dispensa do uso do formulário de segurança para impressão do DANFE e a não alteração da série e numeração da NF-e emitida em contingência.

Essa modalidade de contingência é baseada no conceito de Declaração Prévia de Emissão em Contingência – DPEC, que contem as principais informações da NF-e que serão emitidas em contingência, prestadas pelo emissor para a SEFAZ.

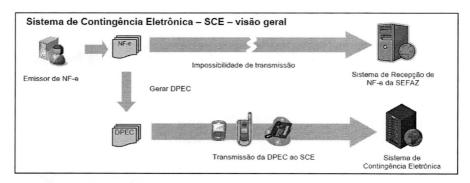

Fonte: Manual de Emissão da NF-e em Contingência – www.nfe.fazenda.gov.br

A Contingência Eletrônica poderá ser adotada por qualquer emissor que esteja impossibilitado de transmissão e/ou recepção das autorizações de uso de suas NF-e, adotando os seguintes passos:
- Alterar o "tp_Emis" das NF-e que deseja emitir para "4";
- Gerar novamente as notas fiscais e os lotes de NF-e;
- Gerar o arquivo XML de Declaração Prévia de Emissão em Contingência – DPEC, com as seguintes informações das NF-e que compõe um lote de NF-e:
  - Chave de acesso;
  - CNPJ ou CPF do destinatário;
  - UF de localização do destinatário;
  - Valor Total da NF-e;
  - Valor Total do ICMS;
  - Valor Total do ICMS retido por Substituição Tributária.
- Completar o arquivo gerado com outras informações de controle como o CNPJ, a IE e a UF de localização do contribuinte emissor e assinar o arquivo com o certificado digital do seu emissor;
- Enviar o arquivo XML da DPEC para a Receita Federal do Brasil via Web Service ou via *upload* através de página WEB do Portal Nacional da NF-e;
- Impressão dos DANFE das NF-e que constam da DPEC enviado ao SCE em papel comum, constando no corpo a expressão "DANFE

MANUAL DE IMPLANTAÇÃO DA NOTA FISCAL ELETRÔNICA 69

impresso em contingência – DPEC regularmente recebida pela Receita Federal do Brasil", tendo as vias a seguinte destinação:

I – uma das vias permitirá o trânsito das mercadorias e deverá ser mantida em arquivo pelo destinatário pelo prazo estabelecido na legislação tributária para a guarda de documentos fiscais;

II – outra via deverá ser mantida em arquivo pelo emitente pelo prazo estabelecido na legislação tributária para a guarda dos documentos fiscais.

- Lavrar termo circunstanciado no livro Registro de Documentos Fiscais e Termos de Ocorrência – RUDFTO, modelo 6, para registro da contingência, informando:

I – o motivo da entrada em contingência;

II – a data, hora com minutos e segundos do seu início e seu término;

III – a numeração e série da primeira e da última NF-e geradas neste período;

IV – identificar a modalidade de contingência utilizada.

- Adotar as seguintes providências, após a cessação dos problemas técnicos que impediam a transmissão da NF-e para UF de origem:

  - transmitir as NF-e emitidas em Contingência Eletrônica para a SEFAZ de origem, observando o prazo limite de transmissão na legislação;

  - tratar as NF-e transmitidas por ocasião da ocorrência dos problemas técnicos que estão pendentes de retorno.

Vejamos os endereços eletrônicos do DPEC.

Web Service da DPEC do ambiente de homologação:

https://hom.nfe.fazenda.gov.br/SCERecepcaoRFB/SCERecepcaoRFB.asmx
https://hom.nfe.fazenda.gov.br/SCEConsultaRFB/SCEConsultaRFB.asmx

Página Web da DPEC do ambiente de homologação:

https://hom.nfe.fazenda.gov.br/PORTAL/DPEC/ConsultaDPEC.aspx

https://hom.nfe.fazenda.gov.br/PORTAL/DPEC/UploadDPEC.aspx

Web Service de DPEC do ambiente de produção:
https://www.nfe.fazenda.gov.br/SCERecepcaoRFB/SCERecepcaoRFB.asmx
https://www.nfe.fazenda.gov.br/SCEConsultaRFB/SCEConsultaRFB.asmx

Página Web da DPEC do ambiente de produção:
https://www.nfe.fazenda.gov.br/portal/DPEC/ConsultaDPEC.aspx
https://www.nfe.fazenda.gov.br/portal/DPEC/UploadDPEC.aspx

Quadro de resumo das modalidades de emissão da NF-e

Observe na imagem abaixo os principais procedimentos necessários para adequar a NF-e para à modalidade de emissão desejada.

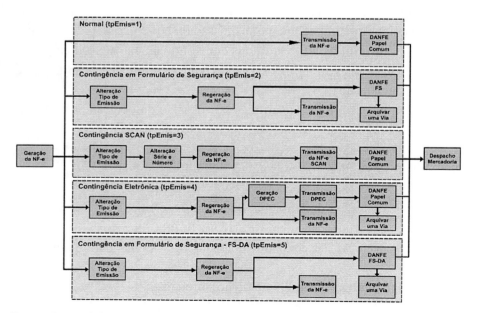

Fonte: Manual de Emissão da NF-e em Contingência – www.nfe.fazenda.gov.br

Contingências do tipo "b" e "c" – Formulários de Segurança

Quando a contingência for utilizada através de formulário de segurança, na verdade será utilizado um DANFE pré-impresso.

Como já vimos, o DANFE é um documento fiscal auxiliar que tem a finalidade de acobertar a circulação da mercadoria e não se confunde com a NF-e, da qual é mera representação gráfica. A sua validade está condicionada à existência da NF-e que representa devidamente autorizada na SEFAZ de origem.

O formulário de segurança é um impresso fiscal com normas rígidas de aquisição, controle e utilização.

Formulários de Segurança para impressão do DANFE

Atualmente existem os seguintes tipos de formulários de segurança:
- Formulário de Segurança (FS): disciplinado pelos Convênios ICMS 58/95 e 131/95;
- Formulário de Segurança para Impressão de Documento Auxiliar de Documento Fiscal Eletrônico (FS-DA): disciplinado pelo Convênio ICMS 110/08 e Ato COTEPE 35/08.

O uso do formulário de segurança (FS) será permitido apenas para consumir os estoques existentes, pois sua aquisição para impressão de DANFE não será mais autorizada a partir de 01/08/2009.

O FS e o FS-DA podem ser fabricados por estabelecimento industrial gráfico previamente credenciado junto à COTEPE/ICMS, porém somente esse último tem a possibilidade de ser distribuído através de estabelecimento gráfico credenciado como distribuidor junto à UF de interesse, mediante a obtenção de credenciamento, concedido por regime especial.

Os formulários de segurança são confeccionados com requisitos de segurança com o objetivo de dificultar falsificação e fraudes. Esses requisitos são adicionados ou por ocasião da fabricação do papel de segurança produzido pelo processo *"mould made"* ou por ocasião da impressão no caso do FS fabricado com papel dotado de estampa fiscal, com recursos de segurança impressos. Assim, a legislação tributária permite o uso de formulários de segurança que atendam aos seguintes requisitos:

- FS com Estampa Fiscal – impresso com calcografia com microtexto e imagem latente na área reservada ao fisco, o impresso deverá ter fundo numismático com tinta reagente a produtos químicos combinado com as Armas da República;
- FS em Papel de Segurança – com filigrana (marca d'água) produzida pelo processo *"mould made"*, fibras coloridas e luminescentes, papel não fluorescente, microcápsulas de reagente químico e microporos que aumentem a aderência do *toner* ao papel.

Todos os formulários de segurança terão o número de controle do formulário com numeração sequencial de 000.000.001 a 999.999.999 e seriação de "AA" a "ZZ", impresso no quadro reservado ao fisco.

A identificação do formulário de segurança com calcografia é mais simples pela existência da estampa fiscal localizada no quadro reservado ao fisco e pelo fundo numismático com cor característica associada ao brasão das Armas da República no corpo do formulário.

A diferenciação entre o FS e FS-DA produzidos por calcografia é estabelecida simultaneamente pela cor utilizada no fundo numismático, pela estampa fiscal, pelas Armas da República e pelo logotipo característico de formulário destinado a impressão de documento fiscal eletrônico.

O FS tem o fundo numismático impresso na cor de tonalidade predominante esverdeada combinada com as Armas da República e estampa fiscal na cor azul pantone. O FS-DA tem o fundo numismático impresso na cor de tonalidade predominante Salmão pantone nº 155 combinada com as Armas da República ao lado do logotipo que caracteriza o Documento Auxiliar de Documento Fiscal Eletrônico e estampa fiscal na cor Vinho Pantone, conforme exemplos visualizados na imagem a seguir.

MANUAL DE IMPLANTAÇÃO DA NOTA FISCAL ELETRÔNICA 73

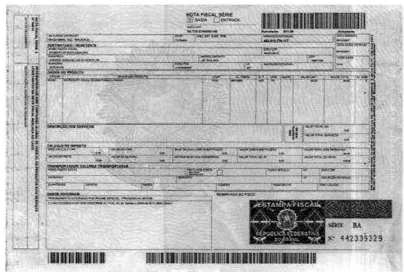

Exemplo de FS

Fonte: Manual de Emissão da NF-e em Contingência – www.nfe.fazenda.gov.br

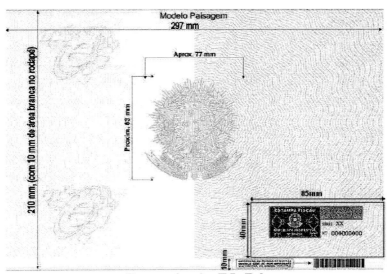

Exemplo de FS-DA

Fonte: Manual de Emissão da NF-e em Contingência – www.nfe.fazenda.gov.br

A identificação do formulário de segurança fabricado em papel de segurança não é tão evidente como é o formulário com calcografia, pois a primeira vista é um papel branco facilmente confundido com um papel comum.

O que ajuda a caracterizar a segurança desse formulário são os seguintes itens:
- Filigrana (marca d'água) existente no seu corpo;
- Seriação composta por duas letras e numeração sequencial de nove números aposta no espaço normalmente reservado ao fisco;
- Impressão da identificação do adquirente;
- Códigos de barras impressos no rodapé inferior.

O FS possui filigrana caracterizada com o brasão de Armas da República intercalada com a expressão "NOTA FISCAL", enquanto que o FS-DA possui filigrana caracterizada pelo brasão das Armas da República intercalada com o logotipo do Documento Auxiliar de Documentos Fiscais Eletrônicos. Estas filigranas somente se tornam visíveis contra a luz.

Observe na figura abaixo o modelo da filigrana característica do papel de segurança exclusivo para o FS-DA:

Fonte: Manual de Emissão da NF-e em Contingência – www.nfe.fazenda.gov.br

Agora observe na próxima imagem o modelo das dimensões e posicionamento das filigranas no papel de segurança para FS-DA:

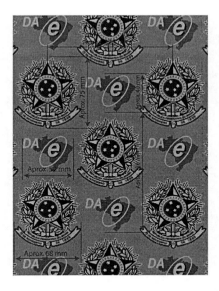

Fonte: Manual de Emissão da NF-e em Contingência – www.nfe.fazenda.gov.br

Localização da estampa fiscal no FS-DA

A estampa fiscal é impressa na área reservada ao fisco que está localizada no canto inferior direito do formulário de segurança.

Nessa área também são impressos a série e o número de controle; assim, o emissor deve tomar os cuidados necessários para que o recibo do canhoto de entrega não utilize o espaço de 40 mm x 85 mm do canto inferior do impresso, deslocando-o para a parte superior do formulário.

Observe nas duas imagens seguintes um exemplo de DANFE com recibo deslocado para a parte superior.

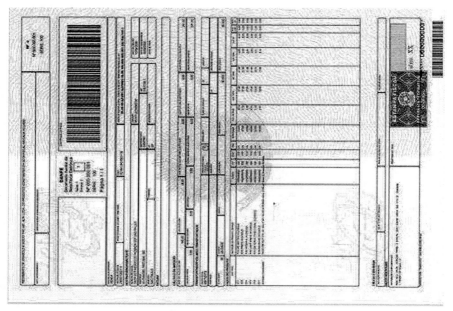

Fonte: Manual de Emissão da NF-e em Contingência – www.nfe.fazenda.gov.br

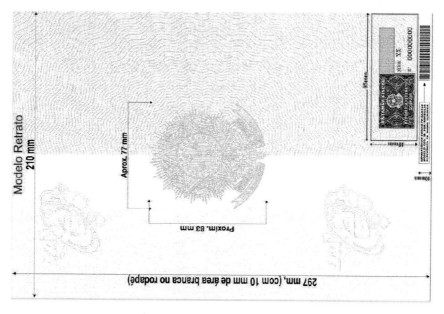

Fonte: Manual de Emissão da NF-e em Contingência – www.nfe.fazenda.gov.br

MANUAL DE IMPLANTAÇÃO DA NOTA FISCAL ELETRÔNICA 77

Importante destacar que o FS-DA tem um código de barras com a identificação da sua origem e seu usuário pré-impresso no rodapé inferior, que deve ser preservado, pois será utilizado na fiscalização de trânsito.

Impressão do DANFE em contingência com Formulário de Segurança

Quando a modalidade de emissão de contingência for baseada no uso de formulário de segurança, o DANFE deve ser impresso no mesmo tipo de formulário de segurança declarado no campo "tp_emis" da NF-e.

Nos casos de contingência com uso de formulário de segurança, a impressão do DANFE em papel comum contraria a legislação e ocasiona graves consequências ao emitente, pelo descumprimento de obrigação acessória, caracterizando ainda a inidoneidade do DANFE para efeito de circulação da mercadoria e de escrituração e aproveitamento do crédito pelo seu destinatário.

O formulário de segurança pode ser utilizado para impressão do DANFE em qualquer modalidade de emissão, contudo, o emissor deverá formalizar a opção pelo uso do formulário de segurança em todas as operações no livro Registro de Documentos Fiscais e Termos de Ocorrência – RUDFTO, modelo 6.

Observe a tabela abaixo que mostra as relações entre a impressão dos DANFE e as modalidades de emissão da NF-e.

Impressão do DANFE	Modalidade de emissão da NF-e				
	Normal	FS	FS-DA	SCAN	DPEC
em papel comum	✅	❌	❌	✅	✅
em FS (Convênio ICMS 58/57)	▣	✅	❌	▣	▣
em FS-DA (Convênio ICMS 110/08)	▣	❌	✅	▣	▣

✅ DANFE regular / ❌ DANFE irregular / ▣ DANFE regular, mas requer opção do emissor

Fonte: Manual de Emissão da NF-e em Contingência – www.nfe.fazenda.gov.br

Ações que devem ser tomadas após a recuperação da falha

A emissão de NF-e em contingência é um procedimento de exceção e existem algumas ações que devem ser tomadas após a recuperação da falha, a principal delas é a transmissão das NF-e emitidas em contingência para que sejam autorizadas.

Registro da contingência no RUDFTO

Qualquer que seja a hipótese de contingência é necessário lavrar termo circunstanciado no livro Registro de Documentos Fiscais e Termos de Ocorrência – RUDFTO, modelo 6, para registro da contingência, informando:

I – o motivo da entrada em contingência;

II – a data, hora com minutos e segundos do seu início e seu término;

III – a numeração e série da primeira e da última NF-e geradas nesse período;

IV – identificar a modalidade de contingência utilizada.

Transmissão das NF-e emitidas em contingência

As notas fiscais emitidas em contingência FS, FS-DA e DPEC devem ser transmitidas imediatamente após a cessação dos problemas técnicos que impediam a transmissão da NF-e, observando o prazo limite de transmissão estabelecido na legislação.

As NF-e emitidas no SCAN não precisam ser transmitidas para a SEFAZ de origem.

Rejeição de NF-e emitidas em contingência

Caso ocorra a rejeição de alguma NF-e emitida em contingência, o contribuinte deverá:

MANUAL DE IMPLANTAÇÃO DA NOTA FISCAL ELETRÔNICA   **79**

I – gerar novamente o arquivo com a mesma numeração e série, sanando a irregularidade desde que não se altere:

a) as variáveis que determinam o valor do imposto tais como: base de cálculo, alíquota, diferença de preço, quantidade, valor da operação ou da prestação;

b) a correção de dados cadastrais que implique mudança do remetente ou do destinatário;

c) a data de emissão ou de saída;

II – solicitar Autorização de Uso da NF-e;

III – imprimir o DANFE correspondente à NF-e autorizada, no mesmo tipo de papel utilizado para imprimir o DANFE original;

IV – providenciar com o destinatário a entrega da NF-e autorizada e do novo DANFE impresso nos termos do item III, caso a geração saneadora da irregularidade da NF-e tenha promovido alguma alteração no DANFE.

NF-e pendentes de retorno

Quando ocorrer uma falha, seja ela no ambiente do Contribuinte, no ambiente da SEFAZ origem ou no ambiente do SCAN, há a probabilidade de existirem NF-e transmitidas pelo contribuinte e para as quais ele ainda não obteve o resultado do processamento. Essas NF-e são denominadas de "NF-e Pendentes de Retorno".

As NF-e Pendentes de Retorno podem não ter sido recebidas pela SEFAZ origem, estar na fila aguardando processamento, estar em processamento ou o processamento pode já ter sido concluído.

Caso a falha tenha ocorrido na SEFAZ origem, ao retornar à operação normal, é possível que as NF-e que estavam em processamento sejam perdidas, e que as que estavam na fila tenham o seu processamento concluído normalmente.

Cabe à aplicação do contribuinte tratar adequadamente a situação das NF-e Pendentes de Retorno e executar, imediatamente após o retorno à operação normal, as ações necessárias à regularização da situação destas NF-e, a saber:

a) Cancelar as NF-e Pendentes de Retorno que tenham sido autorizadas pela SEFAZ origem, mas que tiveram as operações comerciais correspondentes registradas em NF-e emitidas em contingência.
b) Inutilizar a numeração das NF-e Pendentes de Retorno que não foram autorizadas ou denegadas.

Parte II – Tecnologias Adotadas

ESTA É A SEGUNDA PARTE do livro. Aqui serão explicadas as tecnologias adotadas no Projeto NF-e.

Dentre essas tecnologias estão o uso de arquivo no formato XML, Certificação Digital e consumo de Web Services.

XML – eXtensible Markup Language

Introdução

Em meados da década de 1990, o *World Wide Web Consortium* (W3C) começou a trabalhar em uma linguagem de marcação que combinasse a flexibilidade da SGML com a simplicidade da HTML. O princípio do projeto era criar uma linguagem que pudesse ser lida por software, e integrar-se às demais linguagens. Sua filosofia seria incorporada por vários princípios importantes:

- Separação entre conteúdo e formatação;
- Simplicidade e legibilidade, tanto para humanos quanto para computadores;
- Possibilidade de criação de TAGs ilimitadas;
- Criação de arquivos para validação da estrutura do arquivo XML (Os chamados DTDs – *Document Type Definition*);
- Interligação de bancos de dados distintos;
- Concentração na estrutura da informação, não na sua aparência;

O XML é um formato para a criação de documentos com dados organizados de forma hierárquica. Como exemplos desses tipos de documentos, podemos citar: documentos de texto formatados, imagens vetoriais e bancos de dados.

O que é mesmo o XML?

É uma recomendação da W3C para gerar linguagens de marcação para necessidades especiais.

É um subtipo do SGML (acrônimo de *Standard Generalized Markup Language*, ou Linguagem Padronizada de Marcação Genérica) capaz de descrever diversos tipos de dados. **Seu propósito principal é a facilidade de compartilhamento de informações através da Internet.**

A principal característica do XML é a de criar uma única infraestrutura para a criação de outras linguagens, como:

- XHTML – é uma reformulação da linguagem de marcação HTML, baseada em XML. Combina as TAGs de marcação HTML com regras da XML. Esse processo de padronização tem em vista a exibição de páginas Web em diversos dispositivos (televisão, *palm*, celular, etc). Sua intenção é melhorar a acessibilidade.
- RDF – é uma linguagem para representar informação na Internet.
- SDMX – é uma iniciativa internacional com o objetivo de desenvolver e empregar processos eficientes para troca e compartilhamento de dados e meta-informação estatística entre organizações internacionais e os seus países membros.
- MathML – é uma aplicação do XML para representar símbolos e formulas matemáticas.
- XBRL – é um padrão emergente baseado no XML para definir a informação financeira. Esse padrão é dirigido por um consórcio internacional sem fins lucrativos (*XBRL International Incorporated*) de mais de 300 organizações, entre entidades reguladoras, agências governamentais e empresas de software.
- SVG – é a abreviatura de *Scalable Vectorial Graphics* que pode ser traduzido do inglês como gráficos vetoriais escaláveis. Trata-se de uma linguagem XML para descrever de forma vetorial desenhos e gráficos bidimensionais, quer de forma estática, quer dinâmica ou animada. Umas das principais características dos gráficos vetoriais, é que não perdem qualidade ao serem ampliados. A grande

diferença entre o SVG e outros formatos vetoriais, é o fato de ser um formato aberto, não sendo propriedade de nenhuma empresa.

O XML não faz nada. Isso mesmo, não faz nada. Pode ser difícil de compreender no início, mas é simples: o XML foi criado para estruturar, armazenar e obter informações de transporte dos dados.

Assim como o HTML, o XML é um texto simples organizado em TAGs.

Vamos a um exemplo de XML:

Curriculum Vitae:

```xml
<?xml version="1.0" encoding="UTF-8"?>
<curriculo>
 <InformacaoPessoal>
  <DataNascimento>10-10-1980</DataNascimento>
  <Nomecompleto>Albert Eije Barreto Mouta</Nomecompleto>
  <Contatos>
   <Residencia>
    <Rua>R. Maria Tomasia</Rua>
    <Numero>458</Numero>
    <Cidade>Sao Paulo</Cidade>
    <Pais>Brasil</Pais>
   </Residencia>
   <Telefone>8888-5555</Telefone>
   <Email>alberteije@gmail.com</Email>
  </Contatos>
  <Nacionalidade>Brasileira</Nacionalidade>
  <Sexo>M</Sexo>
 </InformacaoPessoal>
 <objetivo>Atuar na area de TI</objetivo>
 <Experiencia>
  <Cargo>Analista de Sistemas</Cargo>
  <Empregador>T2Ti.COM</Empregador>
 </Experiencia>
 <Formacao>Superior Completo</Formacao>
</curriculo>
```

A linguagem HTML

Na Internet atualmente quase todas as páginas se resumem em HTML (*HyperText Markup Language*). O termo *HyperText* é definido por textos que têm *links* para outros textos. Já o termo *markup language* define anotações para a estrutura de um texto. O design de documentos HTML tem duas características importantes:

- Documentos HTML são feitos para fornecer a visualização da informação destinada à apresentação de páginas da Internet.
- A linguagem HTML contém um conjunto de TAGs com um número fixo para definir a visualização do documento, e cada TAG tem a sua semântica já definida.

O usuário pode também definir a aparência da página dentro das TAGs HTML. Mas como o código fica muito confuso, foram criadas as folhas de estilo, definidas em arquivos CSS para lidar apenas com a aparência da página (tipo de letra, cores, etc). Dessa forma, deve-se usar a HTML apenas para definir a visualização dos dados na página.

Muito tem sido feito para melhorar e evoluir a linguagem HTML.

Comparações entre HTML e XML

Vamos fazer uma analogia com o HTML:

HTML significa *HyperText Markup Language*, que traduzido quer dizer Linguagem de Marcação de Hipertexto.

XML significa *eXtensible Markup Language*, que traduzido quer dizer Linguagem de Marcação Extensível, ou seja, é uma extensão do HTML.

Na verdade o HTML e o XML são "parentes". Eles derivam da mesma linguagem, o SGML. Ambos identificam elementos em uma página e ambos utilizam sintaxes similares. Se você conhece HTML, será muito fácil compreender o XML. A grande diferença entre HTML e XML é que o HTML descreve a estrutura e as ações em uma página enquanto o XML não descreve estrutura nem ações, mas sim o que cada trecho de dados é ou representa. Ou seja, o XML descreve o conteúdo do documento.

Como o HTML, o XML também faz uso de TAGs e atributos:
- TAGs – palavras encapsuladas pelos sinais "<" e ">";
- Atributos – característica de determinada TAG (definidos da seguinte forma: name="value").

Enquanto o HTML especifica cada sentido para as TAGs e atributos, o XML usa as TAGs somente para delimitar trechos de dados, e deixa a interpretação do dado a ser realizada completamente para a aplicação que o está lendo. Resumindo, enquanto em um documento HTML uma TAG <p> indica um parágrafo, no XML essa TAG pode indicar um preço, um parâmetro, uma pessoa, ou qualquer outra coisa que tenha sido definida pelo criador do documento para essa TAG <p>.

Os arquivos XML são arquivos texto e facilitam que os programadores ou desenvolvedores "debuguem" mais facilmente as aplicações, de forma que um simples editor de textos pode ser usado para corrigir um erro em um arquivo XML. Mas as regras de formatação para documentos XML são muito mais rígidas do que para documentos HTML. Uma TAG esquecida ou um atributo sem aspas torna o documento inutilizável, enquanto que no HTML isso é tolerado. As especificações oficiais do XML determinam que as aplicações não podem tentar adivinhar o que está errado em um arquivo (no HTML isso acontece), mas sim devem parar de interpretá-lo e reportar o erro.

Características da linguagem XML

Representação dos dados de forma estruturada

O XML fornece uma representação estruturada dos dados que é amplamente implementável e fácil de ser desenvolvida.

O XML fornece um padrão que pode codificar o conteúdo, as semânticas e as esquematizações para uma grande variedade de aplicações desde simples até as mais complexas, dentre elas:

- Um simples documento;
- Um registro estruturado tal como uma ordem de compra de produtos;
- Um objeto com métodos e dados como objetos Java ou controles ActiveX;
- Um registro de dados. Um exemplo seria o resultado de uma consulta a bancos de dados;
- Apresentação gráfica, como interface de aplicações de usuário;
- Entidades e tipos de esquema padrões;
- Todos os *links* entre informações e pessoas na Web.

Uma característica importante é que, uma vez tendo sido recebido o dado pelo cliente, tal dado pode ser manipulado, editado e visualizado sem a necessidade de novas requisições ao servidor. Com a redução de requisições economiza-se processamento nos servidores e banda na rede, pois menos dados serão trafegados.

O XML é considerado de grande importância na Internet e em grandes intranets porque permite que sistemas de diferentes plataformas conversem entre si, trocando informações dentro de um mesmo padrão.

Separação entre apresentação e dados

O HTML especifica como o documento deve ser apresentado na tela por um navegador. Já o XML define o conteúdo do documento. Por exemplo, em HTML são utilizadas TAGs para definir uma tabela, suas linhas e colunas. No XML você utiliza as TAGs para descrever os dados, como exemplo TAGs de assunto, título, autor, conteúdo, referências, datas, etc.

Assim como o HTML tem as folhas de estilo (o CSS) o XML também conta com esse recurso, que é conhecido como XSL (*Extensible Style Language*) para a apresentação de dados em um navegador. O XML separa os dados da apresentação e processo, o que permite visualizar e processar o dado como quiser, utilizando diferentes folhas de estilo e aplicações.

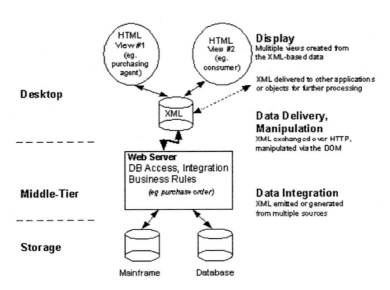

Aplicação Web três camadas que permite a troca de dados entre mainframes e aplicações desktop

Observe que na Camada Desktop, a entrada de dados se dá através de uma interface HTML (um *browser*). Mas poderia ser através de outros clientes, tais como uma aplicação Swing feita em Java ou uma aplicação feita em *Dot Net*, por exemplo. O usuário poderia entrar com qualquer tipo de dado: compras, ordens de pagamento, resultados de busca, pedidos, catálogos, etc.

Na Camada *Middle-Tier*, um aplicativo rodando em um servidor converte os dados em XML e a partir de então os dados poderão ser armazenados no banco de dados ou lidos por outras aplicações num computador de grande porte (mainframe).

Definição conceitual do XML

Estrutura do documento

Um documento XML é uma árvore rotulada onde um nó externo consiste de:
- Dados de caracteres (uma sequência de texto);
- Instruções de processamento (anotações para os processadores), tipicamente no cabeçalho do documento;
- Um comentário (nunca acompanhando com semântica);
- Uma declaração de entidade (simples macros);
- Nós DTDs (*Document Type Definition*).

Um nó interno é um elemento, o qual é rotulado com:
- Um nome ou;
- Um conjunto de atributos, cada qual consistindo de um nome e um valor.

Normalmente, comentários, declarações de entidades e informações DTD não são explicitamente representados na árvore.

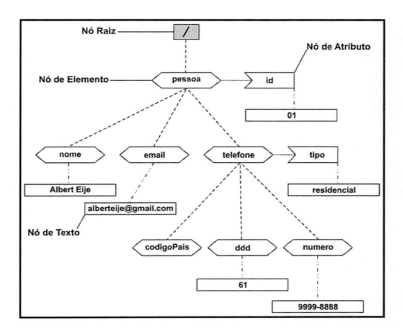

Estrutura de um arquivo XML em árvore.

Explicação das TAGs

Nós já vimos numa figura anterior o que são o elemento raiz, os demais elementos, os atributos e seus valores e o elemento vazio.

Os documentos XML são sensíveis a letras maiúsculas e minúsculas. Um documento XML é bem formatado quando segue algumas regras básicas. Tais regras são mais simples do que para documentos HTML e permitem que os dados sejam lidos e expostos sem nenhuma descrição externa ou conhecimento do sentido dos dados XML.

Para que um documento XML esteja bem formatado deve seguir os seguintes princípios:
- Abrir e fechar corretamente todas as TAGs;
- As TAGs de elemento devem ser apropriadamente posicionadas;
- Os elementos não podem se sobrepor.

Veja abaixo uma sobreposição de elementos:

```
<nome>Albert Eije
 <sobrenome> Barreto Mouta </nome>
</sobrenome>
```

Observe que a TAG nome foi fechada antes da TAG sobrenome. Isso vai causar um erro no arquivo XML.

No entanto, um documento XML apenas "bem formatado" tem pouca utilidade, pois:

- Não há especificação sobre quais TAGs podem ser usadas e para que servem;
- Não há verificação caso se digite uma TAG no local errado, com atributos errados ou mesmo com erro de digitação.

Para que um XML seja válido deve existir um modelo, uma gramática da estrutura do documento, que deve ser obedecida.

Documentos com DTDs

No XML as regras que definem um documento são ditadas por DTDs (*Document Type Definition*), as quais ajudam a validar os dados quando a aplicação que os recebe não possui internamente uma descrição do dado que está recebendo. Um analisador de documentos pode checar os dados que chegam analisando as regras contidas no DTD para ter certeza de que o dado foi estruturado corretamente. Os dados enviados sem DTD são conhecidos como dados bem formatados. Nesse caso, o documento pode ser usado para implicitamente se autodescrever, como o *curriculo vitae* que vimos anteriormente.

Com os dados do XML bem formatados e válidos, o documento XML se torna autodescritivo, pois as TAGs dão idéia de conteúdo e estão misturadas com os dados. Como o documento é aberto e flexível, ele pode ser usado em qualquer lugar onde a troca ou transferência de informação é necessária: informações sobre páginas HTML, objetos ou regras de negócios, transações eletrônicas comerciais, etc.

Os seguintes itens podem ser validados:

1. TAGs
   - Que TAGs são permitidas;
   - Que TAGs filhas são requeridas ou opcionais;
   - Se a ordem ou a quantidade de elementos é importante;
   - Que tipos de conteúdo são permitidos.

2. Atributos
   - Que atributos são requeridos ou opcionais;
   - Quais são os tipos de dados dos atributos;
   - Se existem valores "padrão" para os atributos;

Para associar um DTD a um arquivo XML deve-se utilizar uma TAG específica indicando o arquivo DTD. Observe no exemplo abaixo:

```xml
<?xml version="1.0" ?>
<!DOCTYPE Pessoa
PUBLIC "-//T2Ti//DTD Produtos//BR"
"http://www.t2ti.com/dtd/Pessoa.dtd">
<pessoa>
  <nome>Albert Eije</nome>
  <email>alberteije@gmail.com</email>
  <telefone>
   <ddd>61</ddd>
   <numero>9999-8888</numero>
  </telefone>
</pessoa>
```

Observe que um arquivo DTD é seguido pela extensão dtd. Existem ainda os "*schemas*". É outra forma de definir a gramática para um arquivo XML, com algumas vantagens em relação aos DTDs. Mas não vamos nos aprofundar nesses assuntos, pois não é o objetivo deste livro. Basta saber que o projeto NF-e utiliza *schemas* para validar os arquivos XML.

Padrões da estrutura do XML

O XML é baseado em padrões de tecnologia comprovadamente otimizados para a Web.

Os padrões que compõem o XML são definidos pelo W3C (*World Wide Web Consortium*) e são os seguintes:

- *Extensible Markup Language* (XML) – é uma Recomendação, que é vista como o último estágio de aprovação do W3C. Isso significa que o padrão é estável e pode ser aplicado a Web e utilizado pelos desenvolvedores de ferramentas;
- *XML Namespaces* – é também uma Recomendação, a qual descreve a sintaxe de *namespace*, ou espaço de nomes, e que serve para criar prefixos para os nomes de TAGs, evitando confusões que possam surgir com nomes iguais para TAGs que definem dados diferentes;
- *Document Object Model* (DOM) *Level 1* – é uma Recomendação que provê formas de acesso aos dados estruturados utilizando scripts, permitindo aos desenvolvedores interagir e computar tais dados consistentemente;
- *Extensible Stylesheet Language* (XSL) – O XSL apresenta duas seções: a linguagem de transformação e a formatação de objetos. A linguagem de transformação pode ser usada para transformar documentos XML em algo agradável para ser visto, assim como transformar para documentos HTML, e pode ser usada independentemente da segunda seção (formatação de objetos).
- *XML Linking Language* (XLL) e *XML Pointer Language* (XPointer) – O XLL é uma linguagem de construção de *links* que é similar aos *links* HTML, sendo que é mais poderosa, porque os *links* podem ser multidirecionais, e podem existir a nível de objetos, e não somente a nível de página.

Uma noção sobre DOM

DOM é uma API (*Applications Programming Interface*) independente de plataforma e linguagem que é utilizada para manipular as árvores do documento XML (e HTML também).

DOMs são ideais para linguagem script, como exemplo JavaScript. Essa API é definida em vários níveis:

- Nível 0: Funções existentes conhecidas das linguagens script dos *browsers*;
- Nível 1: Funcionalidade para navegação em documentos e manipulações;
- Nível 2: Adiciona modelos de *style sheets* (folhas de estilo), filtros, modelos de eventos, e suporte a *namespaces*;
- Nível 3: Possibilita as opções de carregar e salvar, DTDs, *schemas*, visualização de documentos e status de formatação (W3C trabalhando no nível 2).

Principais benefícios da linguagem XML

O XML tem por objetivo trazer flexibilidade e poder às aplicações Web. Dentre os benefícios para desenvolvedores e usuários temos:

- Buscas mais eficientes;
- Desenvolvimento de aplicações Web mais flexíveis. Isso inclui integração de dados de fontes completamente diferentes, de múltiplas aplicações; computação e manipulação local dos dados; múltiplas formas de visualização e atualização granulares do conteúdo;
- Distribuição dos dados via rede de forma mais comprimida e escalável;
- Padrões abertos.

Buscas mais eficientes

Os dados em XML podem ser unicamente "etiquetados", o que permite que, por exemplo, uma busca por livros seja feita em função do nome do autor. Sem o XML é necessário para a aplicação de procura saber como é esquematizado e construído cada banco de dados que armazena os dados de interesse, o que é impossível. O XML permite definir livros por autor, título, assunto, etc. Isso facilita enormemente a busca.

Desenvolvimento de aplicações flexíveis para a Web

O desenvolvimento de aplicações Web em três camadas é altamente factível com o XML. Os dados XML podem ser distribuídos para as aplicações, objetos ou servidores intermediários para processamento. Esses mesmos dados também podem ser distribuídos para a camada cliente para serem visualizados em um navegador ou qualquer outro cliente que possa ler os arquivos XML.

Integração de dados de fontes diferentes

Atualmente existem dados espalhados em diversos bancos de dados diferentes. O XML permite que tais dados possam ser facilmente combinados. Essa combinação seria feita via software em um servidor intermediário, estando os bancos de dados na extremidade da rede.

Os dados poderiam ser distribuídos para outros servidores ou clientes para que fizessem o processamento, a agregação e a distribuição.

Computação e manipulação locais

Os dados XML recebidos por um cliente são analisados e podem ser editados e manipulados de acordo com o interesse do usuário. Ao contrário de somente visualizar os dados, os usuários podem manipulá-los de várias formas. Os recursos disponíveis do *Document Object Model* (DOM) permitem que os dados sejam manipulados via scripts ou outra linguagem de programação.

A separação da interface visual dos dados propriamente ditos permite a criação de aplicações mais poderosas, simples e flexíveis.

Múltiplas formas de visualizar os dados

Os dados recebidos por um usuário podem ser visualizados de diferentes formas uma vez que o XML define somente os dados e não o visual. A interpretação visual poderia ser dada de várias maneiras diferentes, de acordo com as aplicações. Os recursos de CSS e XSL permitem essas formas particulares de visualização.

Atualizações granulares dos documentos

Os dados podem ser atualizados de forma granular, evitando que uma pequena modificação no conjunto de dados implique na busca do documento inteiro novamente. Dessa forma, somente os elementos modificados seriam enviados pelo servidor para o cliente.

O XML também permite que novos dados sejam adicionados aos já existentes, sem a necessidade de reconstrução da página.

Fácil distribuição na Web

Assim como o HTML, o XML, por ser um formato baseado em texto aberto, pode ser distribuído via HTTP sem necessidade de modificações nas redes existentes.

Compressão

A compressão de documentos XML é fácil devido à natureza repetitiva das TAGs usadas para definir a estrutura dos dados. A necessidade de compressão é dependente da aplicação e da quantidade de dados a serem movidos entre clientes e servidores. Os padrões de compressão do HTTP 1.1 podem ser usados para o XML.

XML no Projeto NF-e

Padrão de Codificação

A especificação do documento XML adotada é a recomendação W3C para XML 1.0, disponível em www.w3.org/TR/REC-xml e a codificação dos caracteres será em UTF-8, assim todos os documentos XML serão iniciados com a seguinte declaração:

```
<?xml version="1.0" encoding="UTF-8"?>
```

OBS: Lembrando que cada arquivo XML somente poderá ter uma única declaração `<?xml version="1.0" encoding="UTF-8"?>`. Nas situações em que um documento XML pode conter outros documentos XML, como ocorre com o documento XML de lote de envio de NF-e, deve-se tomar o cuidado para que exista uma única declaração no início do lote.

Declaração namespace

A declaração de *namespace* da NF-e deverá ser realizada no elemento raiz de cada documento XML como segue:

```
<NFe xmlns="http://www.portalfiscal.inf.br/nfe" >
```

Manual de Implantação da Nota Fiscal Eletrônica   **99**

Não é permitida a utilização de prefixos de *namespace*. Essa restrição visa otimizar o tamanho do arquivo XML.

Assim, ao invés da declaração:

```
<NFe:NFe xmlns:NFe="http://www.portalfiscal.inf.br/nfe" >
```

Deverá ser adotada a declaração:

```
<NFe xmlns ="http://www.portalfiscal.inf.br/nfe" >
```

Observe que na declaração adotada não existe o prefixo "NFe:".

A declaração do *namespace* da assinatura digital deverá ser realizada na própria TAG <Signature>, conforme exemplo abaixo.

Cada documento XML deverá ter o seu *namespace* individual em seu elemento raiz. No caso específico do lote de envio da NF-e, cada NF-e deverá ter declarado o seu *namespace* individual.

Segue abaixo o exemplo:

```
<?xml version="1.0" encoding="UTF-8"?>
<enviNFe xmlns="http://www.portalfiscal.inf.br/nfe" versao="1.01">
 <idLote>200602220000001</idLote>
 <NFe xmlns="http://www.portalfiscal.inf.br/nfe">
  <infNFe Id="NFe31060243816719000108550000000010001234567890" versao="1.01">
  ...
  <Signature xmlns="http://www.w3.org/2000/09/xmldsig#">
  ...
 </NFe>
 <NFe xmlns="http://www.portalfiscal.inf.br/nfe">
  <infNFe Id="NFe31060243816719000108550000000010011234567900" versao="1.01">
  ...
  <Signature xmlns="http://www.w3.org/2000/09/xmldsig#">
  ...
 </NFe>

 <NFe xmlns="http://www.portalfiscal.inf.br/nfe">
  <infNFe Id="NFe31060243816719000108550000000010021234567916" versao="1.01">
  ...
  <Signature xmlns="http://www.w3.org/2000/09/xmldsig#">
  ...
 </NFe>
</enviNFe>
```

Otimização na montagem do arquivo

Para que o arquivo gerado não fique muito grande ao ser enviado para a SEFAZ, alguns aspectos devem ser analisados no momento da geração do arquivo XML:

Não deverão ser incluídas TAGs de campos com conteúdo zero (para campos tipo numérico) ou vazio (para campos tipo caractere). A não ser que esses campos sejam identificados como obrigatórios no modelo;

A regra constante do parágrafo anterior deverá estender-se para os campos onde não há indicação de obrigatoriedade e que, no entanto, seu preenchimento torna-se obrigatório por estar condicionado a legislação específica ou ao negócio do contribuinte. Nesse caso, deverá constar a TAG com o valor correspondente e, para os demais campos, deverão ser eliminadas as TAGs.

Para reduzir o tamanho final do arquivo XML da NF-e alguns cuidados de programação deverão ser assumidos:

- Não incluir "zeros não significativos" para campos numéricos;
- Não incluir "espaços" no início ou no final de campos numéricos e alfanuméricos;
- Não incluir comentários no arquivo XML;
- Não incluir anotação e documentação no arquivo XML (*TAG annotation* e *TAG documentation*);
- Não incluir caracteres de formatação no arquivo XML ("*line-feed*", "*carriage return*", "tab", caractere de "espaço" entre as TAGs).

Validação de Schema

Para garantir minimamente a integridade das informações prestadas e a correta formação dos arquivos XML, o contribuinte deverá submeter o arquivo da NF-e e as demais mensagens XML para validação pelo *Schema* do XML (XSD – *XML Schema Definition*), disponibilizado pela Secretaria de Fazenda Estadual antes de seu envio.

Tratamento de caracteres especiais no texto de XML

Todos os textos de um documento XML passam por uma análise do *"parser"* (analisador) específico da linguagem. Alguns caracteres afetam o funcionamento desse *"parser"*, não podendo aparecer no texto de uma forma não controlada.

Os caracteres que afetam o *"parser"* são:

- > (sinal de maior);
- < (sinal de menor);
- & (e-comercial);
- " (aspas);
- ' (sinal de apóstrofo).

Alguns desses caracteres podem aparecer especialmente no campo de Razão Social, Endereço e Informação Adicional. Para resolver esses casos, é recomendável o uso de uma sequência de "escape" em substituição ao caractere que causa o problema.

Ex. a denominação: DIAS & DIAS LTDA deve ser informada como: DIAS & DIAS LTDA no XML para não afetar o funcionamento do "parser".

A tabela abaixo mostra como o programador deve substituir o código do caractere pelo seu *Entity Name*:

Caractere	Sequência de Escape (entity)
<	<
>	>
&	&
"	"
'	'

Compreendendo o layout do padrão XML da NF-e

Compreender o layout da NF-e é imprescindível para o desenvolvimento da solução. Observe na imagem a seguir o diagrama simplificado dos grupos de informações da NF-e. Vamos nos referir a essa imagem como "árvore geral".

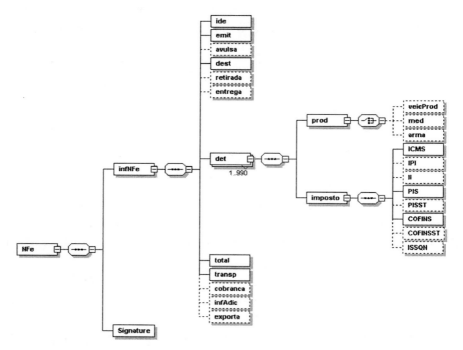

Fonte: Portal da Nota Fiscal Eletrônica – www.nfe.fazenda.gov.br

Observe como as informações estão organizadas como numa árvore. Veja na imagem abaixo o layout de dois elementos do grupo de informações visto acima.

#	ID	Campo	Descrição	Ele	Pai	Tipo	Ocorrências	Tamanho	Dec	Observação
	-	NFe	TAG raiz da NF-e	G	-		1-1			TAG raiz da NF-e
A - Dados da Nota Fiscal eletrônica											
#	ID	Campo	Descrição	Ele	Pai	Tipo	Ocorrências	Tamanho	Dec	Observação
1	A01	infNFe	TAG de grupo das informações da NF-e	G	Raiz	-	1-1	-		TAG de grupo que contém as informações da NF-e
2	A02	versao	Versão do leiaute	A	-	N	1-1	1-4	2	Versão do leiaute
3	A03	Id	Identificador da TAG a ser assinada	ID	-	C	1-1			informar a chave de acesso da NF-e precedida do literal 'NFe'
4	A04	pk_nitem	regra para que a numeração do item de detalhe da NF-e seja única.	RC	-	-	1-1			Regra de validação do item de detalhe da NF-e, campo de controle do Schema XML, o contribuinte não deve se preocupar com o preenchimento deste campo.

Fonte: Portal da Nota Fiscal Eletrônica – www.nfe.fazenda.gov.br

Primeiro vamos compreender o que quer dizer cada uma das colunas desse layout:

a) **coluna #:** identificador da linha da tabela;

b) **coluna ID:** identificação do campo;

c) **coluna Campo:** identificador do nome do campo, como a nomenclatura dos nomes dos campos foi padronizada, um nome de campo é utilizado para identificar campos diferentes, como por exemplo, a IE, que pode ser do emitente ou do destinatário. A diferenciação dos campos é realizada considerando as TAGs de grupo;

d) **coluna Ele:** o elemento é um campo básico de informação do documento XML. Observe a imagem abaixo:

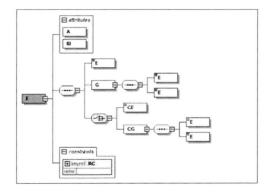

Fonte: Portal da Nota Fiscal Eletrônica – www.nfe.fazenda.gov.br

A – indica que o campo é um atributo do Elemento anterior;

E – indica que o campo é um Elemento;

CE – indica que o campo é um Elemento que deriva de uma Escolha (*Choice*). A opção *Choice* é utilizada para Elementos de informação mutuamente exclusivos, como é o caso do CPF/CNPJ dos dados cadastrais, para o qual deve ser informado o CNPJ ou o CPF. Observe a imagem abaixo retirada do Manual de Integração do Contribuinte, referente à TAG **emit:**

C - Identificação do Emitente da Nota Fiscal eletrônica										
#	ID	Campo	Descrição	Ele	Pai	Tipo	Ocorrência	Tamanho	Dec	Observação
30	C01	emit	TAG de grupo de identificação do emitente da NF-e	G	A01		1-1			Grupo com as informações do emitente da NF-e
31	C02	CNPJ	CNPJ do emitente	CE	C01	C	1-1	14		Informar o CNPJ do emitente. Em se tratando de emissão de NF-e avulsa pelo Fisco, as informações do remente serão informadas neste grupo. O CNPJ ou CPF deverão ser informados com os zeros não significativos.
31a	C02a	CPF	CPF do remetente	CE	C01	C	1-1	11		
32	C03	xNome	Razão Social ou Nome do	E	C01	C	1-1	2-60		

Fonte: Portal da Nota Fiscal Eletrônica – www.nfe.fazenda.gov.br

G – indica que o campo é um Elemento de Grupo, ou seja, este elemento vai agrupar outras informações dentro dele. No XML que vimos onde a TAG raiz era "pessoa", a TAG "telefone" é um Elemento de Grupo.

CG – indica que o campo é um Elemento de Grupo que deriva de uma Escolha (*Choice*);

ID – indica que o campo é um ID da XML 1.0;

RC – indica que o campo é uma *key constraint* (Restrição de Chave) para garantir a unicidade e presença do valor;

e) coluna Pai: indica qual é o elemento pai;

f) coluna Tipo:

N – campo numérico;

C – campo alfanumérico;

D – campo data;

g) coluna Ocorrência: x-y, onde x indica a ocorrência mínima e y a ocorrência máxima. Poderíamos chamar essa coluna de Cardinalidade.

h) coluna Tamanho: x-y, onde x indica o tamanho mínimo e y o tamanho máximo; a existência de um único valor indica que o campo tem tamanho fixo, devendo-se informar a quantidade de caracteres exigidos, preenchendo-se os zeros não significativos; tamanhos separados por vírgula indicam que o campo deve ter um dos tamanhos fixos da lista. O tamanho máximo dos campos Tipo "C", quando não especificado, é 60 posições;

i) coluna Dec: indica a quantidade máxima de casas decimais do campo;

Regras de preenchimento dos campos da Nota Fiscal Eletrônica
- Campos que representam códigos (CNPJ, CPF, CEP, CST, NCM, EAN, etc.) devem ser informados com o tamanho fixo previsto, sem formatação e com o preenchimento dos zeros não significativos;
- Campos numéricos que representam valores e quantidades são de tamanho variável, respeitando o tamanho máximo previsto para o campo e a quantidade de casas decimais. O preenchimento de zeros não significativos causa erro de validação do *Schema* XML.
- Os campos numéricos devem ser informados sem o separador de milhar, com uso do ponto decimal para indicar a parte fracionária se existente respeitando-se a quantidade de dígitos prevista no leiaute;
- O uso de caracteres acentuados e símbolos especiais para o preenchimento dos campos alfanuméricos deve ser evitado. Os espaços informados no início e no final do campo alfanumérico também devem ser evitados;
- As datas devem ser informadas no formato "AAAA-MM-DD";
- A forma e a obrigatoriedade de preenchimento dos campos da Nota Fiscal Eletrônica estão previstas na legislação aplicável para a operação que se pretende realizar;
- Inexistindo conteúdo (valor zero ou vazio) para um campo não obrigatório, a TAG deste campo não deverá ser informada no arquivo da NF-e;
- Tratando-se de operações com o exterior, uma vez que o campo CNPJ é obrigatório, não informar o conteúdo desse campo;
- No caso das pessoas desobrigadas de inscrição no CNPJ/MF, deverá ser informado o CPF da pessoa, exceto nas operações com o exterior;

Exemplo de uma NF-e – Arquivo XML

```
<?xml version="1.0" encoding="utf-8"?>
<NFe xmlns="http://www.portalfiscal.inf.br/nfe">
  <infNFe Id="NFe35080599999090910270550010000000045180051273" versao="1.10">
   <ide>
```

```xml
<cUF>35</cUF>
<cNF>518075127</cNF>
<natOp>Venda a vista</natOp>
<indPag>0</indPag>
<mod>55</mod>
<serie>1</serie>
<nNF>1</nNF>
<dEmi>2008-09-07</dEmi>
<dSaiEnt>2008-09-07</dSaiEnt>
<tpNF>0</tpNF>
<cMunFG>3550308</cMunFG>
<tpImp>1</tpImp>
<tpEmis>1</tpEmis>
<cDV>3</cDV>
<tpAmb>2</tpAmb>
<finNFe>1</finNFe>
<procEmi>0</procEmi>
<verProc>NF-eletronica.com</verProc>
</ide>
<emit>
  <CNPJ>99988090910444</CNPJ>
  <xNome>NF-e Teste</xNome>
  <xFant>NF-e</xFant>
  <enderEmit>
    <xLgr>Rua Teste</xLgr>
    <nro>100</nro>
    <xCpl>Fundos</xCpl>
    <xBairro>Bairro Teste</xBairro>
    <cMun>3502200</cMun>
    <xMun>Teste</xMun>
    <UF>SP</UF>
    <CEP>99988855</CEP>
    <cPais>1058</cPais>
    <xPais>Brasil</xPais>
    <fone>4567894562</fone>
  </enderEmit>
  <IE>123135454622</IE>
</emit>
<dest>
  <CNPJ>00000000000191</CNPJ>
  <xNome>DISTRIBUIDORA TESTE</xNome>
  <enderDest>
    <xLgr>AV DO TESTE</xLgr>
    <nro>4568</nro>
    <xCpl>20 ANDAR</xCpl>
    <xBairro>PARQUE TESTE</xBairro>
    <cMun>5030801</cMun>
    <xMun>Sao Paulo</xMun>
    <UF>SP</UF>
```

```xml
      <CEP>45612312</CEP>
      <cPais>1058</cPais>
      <xPais>BRASIL</xPais>
      <fone>1235456462</fone>
    </enderDest>
    <IE></IE>
  </dest>
  <retirada>
    <CNPJ>00000000000182</CNPJ>
    <xLgr>AV PAULISTA</xLgr>
    <nro>12345</nro>
    <xCpl>TERREO</xCpl>
    <xBairro>OUTRO BAIRRO DE TESTE</xBairro>
    <cMun>5464546</cMun>
    <xMun>SAO PAULO</xMun>
    <UF>SP</UF>
  </retirada>
  <entrega>
    <CNPJ>00000000000194</CNPJ>
    <xLgr>AV JOAO LIMA</xLgr>
    <nro>1555</nro>
    <xCpl>17 ANDAR</xCpl>
    <xBairro>O TERCEIRO BAIRRO DE TESTE</xBairro>
    <cMun>3550308</cMun>
    <xMun>SAO PAULO</xMun>
    <UF>SP</UF>
  </entrega>
  <det nItem=»1»>
    <prod>
      <cProd>00001</cProd>
      <cEAN />
      <xProd>AGUA MINERAL COM GAS</xProd>
      <CFOP>5101</CFOP>
      <uCom>dz</uCom>
      <qCom>1000000.0000</qCom>
      <vUnCom>1</vUnCom>
      <vProd>10000000.00</vProd>
      <cEANTrib />
      <uTrib>und</uTrib>
      <qTrib>12000000.0000</qTrib>
      <vUnTrib>1</vUnTrib>
    </prod>
    <imposto>
      <ICMS>
        <ICMS00>
          <orig>0</orig>
          <CST>00</CST>
          <modBC>0</modBC>
          <vBC>10000000.00</vBC>
```

```xml
          <pICMS>18.00</pICMS>
          <vICMS>1800000.00</vICMS>
         </ICMS00>
        </ICMS>
        <PIS>
         <PISAliq>
          <CST>01</CST>
          <vBC>10000000.00</vBC>
          <pPIS>0.65</pPIS>
          <vPIS>65000</vPIS>
         </PISAliq>
        </PIS>
        <COFINS>
         <COFINSAliq>
          <CST>01</CST>
          <vBC>10000000.00</vBC>
          <pCOFINS>2.00</pCOFINS>
          <vCOFINS>200000.00</vCOFINS>
         </COFINSAliq>
        </COFINS>
       </imposto>
      </det>
      <det nItem=»2»>
       <prod>
        <cProd>00002</cProd>
        <cEAN />
        <xProd>AGUA MINERAL</xProd>
        <CFOP>5101</CFOP>
        <uCom>pack</uCom>
        <qCom>5000000.0000</qCom>
        <vUnCom>2</vUnCom>
        <vProd>10000000.00</vProd>
        <cEANTrib />
        <uTrib>und</uTrib>
        <qTrib>3000000.0000</qTrib>
        <vUnTrib>0.3333</vUnTrib>
       </prod>
       <imposto>
        <ICMS>
         <ICMS00>
          <orig>0</orig>
          <CST>00</CST>
          <modBC>0</modBC>
          <vBC>10000000.00</vBC>
          <pICMS>18.00</pICMS>
          <vICMS>1800000.00</vICMS>
         </ICMS00>
        </ICMS>
        <PIS>
```

Manual de Implantação da Nota Fiscal Eletrônica

```xml
          <PISAliq>
            <CST>01</CST>
            <vBC>10000000.00</vBC>
            <pPIS>0.65</pPIS>
            <vPIS>65000</vPIS>
          </PISAliq>
        </PIS>
        <COFINS>
          <COFINSAliq>
            <CST>01</CST>
            <vBC>10000000.00</vBC>
            <pCOFINS>2.00</pCOFINS>
            <vCOFINS>200000.00</vCOFINS>
          </COFINSAliq>
        </COFINS>
      </imposto>
    </det>
    <total>
      <ICMSTot>
        <vBC>20000000.00</vBC>
        <vICMS>18.00</vICMS>
        <vBCST>0</vBCST>
        <vST>0</vST>
        <vProd>20000000.00</vProd>
        <vFrete>0</vFrete>
        <vSeg>0</vSeg>
        <vDesc>0</vDesc>
        <vII>0</vII>
        <vIPI>0</vIPI>
        <vPIS>130000.00</vPIS>
        <vCOFINS>400000.00</vCOFINS>
        <vOutro>0</vOutro>
        <vNF>20000000.00</vNF>
      </ICMSTot>
    </total>
    <transp>
      <modFrete>0</modFrete>
      <transporta>
        <CNPJ>00000000000191</CNPJ>
        <xNome>Livraria SP SA</xNome>
        <IE>787987979898</IE>
        <xEnder>Rua Mangabaeiar, 120 - Distrito Teste</xEnder>
        <xMun>SAO PAULO</xMun>
        <UF>SP</UF>
      </transporta>
      <veicTransp>
        <placa>JGZ5555</placa>
        <UF>SP</UF>
        <RNTC>123456789</RNTC>
```

```
</veicTransp>
<reboque>
 <placa>JGZ5555</placa>
 <UF>SP</UF>
 <RNTC>123456789</RNTC>
</reboque>
<vol>
 <qVol>10000</qVol>
 <esp>CAIXA</esp>
 <marca>CHAMPITO</marca>
 <nVol>500</nVol>
 <pesoL>1000000000.000</pesoL>
 <pesoB>1200000000.000</pesoB>
 <lacres>
  <nLacre>XYZ15464565</nLacre>
 </lacres>
</vol>
</transp>
<infAdic>
 <infAdFisco>NF Teste NF-eletronica.com</infAdFisco>
</infAdic>
</infNFe>
</NFe>
```

Se você ler o arquivo acima analisando a imagem da árvore geral, poderá observar o seguinte:

A TAG **NFe** tem o seguinte *namespace*: xmlns="http://www.portalfiscal.inf.br/nfe". Tenha em mente que "xmlns" significa exatamente: XML Name Space.

Entrando no segundo nível da árvore temos a TAG **infNFe**, que representa os dados da Nota Fiscal Eletrônica. Essa TAG tem vários atributos, como você pode observar na imagem que mostra o layout dos dois primeiros elementos. O layout completo pode ser consultado no Manual de Integração do Contribuinte, disponível no Portal da Nota Fiscal Eletrônica. Foram informados os atributos Id e versão, conforme abaixo:

```
<infNFe Id="NFe35080599999090910270550010000000045180051273" versao="1.10">
```

Logo após entramos no terceiro nível, através das seguintes TAGs: **ide, emit, dest, retirada, entrega, det, total, transp e infAdic.**

Manual de Implantação da Nota Fiscal Eletrônica

A TAG **det** pode ter de 1 a 990 ocorrências. No nosso exemplo, temos duas ocorrências dessa TAG. É nela que serão informados todos os dados sobre a mercadoria constante na nota fiscal. Através dela entramos no quarto nível, com as TAGs **prod** e **imposto**. Através da TAG **imposto** chegamos no quinto nível da árvore geral com as TAGs **ICMS, PIS e COFINS**.

O exemplo observado é bem simples, mas cumpre o objetivo de mostrar como fica o arquivo XML de uma Nota Fiscal Eletrônica. Vale ressaltar que esse arquivo não está assinado digitalmente. Observe que não existe uma TAG **Signature**, que aparece no segundo nível da árvore geral. Veja detalhes sobre a assinatura digital no capítulo destinado a este tema.

Elemento Produto – Campos uTrib e qTrib

Observando o layout da NF-e, ao chegar no Elemento produto você verá que existem dois campos para a unidade e dois campos para a quantidade. Veja a imagem abaixo, que representa uma parte dos campos do Elemento Produto:

#	ID	Campo	Descrição	Ele	Pa	Tipo	Ocorrência	Tamanho	Dec	Observação
100	I01	prod	TAG de grupo do detalhamento de Produtos e Serviços da NF-e	G	H01		1-1			
107	I08	CFOP	Código Fiscal de Operações e Prestações	E	I01	N	1-1	4		Utilizar Tabela de CFOP.
108	I09	uCom	Unidade Comercial	E	I01	C	1-1	1-6		Informar a unidade de comercialização do produto.
109	I10	qCom	Quantidade Comercial	E	I01	N	1-1	12	4	Informar a quantidade de comercialização do produto.
109a	I10a	vUnCom	Valor Unitário de comercialização	E	I01	N	1-1	16	4	Informar o valor unitário de comercialização do produto
110	I11	vProd	Valor Total Bruto dos Produtos ou Serviços	E	I01	N	1-1	15	2	
111	I12	cEANTrib	GTIN (Global Trade Item Number) da unidade tributável, antigo código EAN ou código de barras	E	I01	C	1-1	0,8,12 ,13,14		Preencher com o código GTIN-8, GTIN-12, GTIN-13 ou GTIN-14 (antigos códigos EAN, UPC e DUN-14) da unidade tributável do produto, não informar o conteúdo da TAG em caso de o produto não possuir este código.
112	I13	uTrib	Unidade Tributável	E	I01	C	1-1	1-6		
113	I14	qTrib	Quantidade Tributável	E	I01	N	1-1	12	4	

I - Produtos e Serviços da NF-e

Fonte: Portal da Nota Fiscal Eletrônica – www.nfe.fazenda.gov.br

Como podemos ver na figura temos os campos de Unidade e Quantidade Comercial (uCom e qCom) e os campos de Unidade e Quantidade Tributável (uTrib e qTrib). Esses últimos foram criados para atender a necessidade do Fisco de identificar as situações de mercadorias em que a unidade de tributação é diferente da unidade de comercialização.

A unidade de tributação corresponde à unidade de comercialização do varejo da mercadoria.

Vamos analisar um dos produtos do nosso XML:

```xml
<det nItem="1">
    <prod>
      <cProd>00001</cProd>
      <cEAN />
      <xProd>AGUA MINERAL COM GAS</xProd>
      <CFOP>5101</CFOP>
      <uCom>dz</uCom>
      <qCom>1000000.0000</qCom>
      <vUnCom>1</vUnCom>
      <vProd>10000000.00</vProd>
      <cEANTrib />
      <uTrib>und</uTrib>
      <qTrib>12000000.0000</qTrib>
      <vUnTrib>1</vUnTrib>
    </prod>
    <imposto>
     <ICMS>
       <ICMS00>
         <orig>0</orig>
         <CST>00</CST>
         <modBC>0</modBC>
         <vBC>10000000.00</vBC>
         <pICMS>18.00</pICMS>
         <vICMS>1800000.00</vICMS>
       </ICMS00>
     </ICMS>
     <PIS>
       <PISAliq>
         <CST>01</CST>
         <vBC>10000000.00</vBC>
         <pPIS>0.65</pPIS>
         <vPIS>65000</vPIS>
       </PISAliq>
     </PIS>
     <COFINS>
       <COFINSAliq>
         <CST>01</CST>
         <vBC>10000000.00</vBC>
```

MANUAL DE IMPLANTAÇÃO DA NOTA FISCAL ELETRÔNICA

```
    <pCOFINS>2.00</pCOFINS>
    <vCOFINS>200000.00</vCOFINS>
   </COFINSAliq>
  </COFINS>
 </imposto>
</det>
```

Temos no exemplo acima o produto "AGUA MINERAL COM GAS". Na Unidade Comercial (uCom) temos a seguinte informação: "dz", o que indica que o produto é vendido em pacotes de 12 unidades (neste caso "dz" quer dizer dúzia). Na Quantidade Comercial (qCom) foi informado o valor 1000000.0000, ou seja, foram vendidas 1 milhão de caixas desse produto, cada caixa com 12 unidades.

Na Unidade Tributável (uTrib) temos a seguinte informação: "und", indicando que aqui serão informados os dados de cada unidade. Na Quantidade Tributável (qTrib) foi informado o valor 12000000.0000, ou seja, doze milhões de unidades.

A conta é bem simples: como foram vendidas 1 milhão de caixas e cada caixa tem 12 unidades, no final foram vendidas 12 milhões de unidades.

Preenchimento das informações do ICMS

Alguns campos relacionados com tributos podem aparecer mais de uma vez no layout em função da estrutura de grupos de *Choice* baseados no CST – Código de Situação Tributária do tributo.

O preenchimento dos campos de tributos relacionados com o "ICMS Normal e ST" depende do conteúdo informado no CST – Código da Situação Tributária (campo N12), que pode assumir um dos seguintes valores:

00 – Tributada integralmente;

10 – Tributada e com cobrança do ICMS por substituição tributária;

20 – Com redução de base de cálculo;

30 – Isenta ou não tributada e com cobrança do ICMS por substituição tributária;

40 – Isenta;

41 – Não tributada;
50 – Suspensão;
51 – Diferimento;
60 – ICMS cobrado anteriormente por substituição tributária;
70 – Com redução de base de cálculo e cobrança do ICMS por substituição tributária;
90 – Outros.

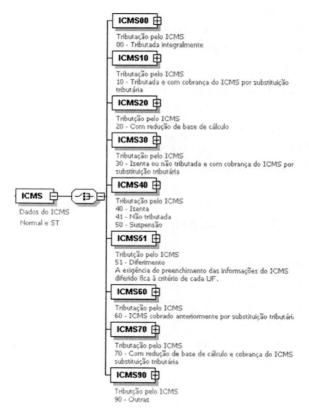

Fonte: Portal da Nota Fiscal Eletrônica – www.nfe.fazenda.gov.br

Assim, conforme o CST aplicável para a situação, o grupo de tributo "ICMS Normal e ST" deverá ter os campos assinalados com 'S' ou '?' da seguinte tabela:

MANUAL DE IMPLANTAÇÃO DA NOTA FISCAL ELETRÔNICA 115

ID	Campo	Descrição	CST – Código da Situação Tributária										
			00	10	20	30	40	41	50	51	60	70	90
N11	orig	Origem da mercadoria	S	S	S	S	S	S	S	S	S	S	S
N12	CST	Tributação do ICMS	S	S	S	S	S	S	S	S	S	S	S
N13	modBC	Modalidade de determinação da BC do ICMS	S	S	S	N	N	N	N	?	N	S	S
N14	pRedBC	Percentual da Redução de BC	N	N	S	N	N	N	N	?	N	S	?
N15	vBC	Valor da BC do ICMS	S	S	S	N	N	N	N	?	N	S	S
N16	pICMS	Alíquota do imposto	S	S	S	N	N	N	N	?	N	S	S
N17	vICMS	Valor do ICMS	S	S	S	N	N	N	N	?	N	S	S
N18	modBCST	Modalidade de determinação da BC do ICMS ST	N	S	N	S	N	N	N	N	N	S	S
N19	pMVAST	Percentual da margem de valor Adicionado do ICMS ST	N	S	N	S	N	N	N	N	N	S	?
N20	pRedBCST	Percentual da Redução de BC do ICMS ST	N	?	N	?	N	N	N	N	N	?	?
N21	vBCST	Valor da BC do ICMS ST	N	S	N	S	N	N	N	N	S	S	S
N22	pICMSST	Alíquota do imposto do ICMS ST	N	S	N	S	N	N	N	N	N	S	S
N23	vICMSST	Valor do ICMS ST	N	S	N	S	N	N	N	N	S	S	S

* "S" – o campo deve ser informado, "N" – o campo não deve ser informado e "?" – a exigência do campo depende da situação fática.

Fonte: Portal da Nota Fiscal Eletrônica – www.nfe.fazenda.gov.br

Vamos analisar cada caso.

CST 00 – Tributada integralmente

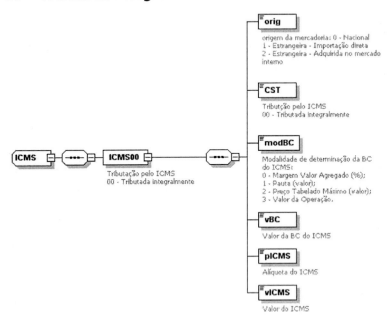

Fonte: Portal da Nota Fiscal Eletrônica – www.nfe.fazenda.gov.br

CST 10 – Tributada e com cobrança do ICMS por substituição tributária

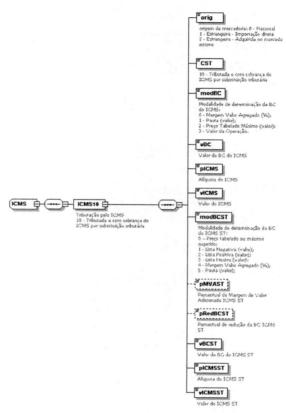

Fonte: Portal da Nota Fiscal Eletrônica – www.nfe.fazenda.gov.br

CST 20 – Com redução de base de cálculo

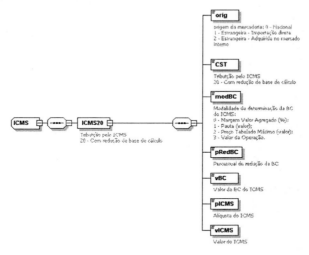

Fonte: Portal da Nota Fiscal Eletrônica – www.nfe.fazenda.gov.br

CST 30 – Isenta ou não tributada e com cobrança do ICMS por substituição tributária

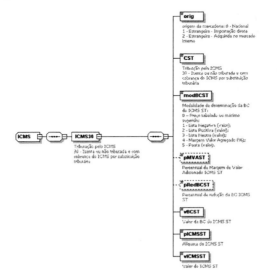

Fonte: Portal da Nota Fiscal Eletrônica – www.nfe.fazenda.gov.br

CST 40 – Isenta | 41 – Não Tributada | 50 – Suspensão

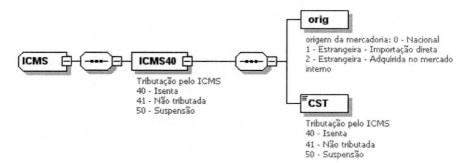

Fonte: Portal da Nota Fiscal Eletrônica – www.nfe.fazenda.gov.br

CST 51 – Diferimento

A exigência do preenchimento das informações do ICMS diferido fica a critério de cada UF.

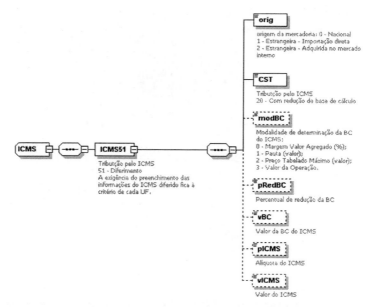

Fonte: Portal da Nota Fiscal Eletrônica – www.nfe.fazenda.gov.br

CST 60 – ICMS cobrado anteriormente por substituição tributária

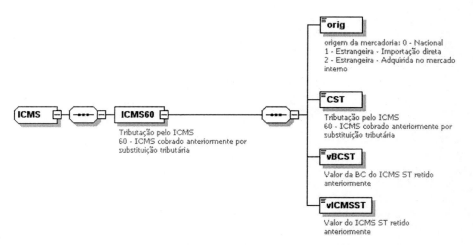

Fonte: Portal da Nota Fiscal Eletrônica – www.nfe.fazenda.gov.br

CST 70 – Com redução de base de cálculo e cobrança do ICMS por substituição tributária

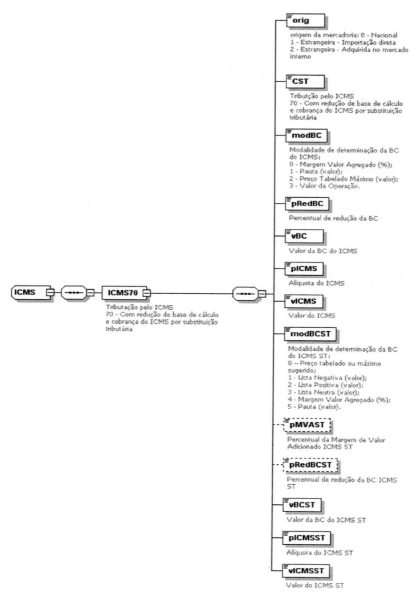

Fonte: Portal da Nota Fiscal Eletrônica – www.nfe.fazenda.gov.br

CST 90 – Outros

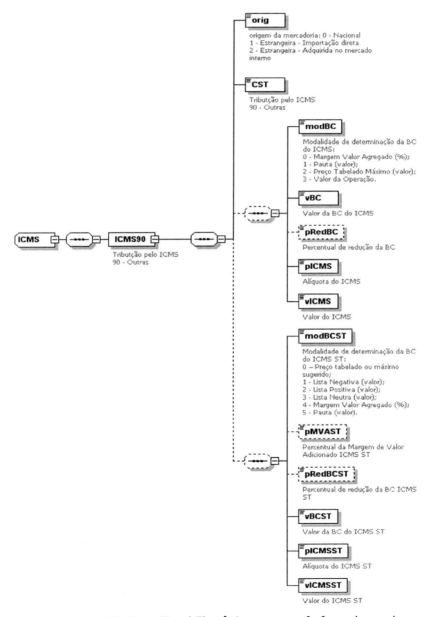

Fonte: Portal da Nota Fiscal Eletrônica – www.nfe.fazenda.gov.br

Certificação Digital

Introdução

A Internet tem sido largamente utilizada para a troca de mensagens e documentos entre cidadãos, governo e empresas. Quando se trata de documentos e mensagens oficiais, estas transações eletrônicas necessitam de alguns requisitos de segurança, a saber:

- **Autenticação ou Autenticidade:** garantia de identificação das pessoas ou organizações envolvidas na comunicação e na autoria do documento eletrônico;
- **Integridade:** garantia de que o conteúdo de uma mensagem ou resultado de uma consulta não será alterado durante seu tráfego e armazenagem;
- **Confidencialidade (Privacidade ou Sigilo):** garantia de que somente as pessoas ou organizações envolvidas na comunicação possam ler e utilizar as informações transmitidas de forma eletrônica pela rede;
- **Não-Repúdio (Não-recusa):** garantia que o remetente ou pessoa que executou determinada transação de forma eletrônica, não poderá posteriormente negar sua autoria;
- **Âncora Temporal (Temporalidade ou Irretroatividade):** certeza e imparcialidade de quando o documento eletrônico foi criado e da relação de precedência com outros.

A certificação digital é a tecnologia que provê estes requisitos. No núcleo da certificação digital está o certificado digital, um documento eletrônico que contém o nome, um número público exclusivo denominado chave pública e muitos outros dados que mostram quem somos para as pessoas e para os sistemas de informação.

A certificação digital traz inúmeros benefícios para os cidadãos e para as instituições que a adotam. Com a certificação digital é possível utilizar a Internet de forma segura para disponibilizar diversos serviços com maior agilidade, facilidade de acesso e substancial redução de custos. Imagine como seriam os serviços bancários hoje em dia se não fosse a Internet. Outro exemplo interessante são os Home Brokers das corretoras de valores que permitem que qualquer pessoa possa comprar ações facilmente e de forma segura. A tecnologia da certificação digital foi desenvolvida graças aos avanços da criptografia nos últimos 30 anos.

Criptografia

Definição

A palavra criptografia (Do Grego kryptós, "escondido", e gráphein, "escrita") significa a arte de escrever em códigos de forma a esconder a informação na forma de um texto incompreensível ou ilegível. É um ramo da Matemática, parte da Criptologia. A informação codificada é chamada de texto cifrado. O processo de codificação ou ocultação é chamado de cifragem, e o processo inverso, ou seja, obter a informação original a partir do texto cifrado, chama-se decifragem.

Histórico

Antigamente a criptografia era feita manualmente através de algum processo predeterminado. Exemplos:
- Cifras Hebraicas;

MANUAL DE IMPLANTAÇÃO DA NOTA FISCAL ELETRÔNICA   **125**

- Bastão de Licurgo;
- Crivo de Erastótenes;
- Código de Políbio;
- Cifra de César.

Cifras hebraicas

Os hebreus tinham alguns sistemas manuais de cifragem: ATBASH, AL-BAM e ATBAH.

O ATBASH funciona da seguinte maneira: a primeira letra do alfabeto hebreu (Aleph) é trocada pela última (Taw), a segunda letra (Beth) é trocada pela penúltima (Shin) e assim sucessivamente. Destas quatro letras deriva o nome da cifra: Aleph Taw Beth SHin – ATBASH.

Sistemas criptográficos dos hebreus

Bastão de Licurgo

Foi usado pelos gregos de Esparta. O primeiro algoritmo mecânico de criptografia por transposição. O remetente escreve a mensagem ao longo do bastão e depois desenrola a tira, a qual então se converte numa seqüência de letras sem sentido. O mensageiro usa a tira como cinto, com as letras voltadas para dentro. O destinatário, ao receber o "cinto", enrola-o no seu bastão, cujo diâmetro é igual ao do bastão do remetente. Assim, pode ler a mensagem.

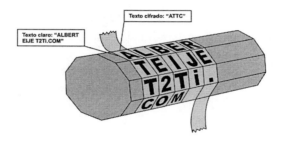

Bastão de Licurgo

Crivo de Erastótenes

Uma das formas mais eficientes para encontrar todos os números primos pequenos, por exemplo, os menores de 10.000.000.

O algoritmo funciona da seguinte forma:

Fazer uma lista com todos os números inteiros maiores que um e menores ou igual a "n", onde "n" é o número topo, ou seja, queremos achar todos os primos menores que "n";

Riscar os múltiplos de todo número primo da relação que é menor ou igual à raiz quadrada de "n" (n½). Os números que não forem riscados são os números primos.

Acompanhe o raciocínio na imagem abaixo, onde determinamos os números primos menores que 20:

(a)
2	3	4	5	6	7	8	9	10
11	12	13	14	15	16	17	18	19	20

(b)
2	3	4	5	6	7	8	9	10
11	~~12~~	13	~~14~~	15	~~16~~	17	~~18~~	19	~~20~~

(c)
2	**3**	4	5	6	7	8	9	10
11	~~12~~	13	~~14~~	~~15~~	~~16~~	17	~~18~~	19	~~20~~

(d)
2	**3**	4	**5**	6	**7**	8	9	10
11	~~12~~	**13**	~~14~~	~~15~~	~~16~~	**17**	~~18~~	**19**	~~20~~

Números primos menores que 20, calculados pelo Crivo de Erastótenes

Código de Políbio

Cada letra é representada pela combinação de dois números, os quais se referem à posição ocupada pela letra. Assim, A é substituído por 11, B por 12, etc. Veja na imagem abaixo:

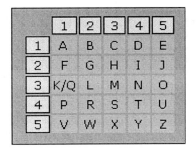

Tabela de substituição do Código de Políbio

Por exemplo, o texto:

ALBERT EIJE

Pelo Código de Políbio ficaria assim:

11-32-12-15-42-44 15-24-25-15

Código de César

Cada letra da mensagem original é substituída pela letra que a seguia em três posições no alfabeto: a letra A substituída por D, a B por E, e assim por diante até a última letra, cifrada com a primeira. O deslocamento padrão é de 3 letras, mas pode-se adaptar o algoritmo para qualquer deslocamento de letras.

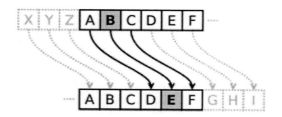

Cifra de César com descolamento padrão de 3

Criptografia por máquinas

Com o tempo a criptografia foi evoluindo e máquinas passaram a serem utilizadas. Alguns exemplos de máquinas de criptografia:
- O Cilindro de Jefferson;
- O Código ASCII;
- A Máquina Enigma.

O Cilindro de Jefferson

Na época em que era secretário de estado de George Washington, Thomas Jefferson, futuro presidente dos Estados Unidos, criou um método simples, engenhoso e seguro de cifrar e decifrar mensagens: o cilindro cifrante.

O Cilindro de Jefferson (Jefferson's wheel cipher em inglês), na sua forma original, é composto por 26 discos de madeira que giram livremente ao redor de um eixo central de metal. As vinte e seis letras do alfabeto são inscritas aleatoriamente na superfície mais externa de cada disco de modo que cada um deles possua uma seqüência diferente de letras. Girando-se os discos obtêm-se as mensagens.

Observe a imagem abaixo:

Reprodução moderna do Cilindro de Jefferson

Observe na figura acima que, numa das linhas, é possível ler "COOL JEFFERSON WHEEL CIPHER". Esta seria a mensagem clara. O remetente, no entanto, escolhe qualquer outra linha e a envia ao destinatário. Tomemos como exemplo a linha imediatamente abaixo da mensagem clara. Neste caso, a mensagem cifrada enviada seria:

WWPN HKKRWYZWK YGSJI LGZDNN

O destinatário, que possui um cilindro com a mesma seqüência de discos, transfere a mensagem recebida para o seu cilindro e procura uma linha que possua texto que faça sentido.

O Código ASCII

Os códigos ASCII representam texto em computadores, equipamentos de comunicação, entre outros dispositivos que trabalham com texto. Desenvolvida a partir de 1960, grande parte das codificações de caracteres modernas a herdaram como base.

Observe nas imagens abaixo os caracteres definidos da Tabela ASCII:

Bits				Column / Row	0	1	2	3	4	5	6	7
b4	b3	b2	b1									
0	0	0	0	0	NUL	DLE	SP	0	@	P	`	p
0	0	0	1	1	SOH	DC1	!	1	A	Q	a	q
0	0	1	0	2	STX	DC2	"	2	B	R	b	r
0	0	1	1	3	ETX	DC3	#	3	C	S	c	s
0	1	0	0	4	EOT	DC4	$	4	D	T	d	t
0	1	0	1	5	ENQ	NAK	%	5	E	U	e	u
0	1	1	0	6	ACK	SYN	&	6	F	V	f	v
0	1	1	1	7	BEL	ETB	'	7	G	W	g	w
1	0	0	0	8	BS	CAN	(	8	H	X	h	x
1	0	0	1	9	HT	EM	)	9	I	Y	i	y
1	0	1	0	10	LF	SUB	*	:	J	Z	j	z
1	0	1	1	11	VT	ESC	+	;	K	[	k	{
1	1	0	0	12	FF	FS	,	<	L	\	l	|
1	1	0	1	13	CR	GS	-	=	M	]	m	}
1	1	1	0	14	SO	RS	.	>	N	^	n	~
1	1	1	1	15	SI	US	/	?	O	—	o	DEL

Tabela ASCII – 1968

A tabela foi desenhada para ter duas colunas com caracteres de controle, uma coluna com caracteres especiais, uma coluna com números e quatro colunas com letras.

Devemos contar os bits da direita para a esquerda. Portanto, o código ASCII da letra E é o seguinte: 1000101. Tente formar a palavra casa a partir da tabela acima.

Criptografia hoje

A cifragem e a decifragem são realizadas por programas de computador chamados de cifradores e decifradores. A cifra é um ou mais algoritmos que cifram e decifram um texto. A operação do algoritmo costuma ter como parâmetro uma chave. Tal parâmetro costuma ser secreto (conhecido somente pelos envolvidos em trocar a mensagem).

Os cifradores e decifradores se comportam de maneira diferente para cada valor da chave. Sem o conhecimento da chave correta não é possível decifrar um texto cifrado. Assim, para manter uma mensagem secreta basta cifrá-la e manter a chave em sigilo.

Fonte: Instituto Nacional de Tecnologia da Informação – ITI – http://www.iti.gov.br/

Na criptografia, o tamanho das chaves são expressos em expoentes, como 2^n, onde n é o tamanho da chave. Se n for igual a 8 (8 bits), gerará 256 possíveis chaves diferentes. Já se n for igual a 256 gerará $7,2*10^{16}$ chaves possíveis.

Para compreendermos melhor o conceito, vamos a um exemplo prático.

Vamos escrever a palavra casa a partir da tabela ASCII vista anteriormente:

C – 1000011
A – 1000001
S – 1010011
A – 1000001

Nossa mensagem ficaria assim:

1000011 1000001 1010011 1000001

Se informarmos ao destinatário que a mensagem não está cifrada e que ele deve apenas comparar os bits com a tabela ASCII, ele facilmente descobrirá o texto da mensagem: CASA. Vamos agora utilizar uma chave para cifrar a mensagem.

A chave que utilizaremos será a letra "Z" da tabela ASCII: 1011010.

Para cifrar a mensagem faremos uso de uma simples operação matemática chamada "ou exclusivo", também chamada de "disjunção exclusiva", conhecida geralmente por XOR.

Observe a tabela verdade do XOR:

p	q	p XOR q
F	F	F
F	V	V
V	F	V
V	V	F

Vamos interpretar a tabela acima da forma mais simples possível: quando se executa um XOR entre "elementos iguais" o resultado é falso. Quando se executa o XOR entre "elementos diferentes" o resultado é verdadeiro. Vamos substituir o F por 0 e o V por 1. Vejamos como fica a tabela:

p	q	p XOR q
0	0	0
0	1	1
1	0	1
1	1	0

XOR entre "elementos iguais" será igual a zero.
XOR entre "elementos diferentes" será igual a um.

Agora faremos o XOR entre a palavra CASA e a letra Z. Sendo que aplicaremos a chave para cada letra da palavra CASA:

Letra C: 1000011	Letra A: 1000001	Letra S: 1010011	Letra A: 1000001
C XOR Z: 1000011 1011010 ======= 0011001	A XOR Z: 1000001 1011010 ======= 0011011	S XOR Z: 1010011 1011010 ======= 0001001	A XOR Z: 1000001 1011010 ======= 0011011

Após a cifragem, com a utilização da letra "Z" da tabela ASCII como a chave, temos a seguinte mensagem cifrada:

0011001 0011011 0001001 0011011

Se tentarmos decifrar a mensagem apenas substituindo os caracteres pela tabela ASCII teremos o seguinte texto:

0011001 – Caractere de controle (EM)
0011011 – Caractere de controle (ESC)
0001001 – Caractere de controle (HT)
0011011 – Caractere de controle (ESC)

Ou seja, texto nenhum, ilegível. Para que o destinatário consiga decifrar a mensagem ele precisa da Chave: a letra "Z": 1011010. De posse da chave ele deve realizar um XOR entre cada letra cifrada e a chave passada. Somente dessa forma o destinatário chegará à mensagem clara.

Tipos de criptografia

Atualmente existem dois tipos de criptografia: a simétrica e a assimétrica (de chave pública). A criptografia simétrica realiza a cifragem e a decifragem de uma informação através de algoritmos que utilizam a mesma chave.

Como a mesma chave deve ser utilizada na cifragem e na decifragem, ela deve ser compartilhada entre quem cifra e quem decifra os dados. O processo de compartilhar uma chave é conhecido como troca de chaves. A troca de chaves deve ser feita de forma segura, uma vez que todos que conhecem a chave podem decifrar ou mesmo reproduzir uma informação cifrada.

Os algoritmos assimétricos (de chave pública) operam com duas chaves distintas: chave pública e chave privada. Essas chaves são geradas simultaneamente e estão relacionadas entre si, o que possibilita que a operação executada por uma seja revertida pela outra. A chave privada deve ser mantida em sigilo e protegida por quem gerou as chaves. A chave pública é disponibilizada e tornada acessível a qualquer pessoa que deseje se comunicar com o proprietário da chave privada correspondente. Quando uma chave é utilizada para cifrar, apenas a outra pode ser usada para decifrar, se for utilizada a mesma chave que cifrou a informação o resultado é totalmente diferente.

Criptografia simétrica

No exemplo que utilizamos no tópico "Criptografia Hoje", onde ciframos a palavra CASA, utilizamos criptografia simétrica, onde apenas uma chave é utilizada para cifrar e decifrar a mensagem. Para esse exemplo utilizamos uma chave de 7 bits: a letra "Z" da tabela ASCII.

O ruim da criptografia simétrica é que a chave deve ser do conhecimento tanto do remetente quanto do destinatário. Isso torna o processo frágil.

Criptografia assimétrica (de chave pública)

Em 1976, Whitfield Diffie e Martin Hellman mudaram os rumos da criptografia, criando o algoritmo *Diffie-Hellman*. Eles propuseram um sistema para cifrar e decifrar uma mensagem com duas chaves distintas: a chave pública que pode ser divulgada e a chave privada que deve ser mantida em segredo.

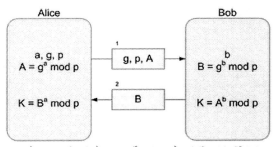

Algoritmo assimétrico Diffie-Hellman

Funciona da seguinte forma: cifrando a mensagem com a chave privada ela somente será decifrada pela chave pública e vice-versa.

O algoritmo de chave pública não substitui a criptografia simétrica, pois eles são lentos e vulneráveis a alguns ataques. Geralmente a criptografia de chave pública é usada para distribuir com segurança as chaves simétricas, pois esta será usada para cifrar as mensagens.

Os algoritmos criptográficos de chave pública permitem garantir tanto a confidencialidade quanto a autenticidade das informações por eles protegidas.

Confidencialidade

O remetente que deseja enviar uma informação sigilosa deve utilizar a chave pública do destinatário para cifrar a informação. Para isto é importante que o destinatário disponibilize sua chave pública, utilizando, por exemplo, diretórios públicos acessíveis pela Internet.

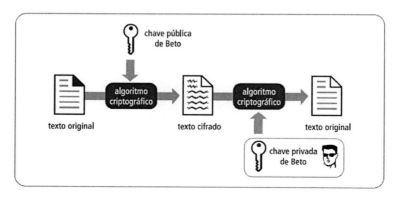

Sigilo utilizando criptografia assimétrica. Fonte: Instituto Nacional de Tecnologia da Informação – ITI – http://www.iti.gov.br/

O sigilo é garantido, já que somente o destinatário que possui a chave privada conseguirá decifrar e recuperar as informações originais. Por exemplo, para Alice compartilhar uma informação de forma secreta com Beto, ela deve cifrar a informação usando a chave pública de Beto. Somente Beto pode decifrar a informação já que apenas Beto possui a chave privada correspondente.

Autenticidade

No processo de autenticação, as chaves são aplicadas no sentido inverso ao da confidencialidade. O autor de um documento utiliza sua chave privada para cifrá-lo de modo a garantir a autoria em um documento ou a identificação em uma transação. Esse resultado só é obtido porque a chave privada é conhecida exclusivamente por seu proprietário.

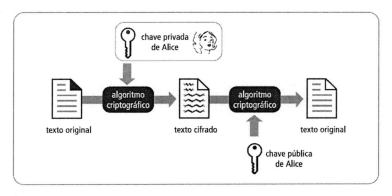

Autenticidade utilizando criptografia assimétrica. Fonte: Instituto Nacional de Tecnologia da Informação – ITI – http://www.iti.gov.br/

Dessa forma, se Alice cifrar uma informação com sua chave privada e enviar para Beto, ele poderá decifrar esta informação já que tem acesso à chave pública de Alice. Qualquer pessoa poderá decifrar a informação, uma vez que todos conhecem a chave pública de Alice. Por outro lado, o fato de ser necessário o uso da chave privada de Alice para produzir o texto cifrado caracteriza uma operação que somente Alice tem condições de realizar. Pode-se ter certeza de que foi Alice quem cifrou a informação, garantindo a sua autenticidade.

Em 1977, Ron Rivest, Adi Shamir e Len Adleman (três professores do MIT) desenvolveram um algoritmo assimétrico denominado RSA, em referência aos seus sobrenomes. O algoritmo RSA é a base, atualmente, da maioria das aplicações que utilizam criptografia assimétrica. O tamanho da chave varia de 512 a 2048 bits.

O RSA baseia-se da grande dificuldade dos computadores de fatorarem números grandes. As chaves são geradas matematicamente através do produto de dois números primos gigantes. Mesmo que se tenha esse produto (que faz parte da chave pública divulgada), a segurança ainda é garantida devido a grande dificuldade de se fatorá-lo e obter os números primos que são essenciais para o algoritmo.

Integridade – Resumo Criptográfico – *Hash*

Hash quer dizer "picar, misturar, confundir". É uma função criptográfica que tem como finalidade computar um resumo de mensagem ao criar uma assinatura digital. A função *hash* é usada em conjunto com a criptografia assimétrica, e é utilizada para garantir a integridade de um documento digital.

O *hash* tem a função parecida com a do digito verificador do CPF. Pode ser chamada de impressão digital ou "message digest". O resumo criptográfico é o resultado retornado por uma função de *hash*. As funções de resumo criptográfico são usadas para garantir a integridade dos dados.

Algumas das propriedades desta função são:
- Deve ser computacionalmente inviável fazer a operação inversa, ou seja, dado um resumo, deve ser inviável obter uma mensagem original;
- Duas mensagens semelhantes devem produzir um resumo completamente diferente;
- Deve ser fácil e rápido produzir o resumo.

Assinatura digital

Quando usamos a criptografia assimétrica juntamente com uma função de resumo (*hash*), estamos criando uma assinatura digital.

Assinatura digital utilizando criptografia assimétrica. Fonte: Instituto Nacional de Tecnologia da Informação – ITI – http://www.iti.gov.br/

A vantagem da utilização de resumos criptográficos no processo de autenticação é o aumento de desempenho, pois os algoritmos de criptografia assimétrica são muito lentos. A submissão de resumos criptográficos ao processo de cifragem com a chave privada reduz o tempo de operação para gerar uma assinatura por serem os resumos, em geral, muito menores que o documento em si. Assim, consomem um tempo baixo e uniforme, independente do tamanho do documento a ser assinado.

A assinatura digital é uma modalidade de assinatura eletrônica, resultado de uma operação matemática que utiliza criptografia e permite aferir, com segurança, a origem e a integridade do documento. A assinatura digital fica de tal modo vinculada ao documento eletrônico que, caso seja feita qualquer alteração no documento, a assinatura se torna inválida.

A técnica permite não só verificar a autoria do documento, como estabelece também uma "imutabilidade lógica" de seu conteúdo, pois qualquer alteração do documento, como, por exemplo, a inserção de mais um espaço entre duas palavras, invalida a assinatura.

Na assinatura digital, o documento não sofre qualquer alteração e o Hash cifrado com a chave privada é anexado ao documento.

Para comprovar uma assinatura digital é necessário inicialmente realizar duas operações:

- Calcular o resumo criptográfico do documento;
- Decifrar a assinatura com a chave pública do signatário.

Se forem iguais, a assinatura está correta, o que significa que foi gerada pela chave privada corresponde à chave pública utilizada na verificação e que o documento está íntegro. Caso sejam diferentes, a assinatura está incorreta, o que significa que pode ter havido alterações no documento ou na assinatura pública.

Conferência da assinatura digital. Fonte: Instituto Nacional de Tecnologia da Informação – ITI – http://www.iti.gov.br/

A assinatura digital pode ser aplicada de diversas formas, dentre elas encontram-se as seguintes:
- Comércio eletrônico;
- Processos judiciais e administrativos em meio eletrônico;
- Facilitar a iniciativa popular na apresentação de projetos de lei, uma vez que os cidadãos poderão assinar digitalmente sua adesão às propostas;
- Assinatura da declaração de renda e outros serviços prestados pela Secretaria da Receita Federal;
- Obtenção e envio de documentos cartorários;
- Transações seguras entre instituições financeiras, como já vem ocorrendo desde abril de 2002, com a implantação do Sistema de Pagamentos Brasileiro - SPB;
- Diário Oficial Eletrônico;
- Identificação de sites na rede mundial de computadores, para que se tenha certeza de que se está acessando o endereço realmente desejado.

Documento eletrônico

Faremos uma analogia entre o documento em papel e o documento eletrônico para uma total compreensão do termo "Documento Eletrônico".

Assinatura manual

A semelhança da assinatura digital e da assinatura manual restringe-se ao princípio de atribuição de autoria a um documento. Na manual, as assinaturas seguem um padrão, sendo semelhantes entre si e possuindo características pessoais e biométricas de cada indivíduo.

Esse tipo de assinatura é feito sobre algo tangível, o papel, e vincula a informação impressa à assinatura. A veracidade da assinatura manual é feita por uma comparação visual com uma assinatura verdadeira tal como aquela do RG da pessoa.

Assinatura digital

Nos documentos eletrônicos não existe um modo simples para relacionar o documento com a assinatura. Ambos são compostos apenas pela representação eletrônica de dados, ou seja, por uma seqüência de bits (0s e 1s), que necessitam de um computador para a sua visualização e conferência. Na assinatura digital, a assinatura gerada é diferente para cada documento, pois está relacionada ao resumo do documento.

Apesar das diferenças, a técnica de assinatura digital é uma forma eficaz de garantir a autoria dos documentos eletrônicos. Em agosto de 2001, a Medida Provisória 2.200 garantiu a validade jurídica de documentos eletrônicos. Este fato tornou a assinatura digital um instrumento válido juridicamente.

O fornecimento de autenticação em documentos eletrônicos é tecnicamente viável, mas ainda restam duas questões fundamentais:

- Como conseguir as chaves públicas?
- Como garantir a identidade do proprietário do par de chaves?

A resposta a ambas as questões é o Certificado Digital.

Certificado digital

Vamos supor a seguinte situação:
- Uma transação bancária;
- O banco lhe divulga a chave pública dele;
- Você cifra a sua chave simétrica usando a chave pública do banco;
- Essa chave simétrica será utilizada durante aquela seção de uso – determinado tempo conectado ao site do banco;
- Você fornece sua chave, agora cifrada, para o banco;
- Apenas o banco, que possui a chave privada equivalente à sua própria chave pública poderá decifrá-la;
- A partir daí a comunicação será segura.

Mas quem garante que aquela chave pública divulgada como se fosse do banco seja realmente dele?

Para resolver essa questão, entra a figura do Certificado Digital.

O Certificado Digital funciona como uma espécie de carteira de identidade virtual que permite a identificação segura do autor de uma mensagem ou transação em rede de computadores. O processo de certificação digital utiliza procedimentos lógicos e matemáticos bastante complexos para assegurar confidencialidade, integridade das informações e confirmação de autoria.

O Certificado Digital é um documento eletrônico, assinado digitalmente por uma terceira parte confiável, que identifica uma pessoa, seja ela física ou jurídica, associando-a a uma chave pública. As principais informações que constam em um certificado digital são: chave pública do titular; nome e endereço de e-mail; período de validade do certificado; nome da Autoridade Certificadora - AC que emitiu o certificado; número de série do certificado digital; assinatura digital da AC.

ICP-Brasil

A Infra-Estrutura de Chaves Públicas Brasileira (ICP-Brasil) é uma cadeia hierárquica e de confiança que viabiliza a emissão de certificados digitais para identificação do cidadão quando transacionando no meio virtual, como a Internet.

Estrutura da ICP-Brasil

A ICP-Brasil é composta por uma cadeia de autoridades certificadoras, formada por uma Autoridade Certificadora Raiz (AC-Raiz), Autoridades Certificadoras (AC) e Autoridades de Registro (AR) e, ainda, por uma autoridade gestora de políticas, ou seja, o Comitê Gestor da ICP-Brasil.

Vamos aos conceitos de cada um desses entes.

COMITÊ GESTOR – O Comitê Gestor da ICP-Brasil está vinculado à Casa Civil da Presidência da República. É composto por cinco representantes da sociedade civil e um representante de cada um dos seguintes órgãos: Ministério da Justiça; Ministério da Fazenda; Ministério do Desenvolvimento, Indústria e Comércio Exterior; Ministério do Planejamento, Orçamento e Gestão; Ministério da Ciência e Tecnologia; Casa Civil da Presidência da República e Gabinete de Segurança Institucional da Presidência da República. Sua principal competência é determinar as políticas a serem executadas pela Autoridade Certificadora-Raiz.

AUTORIDADE CERTIFICADORA RAIZ (AC RAIZ) – A AC-Raiz da ICP-Brasil é o Instituto Nacional de Tecnologia da Informação – ITI, autarquia federal vinculada à Casa Civil da Presidência da República.

AUTORIDADES CERTIFICADORAS (AC) – As Autoridades Certificadoras são entidades públicas ou pessoas jurídicas de direito privado credenciadas à AC-Raiz e que emitem certificados digitais vinculando pares de chaves criptográficas ao respectivo titular. Nos termos do art. 60 da MP 2.200/01, compete-lhes "emitir, expedir, distribuir, revogar e gerenciar os certificados, bem como colocar à disposição dos usuários listas de certificados revogados e outras informações pertinentes e manter registro de suas operações".

AUTORIDADES DE REGISTRO (AR) – As Autoridades de Registro também podem ser tanto entidades públicas ou pessoas jurídicas de direito privado credenciadas pela AC-Raiz e sempre serão vinculadas operacionalmente à determinada AC. Nos termos do art. 70 da MP 2.200-2, compete-lhes "identificar e cadastrar usuários na presença destes, encaminhar solicitações de certificados às AC e manter registros de suas operações".

A Autoridade Certificadora Raiz da ICP-Brasil é a primeira autoridade da cadeia de certificação. Executa as Políticas de Certificados e as normas técnicas e operacionais aprovadas pelo Comitê Gestor da ICP-Brasil. Compete à AC-Raiz emitir, expedir, distribuir, revogar e gerenciar os certificados das autoridades certificadoras de nível imediatamente subseqüente ao seu.

A AC-Raiz também está encarregada de emitir a lista de certificados revogados e de fiscalizar e auditar as Autoridades Certificadoras (ACs), Autoridades de Registro (ARs) e demais prestadores de serviço habilitados na ICP-Brasil. Além disso, verifica se as ACs estão atuando em conformidade com as diretrizes e normas técnicas estabelecidas pelo Comitê Gestor.

Na próxima imagem podemos ver a estrutura resumida da ICP-Brasil, apenas com as Autoridades Certificadoras de 1º Nível e de 2º Nível

Manual de Implantação da Nota Fiscal Eletrônica

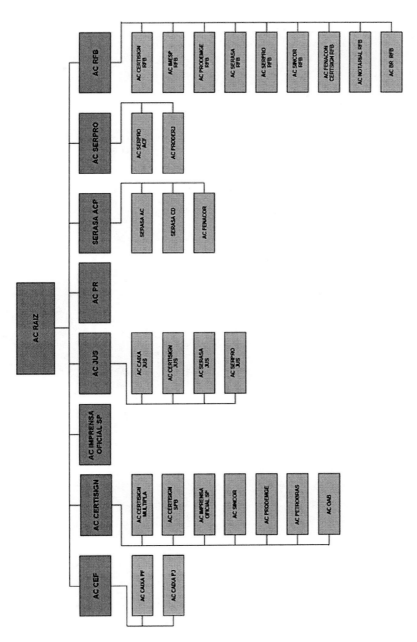

Fonte: Instituto Nacional de Tecnologia da Informação – ITI – http://www.iti.gov.br/

Vamos a um breve resumo sobre cada uma das ACs de 1º nível.

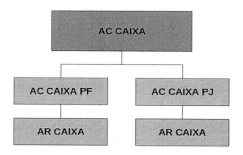

A Caixa Econômica Federal – atualmente única instituição financeira credenciada como Autoridade Certificadora ICP-Brasil – utiliza, desde 1999, a tecnologia de certificação digital para prover a comunicação segura na transferência de informações referentes ao FGTS e à Previdência Social, dentro do projeto Conectividade Social.

ACs, ARs e prestadores de serviços relacionados à AC-Caixa. Fonte: Instituto Nacional de Tecnologia da Informação – ITI – http://www.iti.gov.br/

Com o apoio da Certisign, empresa fundada em 1996 com foco exclusivamente no desenvolvimento de soluções de certificação digital para o mercado brasileiro, importantes instituições vem adotando a tecnologia nas mais diversas formas.

MANUAL DE IMPLANTAÇÃO DA NOTA FISCAL ELETRÔNICA 147

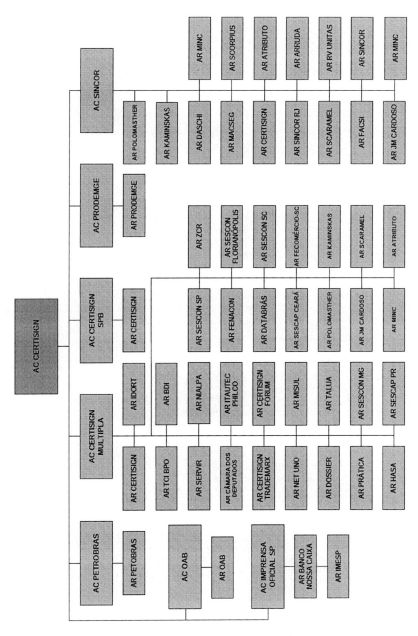

ACs, ARs e prestadores de serviços relacionados à AC-Certisign. Fonte: Instituto Nacional de Tecnologia da Informação – ITI – http://www.iti.gov.br/

Imprensaoficial

A Imprensa Oficial é a Autoridade Certificadora Oficial do Estado de São Paulo e está credenciada e preparada para oferecer produtos e serviços de certificação digital para os poderes executivo, legislativo e judiciário, incluindo todas as esferas da administração pública, direta e indireta, nos âmbitos federal, estadual e municipal.

ACs, ARs e prestadores de serviços relacionados à AC-Imprensa Oficial do Estado de São Paulo. Fonte: Instituto Nacional de Tecnologia da Informação – ITI – http://www.iti.gov.br/

A Autoridade Certificadora da Justiça (AC-JUS) é Gerenciada por um Comitê Gestor que a partir de outubro de 2005 é composto por representantes do STF, STJ, TST, TSE, STM, CNJ, CJF e o CSJT. Trata-se da primeira autoridade certificadora do Poder Judiciário no mundo. Sua implementação possibilitou a definição de regras e perfis de certificados, específicos para aplicações do Judiciário e resulta da necessidade crescente de transpor a mesma credibilidade e segurança existentes hoje no "mundo do papel" para o "mundo digital".

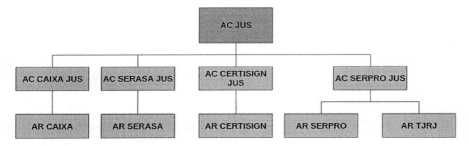

ACs, ARs e prestadores de serviços relacionados à AC-JUS. Fonte: Instituto Nacional de Tecnologia da Informação – ITI – http://www.iti.gov.br/

A Autoridade Certificadora da Presidência da República – ACPR foi criada em abril de 2002, por uma iniciativa da Casa Civil, no âmbito do governo eletrônico (e-Gov) e tem como objetivo emitir e gerir certificados digitais das autoridades da Presidência da República, ministros de estado, secretários-executivos e assessores jurídicos que se relacionem com a PR.

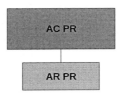

ACs, ARs e prestadores de serviços relacionados à ACPR. Fonte: Instituto Nacional de Tecnologia da Informação – ITI – http://www.iti.gov.br/

Para a Serasa, a tecnologia de certificação digital é o instrumento que viabiliza a inserção dos diversos agentes econômicos e cidadãos brasileiros em uma sociedade digital. A Serasa fornece a segurança dos certificados digitais para quase todos os grupos financeiros participantes do Sistema de Pagamentos Brasileiro (SPB).

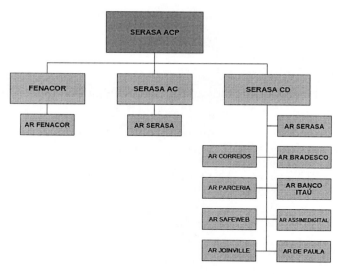

ACs, ARs e prestadores de serviços relacionados à Serasa. Fonte: Instituto Nacional de Tecnologia da Informação – ITI – http://www.iti.gov.br/

O Serpro foi a primeira autoridade certificadora credenciada pela ICP-Brasil. A empresa busca desde a criação de seu Centro de Certificação

Digital – CCD, em 1999, divulgar o uso dessa tecnologia para os vários segmentos com que trabalha.

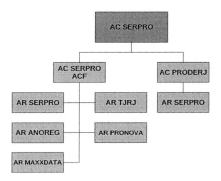

ACs, ARs e prestadores de serviços relacionados ao Serpro. Fonte: Instituto Nacional de Tecnologia da Informação – ITI – http://www.iti.gov.br/

A Receita Federal do Brasil (RFB) disponibiliza uma grande quantidade de serviços na Web, com o objetivo de simplificar ao máximo a vida dos contribuintes e facilitar o cumprimento espontâneo das obrigações tributárias. Por meio do serviço Receita222, a RFB presta atendimento aos contribuintes de forma interativa, via Internet, com uso de certificados digitais, garantindo a identificação inequívoca dos usuários.

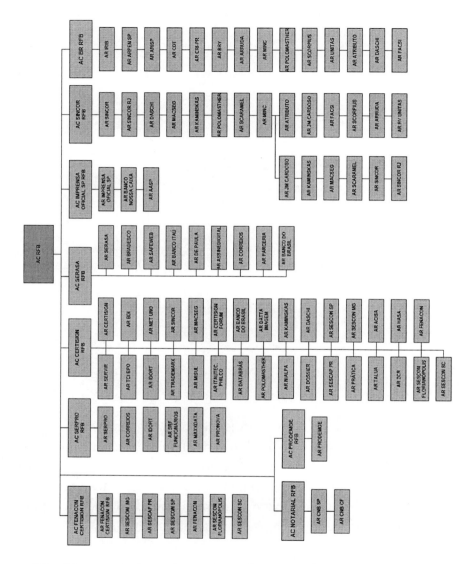

ACs, ARs e prestadores de serviços relacionados à RFB. Fonte: Instituto Nacional de Tecnologia da Informação – ITI – http://www.iti.gov.br/

A AC-Raiz, mantida pelo Instituto Nacional de Tecnologia da Informação – ITI, assina digitalmente os certificados das Autoridades Certificadoras de primeiro nível, por sua vez essas assinam os de segundo nível.

As ACs são responsáveis pelos certificados emitidos pelas Autoridades de Registro – unidades que fazem o serviço de balcão, ou seja, o atendimento direto ao cidadão.

Observa-se que o modelo adotado pelo Brasil foi o de certificação com raiz única. Cabe ao ITI:

- Desempenhar o papel de Autoridade Certificadora Raiz – AC Raiz;
- Credenciar e descredenciar os demais participantes da cadeia;
- Supervisionar e fazer auditoria dos processos.

Do ponto de vista legal, a ICP-Brasil foi instituída pela Medida Provisória 2.200-2, de 24 de agosto de 2001. O mesmo regramento jurídico definiu as atribuições e a composição do Comitê Gestor da ICP-Brasil, responsável por aprovar as normas de atuação e funcionamento da Infraestrutura.

A partir dessa medida foram elaborados os regulamentos que regem as atividades das entidades integrantes da ICP-Brasil, como as Resoluções do Comitê Gestor da ICP-Brasil, as Instruções Normativas e outros documentos, que podem ser consultados no site da ITI - www.iti.gov.br.

Tipos de certificado

Os certificados digitais são agrupados nos seguintes tipos:

Certificados de assinatura digital (A1, A2, A3 e A4): São os certificados usados para confirmação da identidade na web, correio eletrônico, transações on-line, redes privadas virtuais, transações eletrônicas, informações eletrônicas, cifração de chaves de sessão e assinatura de documentos com verificação da integridade de suas informações.

Certificados de sigilo (S1, S2, S3 e S4): São os certificados usados para cifração de documentos, bases de dados, mensagens e outras informações eletrônicas.

Certificado do tipo A1 e S1

É o certificado em que a geração das chaves criptográficas é feita por software e seu armazenamento pode ser feito em hardware ou repositório protegido por senha, cifrado por software. Sua validade máxima é de um ano, sendo a freqüência de publicação da LCR no máximo de 48 horas e o prazo máximo admitido para conclusão do processo de revogação de 72 horas.

Certificado do tipo A2 e S2

É o certificado em que a geração das chaves criptográficas é feita por software e as mesmas são armazenadas em Cartão Inteligente ou *Token*, ambos sem capacidade de geração de chave e protegidos por senha. As chaves criptográficas têm no mínimo 1024 bits. A validade máxima do certificado é de dois anos, sendo a freqüência de publicação da LCR no máximo de 36 horas e o prazo máximo admitido para conclusão do processo de revogação de 54 horas.

Certificado do tpo A3 e S3

É o certificado em que a geração e o armazenamento das chaves criptográficas são feitos em cartão inteligente ou *token*, ambos com capacidade de geração de chaves e protegidos por senha, ou hardware criptográfico aprovado pela ICP-Brasil. As chaves criptográficas têm no mínimo 1024 bits. A validade máxima do certificado é de três anos, sendo a freqüência de publicação da LCR no máximo de 24 horas e o prazo máximo admitido para conclusão do processo de revogação de 36 horas.

Certificado do tpo A4 e S4

É o certificado em que a geração e o armazenamento das chaves criptográficas são feitos em cartão inteligente ou *token*, ambos com capacidade de geração de chaves e protegidos por senha, ou hardware criptográfico aprovado pela ICP-Brasil. As chaves criptográficas têm no mínimo 2048

MANUAL DE IMPLANTAÇÃO DA NOTA FISCAL ELETRÔNICA **155**

bits. A validade máxima do certificado é de três anos, sendo a freqüência de publicação da LCR no máximo de 12 horas e o prazo máximo admitido para conclusão do processo de revogação de 18 horas.

Formatos de certificados

PKCS – *Public-Key Cryptography Standards*

Especificações produzidas pelos Laboratórios RSA, em cooperação com desenvolvedores de sistemas de segurança do mundo, com o propósito de acelerar a implantação de criptografia de chave pública. Publicado pela primeira vez em 1991 como resultado de reuniões com um pequeno grupo de pioneiros da tecnologia de chaves públicas, os documentos PKCS tornaram-se amplamente referenciados e implementadas. Segue abaixo uma tabela que traz um sumário dos padrões PKCS:

Padrão	Nome	Descrição
PKCS#1	*RSA Cryptography Standard*	Fornece recomendações para a implementação de criptografia de chave pública baseada no algoritmo RSA, abrangendo os seguintes aspectos: primitivas criptográficas, esquemas de criptografia, esquemas de assinatura digital com apêndice, sintaxe ASN.1 para representação de chaves.
PKCS#2	Revogado	
PKCS#3	*Diffie-Hellman Key Agreement Standard*	Descreve um método para a implementação da chave de acordo (*key agreement*) de Diffie-Hellman. Aplicado em protocolos para estabelecimento de conexões seguras.
PKCS#4	Revogado	
PKCS#5	*Password-Based Cryptography Standard*	Fornece recomendações para a implementação de criptografia baseada em senha, abrangendo funções de derivação de chaves, esquemas de criptografia e esquemas de autenticação de mensagens.

Padrão	Nome	Descrição
PKCS#6	Extended-Certificate Syntax Standard	Descreve a sintaxe para os certificados estendidos, consistindo de um certificado e um conjunto de atributos, coletivamente assinados pelo emitente do certificado. O objetivo é estender o processo de certificação, fornecendo mais informações sobre a entidade, além da chave pública.
PKCS#7	Cryptographic Message Syntax Standard	Descreve a sintaxe geral para os dados que podem ser criptografados, como as assinaturas digitais e os envelopes digitais.
PKCS#8	Private-Key Information Syntax Standard	Descreve a sintaxe para obter informações da chave privada. Descreve ainda a sintaxe para chaves privadas criptografadas.
PKCS#9	Selected Attribute Types	Define os tipos de atributos selecionados para uso nos padrões: PKCS#6, PKCS#7, PKCS#8 e PKCS#10.
PKCS#10	Certification Request Syntax Standard	Descreve a sintaxe para uma requisição de certificação de uma chave pública, um nome e, possivelmente, um conjunto de atributos.
PKCS#11	Cryptographic Token Interface Standard	Especifica uma API, chamada Cryptoki, para dispositivos que possuem informações criptográficas e executam funções criptográficas. Utilizado para tokens e cartões inteligentes (smart card).
PKCS#12	Personal Information Exchange Syntax Standard	Especifica um formato portátil de armazenamento ou transporte de chaves privadas de um usuário, certificados, etc.
PKCS#13	Elliptic Curve Cryptography Standard	Em desenvolvimento.
PKCS#14	Pseudo-random Number Generation	Em desenvolvimento.
PKCS#15	Cryptographic Token Information Format Standard	Estabelece um padrão que permite que os usuários usem tokens criptográficos para identificar a si mesmos para múltiplas aplicações.

Formato PEM – *Privacy Enhaced Mail*

É o formato mais comum fornecido por uma AC. Normalmente tem as seguintes extensões: ".pem", ".crt", ".cer" e ".key". Eles são codificados em Base64 em formato ASCII e contém declarações "----- BEGIN CERTIFICATE -----" e "----- END CERTIFICATE -----". Os certificados de servidor, certificados intermediários, e as chaves particulares podem todos ser colocados no formato PEM. É um DER codificado em Base64.

Formato DER – *Distinguished Encoding Rules*

É uma forma binária de um certificado ao contrário do formato PEM ASCII. Às vezes tem a extensão ".der", mas freqüentemente utiliza-se a extensão ".cer". Como existem certificados com a extensão ".cer" tanto no formato DER quando no formato PEM, a única forma de saber de qual tipo se trata é abrir o arquivo e verificar se o mesmo é um ASCII ou um binário. Todos os tipos de certificados e chaves privadas podem ser codificados no formato DER. O DER é normalmente utilizado na plataforma Java.

Tipos de arquivos – Extensões

Os tipos a seguir se referem às extensões dos arquivos de certificados digitais:

- CER – Certificado CER codificado. Algumas vezes trata-se de uma seqüência de certificados;
- DER – Certificado DER codificado;
- PEM – Certificado codificado em Base64;
- P7B – Segue o padrão PKCS#7. Estrutura SignedData sem dados, apenas os certificados ou as LCRs;
- P7C – Mesmo que P7B;
- P12 - Segue o padrão PKCS#12, pode conter certificados públicos e chaves privadas (protegidas por senha);
- PFX – Mesmo que P12.

Como obter um certificado digital

Seguem os passos para conseguir um certificado digital:
1. Escolher uma Autoridade Certificadora (AC) da ICP-Brasil;
2. Solicitar no próprio portal da Internet da AC escolhida a emissão de certificado digital de pessoa física (ex: e-CPF) e/ou jurídica (ex: e-CNPJ). Os tipos mais comercializados são: A1 (validade de um ano – armazenado no computador) e A3 (validade de até três anos – armazenado em cartão ou *token* criptográfico). A AC também pode informar sobre aplicações, custos, formas de pagamento, equipamentos, documentos necessários e demais exigências;
3. Para a emissão de um certificado digital é necessário que o solicitante vá pessoalmente a uma Autoridade de Registro (AR) da Autoridade Certificadora escolhida para validar os dados preenchidos na solicitação. Esse processo é chamado de validação presencial e será agendado diretamente com a AR que instruirá o solicitante sobre os documentos necessários. Quem escolher o certificado tipo A3 poderá receber na própria AR o cartão ou *token* com o certificado digital;
4. A AC e/ou AR notificará o cliente sobre os procedimentos para baixar o certificado;
5. Quando o seu certificado digital estiver perto do vencimento, este poderá ser renovado eletronicamente, uma única vez, sem a necessidade de uma nova validação presencial.

Cuidados

Primeiramente, deve-se lembrar que o certificado digital representa a "identidade" da pessoa no mundo virtual. Assim, é necessária a adoção de alguns cuidados para se evitar que outra pessoa utilize o seu certificado digital:

1. A senha de acesso da chave privada e a própria chave privada não devem ser compartilhadas com ninguém;

2. Caso o computador onde foi gerado o par de chaves criptográficas seja compartilhado com diversos usuários, não é recomendável o armazenamento da chave privada no disco rígido, pois todos os usuários terão acesso a ela, sendo melhor o armazenamento em disquete, *smart card* ou *token*;

3. Caso a chave privada esteja armazenada no disco rígido de algum computador, deve-se protegê-lo de acesso não-autorizado, mantendo-o fisicamente seguro. Nunca deixe a sala aberta quando sair e for necessário deixar o computador ligado. Utilize também um protetor de tela com senha. Cuidado com os vírus de computador, eles podem danificar sua chave privada;

4. Caso o software de geração do par de chaves permita optar entre ter ou não uma senha para proteger a chave privada, recomenda-se a escolha pelo acesso por meio de senha. Não usar uma senha significa que qualquer pessoa que tiver acesso ao computador poderá se passar pelo titular da chave privada, assinando contratos e movimentando contas bancárias. Em geral, é bem mais fácil usar uma senha do que proteger um computador fisicamente;

5. Utilize uma senha de tamanho considerável, intercalando letras e números, uma vez que existem programas com a função de desvendar senhas. Deve-se evitar o uso de dados pessoais como nome de cônjuge ou de filhos, datas de aniversários, endereços, telefones, ou outros elementos relacionados com a própria pessoa. A senha nunca deve ser anotada, sendo recomendável sua memorização.

Certificação digital no projeto NF-e

Padrão de certificado digital

O manual de integração do contribuinte é claro quando ao padrão, quando informa:

O certificado digital utilizado no Projeto Nota Fiscal eletrônica será emitido por Autoridade Certificadora credenciada pela Infra-estrutura de Chaves Públicas Brasileira – ICP-Brasil, tipo A1 ou A3, devendo conter o CNPJ da pessoa jurídica titular do certificado digital no campo otherName OID =2.16.76.1.3.3.

Os certificados digitais serão exigidos em 2 (dois) momentos distintos para o projeto:

a. Assinatura de Mensagens: O certificado digital utilizado para essa função deverá conter o CNPJ do estabelecimento emissor da NF-e ou o CNPJ do estabelecimento matriz. Por mensagens, entenda-se: o Pedido de Autorização de Uso (Arquivo NF-e), o Pedido de Cancelamento de NF-e, o Pedido de Inutilização de Numeração de NF-e e demais arquivos XML que necessitem de assinatura. O certificado digital deverá ter o "uso da chave" previsto para a função de assinatura digital, respeitando a Política do Certificado.

b. Transmissão (durante a transmissão das mensagens entre os servidores do contribuinte e do Portal da Secretaria de Fazenda Estadual): O certificado digital utilizado para identificação do aplicativo do contribuinte deverá conter o CNPJ do responsável pela transmissão das mensagens, mas não necessita ser o mesmo CNPJ do estabelecimento emissor da NF-e, devendo ter a extensão *Extended Key Usage* com permissão de "Autenticação Cliente".

Padrão de assinatura digital

Em relação ao padrão da assinatura digital o manual de integração do contribuinte nos informa:

As mensagens enviadas ao Portal da Secretaria de Fazenda Estadual são documentos eletrônicos elaborados no padrão XML e devem ser assinados digitalmente com um certificado digital que contenha o CNPJ do estabelecimento matriz ou o CNPJ do estabelecimento emissor da NF-e.

Os elementos abaixo estão presentes dentro do Certificado do contribuinte tornando desnecessária a sua representação individualizada no arquivo XML. Portanto, o arquivo XML não deve conter os elementos:

```
<X509SubjectName>
<X509IssuerSerial>
<X509IssuerName>
<X509SerialNumber>
<X509SKI>
```

Deve-se evitar o uso das TAGs abaixo, pois as informações serão obtidas a partir do Certificado do emitente:

```
<KeyValue>
<RSAKeyValue>
<Modulus>
<Exponent>
```

O Projeto NF-e utiliza um subconjunto do padrão de assinatura XML definido pelo W3C, que tem o seguinte layout:

#	Campo	Ele	Pai	Tipo	Ocor.	Tam.	Dec.	Descrição/Observação
XS01	Signature	Raiz	-	-	-	-		
XS02	SignedInfo	G	XS01	-	1-1			Grupo da Informação da assinatura
XS03	CanonicalizationMethod	G	XS02	-	1-1			Grupo do Método de Canonicalização
XS04	Algorithm	A	XS03	C	1-1			Atributo Algorithm de CanonicalizationMethod: http://www.w3.org/TR/2001/REC-xml-c14n-20010315
XS05	SignatureMethod	G	XS02	-	1-1			Grupo do Método de Assinatura
XS06	Algorithm	A	XS05	C	1-1			Atributo Algorithm de SignedInfo: http://www.w3.org/2000/09/xmldsig#rsa-sha1
XS07	Reference	G	XS02	-	1-1			Grupo do Método de Reference
XS08	URI	A	XS07	C	1-1			Atributo URI da tag Reference
XS10	Transforms	G	XS07	-	1-1			Grupo do algorithm de Transform
XS11	unique_Transf_Alg	RC	XS10	-	1-1			Regra para o atributo Algorithm do Transform ser único.
XS12	Transform	G	XS10	-	2-2			Grupo de Transform
XS13	Algorithm	A	XS12	C	1-1			Atributos válidos Algorithm do Transform: http://www.w3.org/TR/2001/REC-xml-c14n-20010315 http://www.w3.org/2000/09/xmldsig#enveloped-signature
XS14	XPath	E	XS12	C	0-N			XPath
XS15	DigestMethod	G	XS07	-	1-1			Grupo do Método de DigestMethod
XS16	Algorithm	A	XS15	C	1-1			Atributo Algorithm de DigestMethod: http://www.w3.org/2000/09/xmldsig#sha1
XS17	DigestValue	E	XS07	C	1			Digest Value (Hash SHA-1 – Base64)
XS18	SignatureValue	G	XS01	-	1-1			Grupo do Signature Value
XS19	KeyInfo	G	XS01	-	1-1			Grupo do KeyInfo
XS20	X509Data	G	XS19	-	1-1			Grupo X509
XS21	X509Certificate	E	XS20	C	1-1			Certificado Digital x509 em Base64

Fonte: Portal da Nota Fiscal Eletrônica – www.nfe.fazenda.gov.br

A assinatura do Contribuinte na NF-e será feita na TAG <infNFe> identificada pelo atributo Id, cujo conteúdo deverá ser um identificador único (chave de acesso) precedido do literal "NFe" para cada NF-e conforme layout descrito no Anexo I do Manual de Integração do Contribuinte. O identificador único precedido do literal "#NFe" deverá ser informado no atributo URI da TAG <Reference>. Para as demais mensagens a serem assinadas, o processo é o mesmo, mantendo sempre um identificador único para o atributo Id na TAG a ser assinada.

Observe no exemplo abaixo que a TAG Signature e as suas TAGs filhas estão preenchidas:

```
<NFe xmlns="http://www.portalfiscal.inf.br/nfe" >
 <infNFe Id="NFe31060243816719000108550000000010001234567897" versao="1.01">
 ...
 </infNFe>
 <Signature xmlns="http://www.w3.org/2000/09/xmldsig#">
  <SignedInfo>
   <CanonicalizationMethod Algorithm="http://www.w3.org/TR/2001/REC-xml-c14n-20010315"/>
   <SignatureMethod Algorithm="http://www.w3.org/2000/09/xmldsig#rsa-sha1" />
   <Reference URI="#NFe31060243816719000108550000000010001234567897">
    <Transforms>
     <Transform Algorithm="http://www.w3.org/2000/09/xmldsig#enveloped-signature"/>
     <Transform Algorithm="http://www.w3.org/TR/2001/REC-xml-c14n-20010315"/>
    </Transforms>
    <DigestMethod Algorithm="http://www.w3.org/2000/09/xmldsig#sha1"/>
    <DigestValue>vFL68WETQ+mvj1aJAMDx+oVi928=</DigestValue>
   </Reference>
  </SignedInfo>
  <SignatureValue>IhXNhbdL1F9UGb2ydVc5v/gTB/y6r0KIFaf5evUi1i ...</SignatureValue>
  <KeyInfo>
   <X509Data>
    <X509Certificate>MIIFazCCBFOgAwIBAgIQaHEfNaxSeOEvZGlVDANB ... </X509Certificate>
   </X509Data>
  </KeyInfo>
 </Signature>
</NFe>
```

A assinatura digital do documento eletrônico deverá atender aos seguintes padrões adotados:

a. Padrão de assinatura: *XML Digital Signature*, utilizando o formato *Enveloped* (http://www.w3.org/TR/xmldsig-core/);

b. Certificado digital: Emitido por AC credenciada no ICP-Brasil (http://www.w3.org/2000/09/xmldsig#X509Data);

c. Cadeia de Certificação: EndCertOnly (Incluir na assinatura apenas o certificado do usuário final);

d. Tipo do certificado: A1 ou A3 (o uso de HSM é recomendado);

e. Tamanho da Chave Criptográfica: Compatível com os certificados A1 e A3 (1024 bits);

f. Função criptográfica assimétrica: RSA (http://www.w3.org/2000/09/xmldsig#rsasha1);

g. Função de *message digest*: SHA-1 (http://www.w3.org/2000/09/xmldsig#sha1);

h. Codificação: Base64 (http://www.w3.org/2000/09/xmldsig#base64);

i. Transformações exigidas: Útil para realizar a canonização do XML enviado para realizar a validação correta da assinatura digital. São elas:

(1) *Enveloped* (http://www.w3.org/2000/09/xmldsig#enveloped-signature);

(2) C14N (http://www.w3.org/TR/2001/REC-xml-c14n-20010315).

Validação de assinatura digital pela SEFAZ

Para a validação da assinatura digital, seguem as regras que serão adotadas pelas Secretarias de Fazenda Estaduais:

1. Extrair a chave pública do certificado;
2. Verificar o prazo de validade do certificado utilizado;
3. Montar e validar a cadeia de confiança dos certificados validando também a LCR (Lista de Certificados Revogados) de cada certificado da cadeia;
4. Validar o uso da chave utilizada (Assinatura Digital) de tal forma a aceitar certificados somente do tipo A (não serão aceitos certificados do tipo S);
5. Garantir que o certificado utilizado é de um usuário final e não de uma Autoridade Certificadora;
6. Adotar as regras definidas pelo RFC 3280 para LCRs e cadeia de confiança;
7. Validar a integridade de todas as LCR utilizadas pelo sistema;
8. Prazo de validade de cada LCR utilizada (verificar data inicial e final).

A forma de conferência da LCR fica a critério de cada Secretaria de Fazenda Estadual, podendo ser feita de 2 (duas) maneiras: On-line ou *Download* periódico. As assinaturas digitais das mensagens serão verificadas considerando a lista de certificados revogados disponível no momento da conferência da assinatura.

O melhor certificado para uso com NF-e

Como vimos, existem vários tipos de certificados digitais. No entanto, no projeto na Nota Fiscal Eletrônica podem ser utilizados apenas os tipos A1 e A3. Desses tipos, qual a melhor escolha?

Certificado A3

Os certificados digitais A3 são portáveis. São armazenados em cartão inteligente (*smart card*), acessado através de uma leitora USB ou em *token* (dispositivo USB semelhante a um *pen-drive*). São válidos por três anos.

O certificado digital A3 oferece maior segurança, pois o par de chaves é gerado em hardware (cartão inteligente ou *token*) que não permite a exportação ou qualquer outro tipo de reprodução ou cópia da chave privada. A chave pública é enviada para a Autoridade Certificadora (AC), com a solicitação de emissão do certificado, enquanto a chave privada ficará armazenada no cartão ou *token* protegida por senha de acesso, impedindo tentativas de acesso de terceiros. Com o cartão inteligente ou o *token*, você pode transportar a sua chave privada de maneira segura, podendo utilizá-la onde você desejar.

Certificado A1

Certificados digitais A1 são válidos por um ano e ficam armazenados no próprio computador do cliente, ou seja, não são portáveis. É recomendável que esse tipo de certificado tenha uma cópia de segurança (backup) em qualquer mídia portável (CD, DVD, *pen-drive*, etc).

O certificado digital A1 tem o par de chaves pública/privada gerado em seu computador no momento da emissão do certificado. A chave pública é enviada para a Autoridade Certificadora (AC), com a solicitação de emissão do certificado, enquanto a chave privada fica armazenada no seu computador, devendo, obrigatoriamente, ser protegida por senha de acesso.

Esse tipo de certificado só poderá ser instalado no mesmo computador em que foi efetuada a solicitação.

Tecnicamente, dentro do processo de envio de NF-e para as Secretarias de Fazenda Estaduais, o certificado A1 possui um melhor desempenho se comparado ao certificado A3. O acesso ao meio físico do A3 (cartão ou *token*), depende do tempo de resposta do *driver* do fabricante do dispositivo, o que pode fazer o processo se tornar mais lento. Para empresas que possuem um volume de emissão de Notas considerável, é aconselhável o uso tipo A1.

e-CNPJ, e-PJ e e-NFe

A empresa poderá utilizar um dos seguintes tipos de certificado para trabalhar com a NF-e:

e-CNPJ

O e-CNPJ é emitido pelas Autoridades Certificadoras (AC) subordinadas à AC da Receita Federal do Brasil (AC-RFB). Assim, além das normas da ICP-Brasil, a emissão desse certificado segue também as normas estabelecidas pela AC-RFB, que exigem que o certificado digital fique sob a responsabilidade do responsável legal da entidade. No e-CNPJ, é o responsável legal que assina o Termo de Responsabilidade e é ele que deve manter, exclusivamente, a senha e a posse do certificado. Todos os serviços on-line fornecidos pela RFB na Internet podem ser executados com este certificado, tantos os serviços para pessoa jurídica, em relação à entidade, quanto os serviços para pessoa física, em relação ao responsável legal.

O e-CNPJ é vinculado ao CPF do responsável legal tributário cadastrado na Receita Federal e é utilizado em todos os serviços que exigem certificado digital de pessoa jurídica.

e-PJ

O e-PJ é emitido pelas demais AC do ICP-Brasil. Ele pode ser emitido para ficar sob responsabilidade de uma outra pessoa física, normalmente alguém da área de tecnologia da informação da empresa, autorizado formalmente pelo responsável legal da entidade. A autorização fica anexada ao processo, e é esta pessoa autorizada que assina o Termo de Responsabilidade e que fica de posse do certificado digital.

Do ponto de vista técnico, tanto o e-PJ quanto o e-CNPJ podem ser usados, indistintamente. A decisão entre um ou outro é uma questão de conveniência da empresa. A empresa pode utilizar apenas um certificado digital para assinar NF-e de todas as suas filiais, independente da UF em que estejam. Este certificado digital pode ser o da matriz ou de uma das filiais.

e-NFe

Criado especialmente para emitir notas fiscais eletrônicas (garantindo sua conformidade na Lei) e atribuir ao funcionário responsável da empresa a alçada necessária e restrita para emissão e gerenciamento de NF-e.

A menos que você seja o representante legal e ao mesmo tempo a pessoa que emite as notas ficais (faturista) de sua empresa é melhor ter dois certificados: um e-CNPJ para utilização nos serviços necessários a esse certificado e o e-NFe registrado em nome do faturista responsável pela emissão de Notas Fiscais Eletrônicas. Se você fornece o seu e-CNPJ para o faturista, ele terá uma procuração em branco de sua empresa. Com o e-NFe, suas atribuições ficam limitadas a representar a empresa no processo de emissão de documentos fiscais.

No entanto, cada faturista deve ter um e-NFe individual e, caso ele seja desligado da empresa, deve-se providenciar a revogação do certificado.

Passo a passo para a solicitação de um certificado digital

Você pode acessar a página de cada AR ou AC do ICP-Brasil vistos nos diagramas anteriores. Será mostrado a seguir o passo a passo que deve ser realizado caso você procure os Correios. Os Correios é uma AR vinculada a AC da Serasa RFB que é vinculada diretamente à AC-RFB.

No site dos Correios existem as informações necessárias para a emissão do Certificado Digital. Acesse o seguinte endereço:

http://www.correios.com.br/produtos_servicos/certificacaodigital/default.cfm

O passo a passo descrito no *site* dos Correios é exibido nas imagens a seguir:

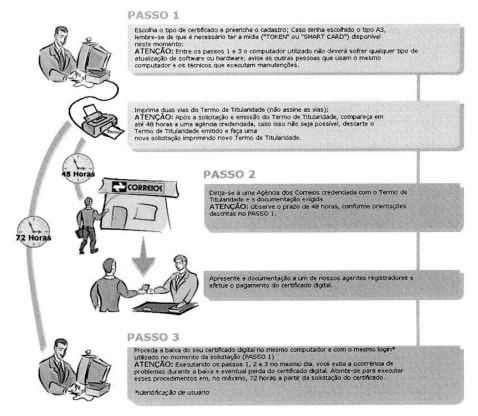

Passo a passo para a solicitação do Certificado Digital. Fonte: Site dos Correios.

Abaixo do passo a passo os Correios ainda faz o seguinte alerta:

Fonte: Site dos Correios.

Os valores cobrados pelos Correios para a emissão do Certificado Digital estão entre os mais baratos.

Web Services

Introdução

Desde o surgimento da Internet e sua popularização várias tecnologias têm surgido para facilitar a troca de informações. Cada organização avalia as tecnologias disponíveis e escolhe a que é melhor para si. Em algumas empresas de grande porte faz-se necessário a utilização de diversas tecnologias diferentes.

Como fazer para que haja uma maior integração entre os serviços disponíveis na Internet? Deve existir uma tecnologia que trate de tarefas complexas, como o gerenciamento de transações, disponibilizando *serviços* distribuídos que utilizem interfaces de acesso simples e bem definidas. Essa tecnologia já existe e esses *serviços* distribuídos são conhecidos como Web Services.

Definição

Web Service é uma solução utilizada na integração de sistemas e na comunicação entre aplicações diferentes. Os Web Services são componentes que permitem às aplicações "conversarem" entre si enviando e recebendo dados no formato XML.

Usando Web Services, uma aplicação pode invocar outra para efetuar tarefas simples ou complexas mesmo que as duas aplicações estejam em diferentes sistemas e escritas em linguagens diferentes. Dessa forma, os Web Services fazem com que os recursos estejam disponíveis para qualquer tipo de aplicação cliente.

Os Web Services são identificados por um URI, descritos e definidos usando XML. A tecnologia de Web Services é atrativa porque se baseia em outras tecnologias já adotadas por padrão, em particular XML e HTTP.

Existem várias definições para Web Service. Observe algumas delas:

- Componentes de software flexível, que interagem entre si dinamicamente através de tecnologias padrões da Internet – Gartner.
- Um pedaço da lógica de negócio acessível através da Internet utilizando padrões abertos – Microsoft.
- Um software identificado por um URI, cujas interfaces e vinculações são capazes de serem definidas, descritas e descobertas por artefatos XML. Suporta interações diretas com outras aplicações de software usando mensagens baseadas em XML através de protocolos da Internet – W3C.

Tecnologias envolvidas

Para representar e estruturar as mensagens enviadas e recebidas é utilizado o XML. As chamadas às operações, incluindo os parâmetros de entrada e saída, são codificadas no protocolo SOAP. Os serviços (operações, mensagens, parâmetros) são descritos usando a linguagem WSDL. O processo de publicação, pesquisa e descoberta de Web Services utiliza o protocolo UDDI.

XML

É a base em que os Web Services são construídos. O XML fornece a descrição, o armazenamento e o formato da transmissão.

A sintaxe XML usada nas tecnologias dos Web Services especifica como os dados são representados genericamente, define como e com que qualidade de serviço os dados são transmitidos. Os Web Services decodificam as várias partes do XML para interagir com as várias aplicações.

SOAP

SOAP (*Simple Object Access Protocol*) é um protocolo projetado para invocar aplicações remotas através de RPC (*Remote Procedure Calls* – Chamadas Remotas de Procedimento) ou trocas de mensagens, em um ambiente independente de plataforma e linguagem de programação. É um padrão normalmente aceito para utilizar-se com Web Services. Assim, pretende-se garantir a interoperabilidade e intercomunicação entre diferentes sistemas, através da utilização de uma linguagem (XML) e mecanismo de transporte (HTTP) padrões.

Características do SOAP

Algumas características do SOAP:
- Definido pelo consórcio W3C;
- Protocolo baseado em XML para a troca de informações em um ambiente distribuído;
- Padrão de utilização com Web Services;
- Normalmente utiliza HTTP como protocolo de transporte.

Mensagem SOAP

Uma mensagem SOAP consiste basicamente dos seguintes elementos:
- Envelope – toda mensagem SOAP deve contê-lo. É o elemento raiz do documento XML. O Envelope pode conter declarações de *namespaces* e também atributos adicionais como o que define o

estilo de codificação (*encoding style*). Um *"encoding style"* define como os dados são representados no documento XML;
- Header – é um cabeçalho opcional. Ele carrega informações adicionais, como por exemplo, se a mensagem deve ser processada por um determinado nó intermediário. Quando utilizado, o Header deve ser o primeiro elemento do Envelope;
- Body – elemento obrigatório que contém o *payload* (informação a ser transportada para o seu destino final). O elemento Body pode conter um elemento opcional *Fault*, usado para carregar mensagens de status e erros retornadas pelos "nós" ao processarem a mensagem.

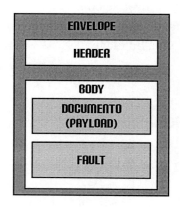

Estrutura de uma mensagem SOAP

SOAP e RPC

Dentre outras coisas, o SOAP foi desenhado para encapsular e transportar chamadas de RPC, e para isso utiliza-se dos recursos e da flexibilidade do XML, sob HTTP.

RPCs são chamadas locais a métodos de objetos (ou serviços) remotos. Assim, pode-se acessar os serviços de um objeto localizado em outro ponto da rede, através de uma chamada local a esse objeto. Cada chamada ou requisição exige uma resposta.

O processo de uma chamada RPC funciona da seguinte maneira: Antes de serem enviadas pela rede, as chamadas RPC (emitidas pela aplicação cliente) são serializadas seguindo o padrão SOAP. O serviço remoto, ao receber a mensagem, faz o processo contrário: desencapsula a mensagem e extrai as chamadas de método. A aplicação servidora processa a chamada e envia uma resposta ao cliente. O processo então se repete: a resposta também é serializada e enviada pela rede. Na máquina cliente, a resposta é desencapsulada e repassada para a aplicação cliente.

A especificação SOAP define as seguintes informações como necessárias em toda chamada RPC:

- A URI do objeto alvo;
- O nome do método;
- Os parâmetros do método (requisição ou resposta);
- Uma assinatura do método opcional;
- Um cabeçalho opcional.

WSDL

O WSDL (*Web Services Definition Language*) descreve os serviços disponibilizados à rede através de uma semântica XML. Ele providencia a documentação necessária para se chamar um sistema distribuído e o procedimento necessário para que essa comunicação se estabeleça. Enquanto o SOAP especifica a comunicação entre um cliente e um servidor, o WSDL descreve os serviços oferecidos.

Um documento WSDL define um XML *Schema* para descrever um Web Service.

Basicamente, quando o cliente deseja enviar uma mensagem para um determinado Web Service, ele obtém a descrição do serviço (através da localização do respectivo documento WSDL), e em seguida constrói a mensagem, passando os tipos de dados corretos (parâmetros, etc) de acordo com a definição encontrada no documento. Em seguida, a mensagem é enviada para o endereço onde o serviço está localizado, a fim de que possa ser processada. O Web Service, ao receber a mensagem procede com uma validação conforme as informações contidas no documento WSDL. A partir daí, o serviço remoto sabe como tratar a mensagem, como processá-la (possivelmente enviando-a para outro programa) e como montar a resposta ao cliente.

UDDI

O UDDI (*Universal Description Discovery and Integration*) é um protocolo que foi desenvolvido para a organização e registro de Web Services.

É um protocolo aprovado como padrão pela OASIS e especifica um método para publicar e descobrir diretórios de serviços em uma arquitetura orientada a serviços (SOA).

O UDDI fornece três funções principais, conhecidas como publicação, descoberta e ligação:

1. Publicação: permite que uma organização divulgue seus serviços;
2. Descoberta: permite que o cliente procure e encontre um determinado serviço;
3. Ligação (*binding*): permite que o cliente possa estabelecer a ligação e interagir com o serviço.

Segurança

A segurança dos Web Services é um dos pontos fracos dessa tecnologia. O problema não é a falta de mecanismos de segurança, mas sim a falta de consenso em qual deve ser o mecanismo a ser adotado pela tecnologia Web Service.

As questões mais relevantes na segurança são as seguintes:

- Autenticidade – a certeza de que uma transação do Web Service ocorreu entre o servidor e seu cliente;
- Privacidade – as mensagens trocadas entre o servidor e o cliente não podem ser interceptadas por uma pessoa não autorizada;
- Integridade – as mensagens trocadas entre o servidor e o cliente devem permanecer inalteradas.

Mecanismos de segurança

Seguem os mecanismos de segurança que podem ser adotados ao se trabalhar com Web Services:

SSL

O SSL (*Secure Socket Layer*) quando aplicado a pequenos dispositivos, oferece autenticação, integridade de dados e privacidade de serviços. Atualmente, a solução para enviar informação confidencial para Web Services é utilizar um mecanismo de segurança SSL sobre HTTP também conhecido como HTTPS (*Hypertext Transfer Protocol Secure*). Esse mecanismo protege informações confidenciais e é de fácil configuração.

XML Signature

É uma iniciativa conjunta da IETF (*Internet Engineering Task Force*) e do W3C para especificar uma sintaxe XML e as regras de processamento para criação e representação digital de assinaturas. As vantagens na utilização da XML Signature, ao contrário de outras normas de assinaturas digitais, estão baseadas na independência da linguagem de programação, fácil interpretação humana e independência do fabricante. Essa tecnologia também permite assinar digitalmente subconjuntos de um documento XML.

XML Encryption

Especifica um processo para encriptação de dados e sua representação em formato XML. Os dados podem ser arbitrários (incluindo um documento XML), elementos XML ou conteúdos de elementos XML. Um documento XML que utiliza a XML Encryption pode ser visto por qualquer utilizador, mas apenas o proprietário da chave de decodificação conseguirá compreender o conteúdo codificado.

WS-Security

O WS-Security (*Web Services Security*) é uma iniciativa conjunta de empresas como Microsoft, IBM e Verisign. É destinada ao uso da XML-Signature e da XML-Encryption para fornecer segurança às mensagens SOAP. O WS-Security é um esforço destinado a fazer com que os Web Services trabalhem melhor em um ambiente global. O WS-Security também inclui alguns importantes componentes como encaminhamento, confiança e tratamento de transações.

SAML

O SAML (*Security Assertion Markup Language*) é uma norma emergente para a troca de informação sobre autenticação e autorização. O SAML soluciona um importante problema para as aplicações da próxima geração, que é a possibilidade de utilizadores transportarem seus direitos entre diferentes Web Services. Isso é importante para aplicações que desejam integrar um número de Web Services para formar uma aplicação unificada.

Web Services no projeto NF-e

O Manual de Integração do Contribuinte nos informa o seguinte sobre o padrão de comunicação adotado para o projeto NF-e:

A comunicação entre o contribuinte e a Secretaria de Fazenda Estadual será baseada em Web Services disponibilizados nos Portais das respectivas Secretarias de Fazenda da circunscrição do contribuinte.

O meio físico de comunicação utilizado será a Internet, com o uso do protocolo SSL, que além de garantir um duto de comunicação seguro na Internet, permite a identificação do servidor e do cliente através de certificados digitais, eliminando a necessidade de identificação do usuário através de nome ou código de usuário e senha.

O modelo de comunicação segue o padrão de Web Services definido pelo WS-I Basic Profile.

A troca de mensagens entre os Web Services do Portal da Secretaria de Fazenda Estadual e o aplicativo do contribuinte será realizada no padrão SOAP, com troca de mensagens XML no padrão *Style/Enconding: Document/Literal, wrapped*. A opção *"wrapped"* representa a chamada aos métodos disponíveis com a passagem de mais de um parâmetro.

Observe abaixo um exemplo de mensagem enviado para o portal da NFe utilizando o SOAP:

```xml
<?xml version="1.0" encoding="UTF-8"?>
<soap:Envelope
 xmlns:soap="http://schemas.xmlsoap.org/soap/envelope/"
 xmlns:xsi="http://www.w3.org/2001/XMLSchema-instance"
 xmlns:xsd="http://www.w3.org/2001/XMLSchema">
<SOAP:Body>
 <nfeRecepcaoLote xmlns="http://www.portalfiscal.inf.br/nfe/wsdl/NfeRecepcao">
 <!----- XML Área de Cabeçalho ----->
 <nfeCabecMsg>
   <?xml version="1.0" encoding="UTF-8"?>
   <cabecMsg xmlns="http://www.portalfiscal.inf.br/nfe" versao="1.02">
    <versaoDados>1.07</versaoDados>
   </cabecMsg>
 </nfeCabecMsg>
 <!----- XML Área de Dados ----->
 <nfeDadosMsg>
   <?xml version="1.0" encoding="UTF-8"?>
   <enviNFe xmlns="http://www.portalfiscal.inf.br/nfe" versao="1.07">
    <idLote>000000000000001</idLote>
    <NFe xmlns="http://www.portalfiscal.inf.br/nfe"
     <infNFe Id="NFe43060600000000000191550990000070080007055472" versao="1.07">
      ...
    </NFe>
   </enviNFe>
 </nfeDadosMsg>
 </nfeRecepcaoLote>
</SOAP:Body>
</SOAP:Envelope>
```

Serviços disponíveis

Os Portais das Secretarias de Fazenda Estaduais irão disponibilizar os seguintes serviços:

1. Recepção de NF-e;

a. Recepção de Lote;

b. Consulta Processamento de Lote;

2. Cancelamento de NF-e;
3. Inutilização de numeração de NF-e;
4. Consulta da situação atual da NF-e;
5. Consulta do status do serviço;
6. Consulta cadastro.

Para cada serviço oferecido existirá um Web Service específico. O fluxo de comunicação é sempre iniciado pelo aplicativo do contribuinte através do envio de uma mensagem ao Web Service com a solicitação do serviço desejado.

O Web Service sempre devolve uma mensagem de resposta confirmando o recebimento da solicitação de serviço ao aplicativo do contribuinte na mesma conexão.

A solicitação de serviço poderá ser atendida na mesma conexão ou ser armazenada em filas de processamento nos serviços mais críticos para um melhor aproveitamento dos recursos de comunicação e de processamento das SEFAZ.

Os serviços podem ser síncronos ou assíncronos em função da forma de processamento da solicitação de serviços:

1. Serviços síncronos – o processamento da solicitação de serviço é concluído na mesma conexão, com a devolução de uma mensagem com o resultado do processamento do serviço solicitado;
2. Serviços assíncronos – o processamento da solicitação de serviço não é concluído na mesma conexão, havendo a devolução de uma mensagem de resposta com um recibo que apenas confirma o recebimento da solicitação de serviço. O aplicativo do contribuinte deverá realizar uma nova conexão para consultar o resultado do processamento do serviço solicitado anteriormente.

O diagrama a seguir ilustra o fluxo conceitual de comunicação entre o aplicativo do contribuinte e o Portal da SEFAZ:

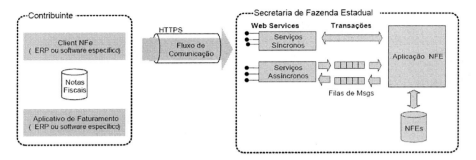

Fonte: Portal da Nota Fiscal Eletrônica – www.nfe.fazenda.gov.br

Modelo operacional

Conforme já mencionado, a forma de processamento das solicitações de serviços no projeto Nota Fiscal Eletrônica pode ser síncrona, caso o atendimento da solicitação de serviço seja realizada na mesma conexão, ou assíncrona, caso o processamento do serviço solicitado não seja atendido na mesma conexão, nessa situação torna-se necessária a realização de mais uma conexão para a obtenção do resultado do processamento.

As solicitações de serviços que exigem processamento intenso serão executadas de forma assíncrona e as demais solicitações de serviços de forma síncrona.

Sendo assim, os serviços da NF-e serão implementados da seguinte forma:

Serviço	Implementação
Recepção de NF-e	Assíncrona
Cancelamento de NF-e	Síncrona
Inutilização de Numeração de NF-e	Síncrona
Consulta da situação atual da NF-e	Síncrona
Consulta do status do serviço	Síncrona

Serviços síncronos

As solicitações de serviços de implementação síncrona são processadas imediatamente e o resultado do processamento é obtido em uma única conexão.

Observe na imagem abaixo o fluxo simplificado de funcionamento:

Fonte: Portal da Nota Fiscal Eletrônica – www.nfe.fazenda.gov.br

Veja agora como seriam as etapas do processo ideal quando solicitado um serviço síncrono:

a. O aplicativo do contribuinte inicia a conexão enviando uma mensagem de solicitação de serviço para o Web Service;
b. O Web Service recebe a mensagem de solicitação de serviço e encaminha ao aplicativo da NF-e que irá processar o serviço solicitado;
c. O aplicativo da NF-e recebe a mensagem de solicitação de serviço e realiza o processamento, devolvendo uma mensagem de resultado do processamento ao Web Service;
d. O Web Service recebe a mensagem de resultado do processamento e o encaminha ao aplicativo do contribuinte;
e. O aplicativo do contribuinte recebe a mensagem de resultado do processamento e, caso não exista outra mensagem, encerra a conexão.

Serviços assíncronos

As solicitações de serviços de implementação assíncrona são processadas de forma distribuída por vários processos e o resultado do processamento somente é obtido em uma segunda conexão.

Observe na imagem abaixo o fluxo simplificado de funcionamento:

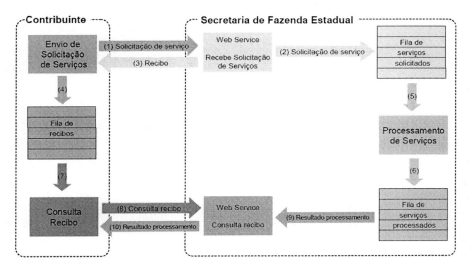

Fonte: Portal da Nota Fiscal Eletrônica – www.nfe.fazenda.gov.br

Veja agora como seriam as etapas do processo ideal quando solicitado um serviço assíncrono:

a. O aplicativo do contribuinte inicia a conexão enviando uma mensagem de solicitação de serviço para o Web Service de recepção de solicitação de serviços;

b. O Web Service de recepção de solicitação de serviços recebe a mensagem de solicitação de serviço e a coloca na fila de serviços solicitados, acrescentando o CNPJ do transmissor obtido do certificado digital do transmissor;

c. O Web Service de recepção de solicitação de serviço retorna o recibo da solicitação de serviço e a data e hora de recebimento da mensagem no Web Service;

d. O aplicativo do contribuinte recebe o recibo e o coloca na fila de recibos de serviços solicitados e ainda não processados e, caso não exista outra mensagem, encerra a conexão;

e. Na Secretaria de Fazenda Estadual a solicitação de serviços é retirada da fila de serviços solicitados pelo aplicativo da NF-e;
f. O serviço solicitado é processado pelo aplicativo da NF-e e o resultado do processamento é colocado na fila de serviços processados;
g. O aplicativo do contribuinte retira um recibo da fila de recibos de serviços solicitados;
h. O aplicativo do contribuinte envia uma consulta de recibo, iniciando uma conexão com o Web Service "Consulta Recibo (NFeRetRecepcao)";
i. O Web Service "Consulta Recibo" recebe a mensagem de consulta recibo e localiza o resultado de processamento da solicitação de serviço;
j. O Web Service "Consulta Recibo (NFeRetRecepcao)" devolve o resultado do processamento ao aplicativo contribuinte;
k. O aplicativo do contribuinte recebe a mensagem de resultado do processamento e, caso não exista outra mensagem, encerra a conexão.

Filas e mensagens

As filas de mensagens de solicitação de serviços são necessárias para a implementação do processamento assíncrono das solicitações de serviços.

As mensagens de solicitações de serviços no processamento assíncrono são armazenadas em uma fila de entrada.

Para ilustrar como as filas armazenam as informações, observe o diagrama a seguir:

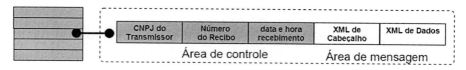

Fonte: Portal da Nota Fiscal Eletrônica – www.nfe.fazenda.gov.br

MANUAL DE IMPLANTAÇÃO DA NOTA FISCAL ELETRÔNICA   **185**

A estrutura de um item é composta pela área de controle (identificador) e pela área de detalhe. As seguintes informações são adotadas como atributos de controle:

- CNPJ do transmissor – CNPJ da empresa que enviou a mensagem que não necessita estar vinculado ao CNPJ do estabelecimento emissor da NF-e. Somente o transmissor da mensagem terá acesso ao resultado do processamento das mensagens de solicitação de serviços;
- Recibo de entrega – número sequencial único atribuído para a mensagem pela Secretaria de Fazenda Estadual. Esse atributo identifica a mensagem de solicitação de serviços na fila de mensagem;
- Data e hora de recebimento da mensagem – data e hora local do instante de recebimento da mensagem atribuída pela Secretaria de Fazenda Estadual. Esse atributo é importante como parâmetro de desempenho do sistema, eliminação de mensagens, adoção do regime de contingência, etc. O tempo médio de resposta é calculado com base nesse atributo.

A área de mensagem contém uma área de cabeçalho e a área de dados em formato XML.

Para processar as mensagens de solicitações de serviços, a aplicação da NF-e irá retirar a mensagem da fila de entrada de acordo com a ordem de chegada, devendo armazenar o resultado do processamento da solicitação de serviço em uma fila de saída.

A fila de saída terá a mesma estrutura da fila de entrada, a única diferença será no conteúdo do detalhe da mensagem que contém o resultado do processamento da solicitação de serviço em formato XML.

O tempo médio de resposta que mede a performance do serviço de processamento dos lotes é calculado com base no tempo decorrido entre o momento de recebimento da mensagem e o momento de armazenamento do resultado do processamento da solicitação de serviço na fila de saída.

Padrão de mensagens dos Web Services

As chamadas dos Web Services disponibilizados pelas Secretarias de Fazenda Estaduais ou Secretaria da Receita Federal e os respectivos resultados do processamento são realizadas através das mensagens com o seguinte padrão:

Estrutura XML de cabeçalho	Estrutura XML definida na documentação do Web Service
Área de cabeçalho	Área de dados

Fonte: Portal da Nota Fiscal Eletrônica – www.nfe.fazenda.gov.br

Área de cabeçalho

Estrutura XML padrão para todas as mensagens de chamada e retorno de resultado dos Web Services disponibilizados pelas Secretarias de Fazenda Estaduais ou Secretaria da Receita Federal, que contém os dados de controle da mensagem. A área de cabeçalho está sendo utilizada para armazenar a versão do layout do XML informado na área de dados.

Observe o layout da área de cabeçalho padrão definido através do Schema XML cabecMsg_v1.02.xsd:

Área de Cabeçalho									
#	Campo	Descrição	Ele	Pai	Tipo	Ocor.	Tam.	Dec.	Observação
-	cabMsg	TAG raiz do cabeçalho da mensagem	G	-		1-1			TAG raiz do cabeçalho da mensagem
	versao	Versão do leiaute	A	-	N	1-1	1-4	2	Versão do leiaute (1.02)
#	Campo	Descrição	Ele	Pai	Tipo	Ocor.	Tam.	Dec.	Observação
A01	versaoDados	Versão do leiaute dos Dados	A	raiz	N	1-1	1-4	2	O conteúdo deste campo indica a versão do leiaute XML da estrutura XML informada na área de dados da mensagem.

Fonte: Portal da Nota Fiscal Eletrônica – www.nfe.fazenda.gov.br

O campo versaoDados deve conter a informação da versão do layout do XML armazenada na área de dados da mensagem.

Segue um exemplo da área de cabeçalho:

```
<?xml version="1.0" encoding="UTF-8" ?>
<cabecMsg xmlns="http://www.portalfiscal.inf.br/nfe" versao="1.02">
  <versaoDados>1.07</versaoDados>
</cabecMsg>
```

Área de dados

Estrutura XML variável definida na documentação do Web Service acessado.

Validação do XML enviado aos Web Services

As alterações de layout e da estrutura de dados XML realizadas nas mensagens são controladas através da atribuição de um número de versão para a mensagem.

Um *Schema* XML é uma linguagem que define o conteúdo do documento XML, descrevendo os seus elementos e a sua organização, além de estabelecer regras de preenchimento de conteúdo e de obrigatoriedade de cada elemento ou grupo de informação.

A validação do XML é realizada por um analisador sintático (*parser*) que verifica se a mensagem atende às definições e regras de seu *Schema* XML.

Qualquer divergência entre o XML e seu *Schema*, provoca um erro de validação.

A primeira condição para que a mensagem seja validada com sucesso é que ela seja submetida ao *Schema* correto.

Dessa forma, os aplicativos do contribuinte devem estar preparados para gerar as mensagens no layout em vigor, devendo ainda informar a versão do layout no campo versaoDados da área de cabeçalho da mensagem.

Schemas XML

Toda mudança de layout das mensagens dos Web Services implica na atualização do seu respectivo *Schema*.

A identificação da versão dos *Schemas* será realizada com o acréscimo do número da versão no nome do arquivo precedida da literal "_v". Exemplos:

* envNFe_v1.03.xsd (*Schema* XML de Envio de NFe, versão 1.03);
* retCancNFe_v1.10.xsd (*Schema* XML do Retorno de Cancelamento de NFe, versão 1.10);
* leiauteNFe_v10.15.xsd (*Schema* XML dos tipos básicos da NFe, versão 10.15).

A maioria dos *Schemas* da NF-e utilizam as definições de tipos básicos ou tipos complexos que estão definidos em outros *Schemas* XML (ex.: tiposBasico_v1.00.xsd). Nesses casos, a modificação de versão do *Schema* básico será repercutida no *Schema* principal.

Por exemplo, o tipo numérico de 15 posições com 2 decimais é definido no *Schema* tiposBasico_v1.00.xsd. Caso ocorra alguma modificação na definição desse tipo, todos os *Schemas* que utilizam esse tipo básico devem ter a sua versão atualizada e as declarações "*import*" ou "*include*" devem ser atualizadas com o nome do *Schema* básico atualizado.

As modificações de layout das mensagens dos Web Services podem ser causadas por necessidades técnicas ou em razão da modificação de alguma legislação.

A seguir um exemplo de *Schema* XML:

```
<?xml version="1.0" encoding="UTF-8"?>
<xs:schema xmlns:ds="http://www.w3.org/2000/09/xmldsig#" xmlns:xs="http://www.w3.org/2001/XMLSchema"
xmlns="http://www.portalfiscal.inf.br/nfe" targetNamespace="http://www.portalfiscal.inf.br/nfe"
elementFormDefault="qualified" attributeFormDefault="unqualified">
        <xs:import namespace="http://www.w3.org/2000/09/xmldsig#" schemaLocation="xmldsig-core-
schema_v1.01.xsd"/>
        <xs:include schemaLocation="tiposBasico_v1.00.xsd"/>
        <xs:element name="NFe">
            <xs:annotation>
                <xs:documentation>Nota Fiscal Eletrônica</xs:documentation>
            </xs:annotation>
```

Versões dos *Schemas*

Os *Schemas* válidos para o Projeto da Nota Fiscal Eletrônica serão disponibilizados no Portal da Nota Fiscal Eletrônica (www.nfe.fazenda.gov.br), e serão liberados após autorização da equipe de Gestão do Projeto formada pelos Líderes dos Projetos nos Estados e representante das Empresas.

A cada nova liberação será disponibilizado um arquivo compactado contendo o conjunto de *Schemas* a serem utilizados pelas empresas para a geração dos arquivos XML. Esse arquivo será denominado "Pacote de Liberação" e será numerado sequencialmente. Os pacotes de liberação serão identificados pelas letras "PL", seguida do número do pacote.

Exemplificando: o pacote PL_001.zip representa o "Pacote de Liberação" nº 1 de *Schemas* da Nota Fiscal Eletrônica.

Os *Schemas* válidos estão contidos no pacote de liberação e são identificados pelo seu nome, seguido da versão do respectivo Schema.

Assim, para o *Schema* de "Envio de Lotes de Nota Fiscal Eletrônica", corresponderá um arquivo com a extensão .XSD, que terá o nome de "enviNFe_v9.99.xsd", onde v9.99, corresponde à versão do respectivo *Schema*.

Para identificar quais os *Schemas* que sofreram alteração em um determinado pacote liberado, deve-se comparar o número da versão do *Schema* desse pacote com o do pacote anterior.

Observe a tabela abaixo:

Pacote	PL_001.ZIP	PL_002.ZIP
Data de Liberação	01/04/2006	01/06/2006
Schemas	enviNFe_v1.00.xsd	enviNFe_v1.30.xsd
	inutNFe_v1.00.xsd	inutNFe_v1.00.xsd
	cancNFe_v1.00.xsd	cancNFe_v1.00.xsd
	tiposNFe_v1.00.xsd	cancNFe_v1.00.xsd

Veja que o pacote 02 foi liberado em junho, dois meses após o pacote 01. Nesse pacote, apenas um *Schema* sofreu alteração: "enviNFe_v1.00.xsd".

É possível que os Web Services estejam aceitando várias versões de *Schemas*. Isso ocorre porque enquanto uma empresa utiliza a versão 1.00 do *Schema* "Envio de Lotes de Nota Fiscal Eletrônica" (enviNFe_v1.00. xsd), outra já poderá ter se atualizado e está utilizando uma versão mais recente. Por isso a importância do preenchimento do campo "versaoDados", que informa a versão do *Schema* que está sendo utilizada.

Disponibilização dos Web Services

Já vimos que os Portais das SEFAZ irão disponibilizar os seguintes serviços:
1. Recepção de NF-e;
   a. Recepção de Lote;
   b. Consulta Processamento de Lote;
2. Cancelamento de NF-e;
3. Inutilização de numeração de NF-e;
4. Consulta da situação atual da NF-e;
5. Consulta do status do serviço;
6. Consulta cadastro.

Vejamos a descrição detalhada de cada um desses serviços.

Web Service Recepção de Lote de NF-e (NfeRecepcao)

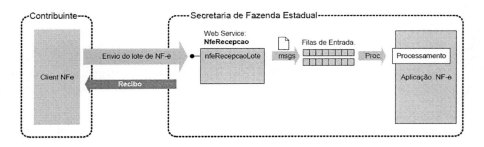

Fonte: Portal da Nota Fiscal Eletrônica – www.nfe.fazenda.gov.br

- Função: serviço destinado à recepção de mensagens de lote de NF-e;
- Processo: assíncrono;
- Método: nfeRecepcaoLote;
- Entrada: Estrutura XML com as notas fiscais enviadas;
- *Schema* XML da Entrada: envNFe_v99.99.xsd;
- Retorno: Estrutura XML com a mensagem do resultado da transmissão;
- *Schema* XML do Retorno: retEnvNFe_v99.99.xsd.

O processamento de Lote é realizado pelo Servidor de Processamento de NF-e que consome as mensagens armazenadas na fila de entrada pelo método NfeRecepcao e faz a validação da forma e das regras de negócios e armazena o resultado do processamento na fila de saída.

Se a mensagem for recebida com algum tipo de erro, será gerada uma mensagem de erro. Caso não exista erro, será gerado um recibo com número, data, hora local de recebimento e tempo médio de resposta do serviço nos últimos 5 minutos.

O número do Recibo do Lote deve ser gerado pelo Portal da SEFAZ, com a seguinte regra de formação: duas posições para o código da UF onde foi entregue o lote e treze posições numéricas sequenciais:

9	9	9	9	9	9	9	9	9	9	9	9	9	9	9
código da UF		seqüencial de 13 posições												

O projeto utiliza a codificação da UF definida pelo IBGE. Observe a tabela abaixo:

Região Norte	Região Nordeste	Região Sudeste	Região Sul	Região Centro-Oeste
11-Rondônia 12-Acre 13-Amazonas 14-Roraima 15-Pará 16-Amapá 17-Tocantins	21-Maranhão 22-Piauí 23-Ceará 24-Rio Grande do Norte 25-Paraíba 26-Pernambuco 27-Alagoas 28-Sergipe 29-Bahia	31-Minas Gerais 32-Espírito Santo 33-Rio de Janeiro 35-São Paulo	41-Paraná 42-Santa Catarina 43-Rio Grande do Sul	50-Mato Grosso do Sul 51-Mato Grosso 52-Goiás 53-Distrito Federal

A NF-e poderá ser autorizada ou denegada. Nos dois casos será gerado um número de protocolo. Esse número de protocolo também será gerado nos casos de cancelamento de NF-e e inutilização da numeração. Veja abaixo a regra de formação do número do protocolo:

9	9	9	9	9	9	9	9	9	9	9	9	9	9	9
órgão gerador	código da UF		ano		seqüencial de 10 posições									

- 01 posição para indicar o órgão
  - o 1 – Secretaria de Fazenda Estadual;
  - o 2 – Receita Federal;
  - o 3 – SEFAZ Virtual RS;
  - o 4 – SEFAZ Virtual RFB.
- 02 posições para o código da UF do IBGE;
- 02 posições para ano;
- 10 posições para o seqüencial no ano.

O resultado do processamento do lote será disponibilizado na fila de saída e conterá o resultado da validação de cada NF-e inserida no lote. Este resultado ficará disponível na fila de saída por um período mínimo de 24 horas.

No final do processamento poderá ocorrer o seguinte:
- Rejeição – a NF-e será descartada, não sendo armazenada no Banco de Dados podendo ser corrigida e novamente transmitida;
- Autorização de uso – a NF-e será armazenada no Banco de Dados;
- Denegação de uso – a NF-e será armazenada no Banco de Dados com esse status nos casos de irregularidade fiscal do emitente ou do destinatário.

Validação			Conseqüência		
NF-e	Emitente	Destinatário (a critério da UF)	Situação da NF-e	Para o contribuinte	Banco de Dados
Inválida	Irrelevante	Irrelevante	Rejeição	Corrigir NF-e	Não gravar
Válida	Irregular	Irrelevante	Denegação de uso	A operação não poderá ser realizada	Gravar
Válida	Regular	Irregular	Denegação de uso	A operação não poderá ser realizada	Gravar
Válida	Regular	Regular	Autorização de uso	A operação autorizada	Gravar

Serão realizadas as seguintes validações: A, B, C, D, E, F e G. Consulte a sessão Regras de Validação para entender o que significa cada uma das opções.

Web Service Consulta Processamento de Lote de NF-e (NfeRetRecepcao)

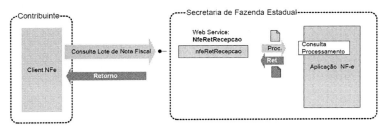

Fonte: Portal da Nota Fiscal Eletrônica – www.nfe.fazenda.gov.br

- Função: serviço destinado a retornar o resultado do processamento do lote de NF-e;
- Processo: assíncrono;
- Método: nfeRetRecepcao;
- Entrada: Estrutura XML contendo o número do recibo que identifica a mensagem de envio de lotes de NF-e;
- *Schema* XML da Entrada: consReciNFe_v99.99.xsd;
- Retorno: Estrutura XML com o resultado do processamento da mensagem de envio de lote de NF-e;
- *Schema* XML do Retorno: retConsReciNFe_v99.99.xsd.

Este método oferece a consulta do resultado do processamento de um lote de NF-e.

O aplicativo do contribuinte deve ser construído de forma a aguardar um tempo mínimo de 15 segundos entre o envio do Lote de NF-e para processamento e a consulta do resultado deste processamento, evitando a obtenção desnecessária do status de erro 105 – "Lote em Processamento".

No final do processamento a mensagem de retorno poderá ser:
- Lote processado (cStat=104) – com os resultados individuais de processamento das NF-e;
- Lote em processamento (cStat=105) – o aplicativo do contribuinte deverá fazer uma nova consulta;
- Lote não localizado (cStat=106) – o aplicativo do contribuinte deverá providenciar o reenvio da mensagem;
- Recibo ou CNPJ do requisitante com problemas (cStat=248 ou 223) – o aplicativo do contribuinte deverá sanar o problema;

Serão realizadas as seguintes validações: A, B, C, D e E. Consulte a sessão Regras de Validação para entender o que significa cada uma das opções.

Web Service Cancelamento de NF-e (NfeCancelamento)

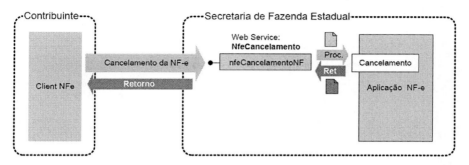

Fonte: Portal da Nota Fiscal Eletrônica – www.nfe.fazenda.gov.br

- Função: serviço destinado ao atendimento de solicitações de cancelamento de Notas Fiscais Eletrônicas;
- Processo: síncrono;
- Método: nfeCancelamentoNF;
- Entrada: Estrutura XML contendo a mensagem de solicitação de cancelamento;
- *Schema* XML da Entrada: cancNFe_v99.99.xsd;
- Retorno: Estrutura XML contendo a mensagem do resultado da solicitação de cancelamento;
- *Schema* XML do Retorno: retCancNFe_v99.99.xsd.

Este método é responsável por receber as solicitações referentes ao cancelamento de NF-e.

Ao receber a solicitação do transmissor, a aplicação do Portal da SEFAZ realiza o processamento da solicitação e devolve o resultado do processamento para o aplicativo do contribuinte.

A mensagem de solicitação de cancelamento de NF-e é um documento eletrônico e deve ser assinado digitalmente pelo emitente da NF-e.

Serão realizadas as seguintes validações: A, B, C, D, E, F e H. Consulte a sessão Regras de Validação para entender o que significa cada uma das opções.

Web Service Inutilização de Numeração de NF-e (NfeInutilizacao)

Fonte: Portal da Nota Fiscal Eletrônica – www.nfe.fazenda.gov.br

- Função: serviço destinado ao atendimento de solicitações de inutilização de numeração;
- Processo: síncrono;
- Método: nfeInutilizacaoNF;
- Entrada: Estrutura XML contendo a mensagem de solicitação de inutilização;
- *Schema* XML da Entrada: inutNFe_v99.99.xsd;
- Retorno: Estrutura XML contendo a mensagem do resultado da solicitação de inutilização;
- *Schema* XML do Retorno: retInutNFe_v99.99.xsd.

Este método é responsável por receber as solicitações referentes a inutilização de faixas de numeração de notas fiscais eletrônicas. Ao receber a solicitação, o Web Service realiza o processamento da solicitação e devolve o resultado do processamento para o aplicativo do transmissor.

A mensagem de pedido de inutilização de numeração de NF-e é um documento eletrônico e deve ser assinado digitalmente pelo emitente da NF-e.

Serão realizadas as seguintes validações: A, B, C, D, E, F e I. Consulte a sessão Regras de Validação para entender o que significa cada uma das opções.

Web Service Consulta Situação Atual da NF-e (NfeConsulta Protocolo)

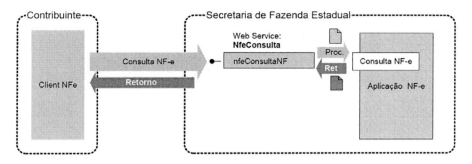

Fonte: Portal da Nota Fiscal Eletrônica – www.nfe.fazenda.gov.br

- Função: serviço destinado ao atendimento de solicitações de consulta da situação atual da NF-e na Base de Dados do Portal da Secretaria de Fazenda Estadual;
- Processo: síncrono;
- Método: nfeConsultaNF;
- Entrada: Estrutura XML contendo a chave de acesso da NF-e;
- *Schema* XML da Entrada: consSitNFe_v99.99.xsd;
- Retorno: Estrutura XML contendo a mensagem do resultado da consulta de protocolo;
- *Schema* XML do Retorno: retConsSitNFe_v99.99.xsd.

Este método é responsável por receber as solicitações referentes à consulta de situação de notas fiscais eletrônicas enviadas para as SEFAZ. Seu acesso é permitido apenas pela chave única de identificação da nota fiscal.

O aplicativo do contribuinte envia a solicitação para o Web Service da SEFAZ. O Web Service processa a solicitação de consulta, valida a Chave de Acesso da NF-e e retorna a mensagem contendo a situação atual da NF-e na Base de Dados.

O processamento do pedido de consulta de status de NF-e pode resultar em uma mensagem de erro ou retornar a situação atual da NF-e consultada. Caso a NF-e seja localizada, retornar o "cStat" com os valores 100, 101 ou 110.

Serão realizadas as seguintes validações: A, B, C, D e J. Consulte a sessão Regras de Validação para entender o que significa cada uma das opções.

Web Service Consulta Status do Serviço (NfeStatusServico)

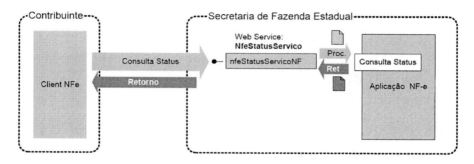

Fonte: Portal da Nota Fiscal Eletrônica – www.nfe.fazenda.gov.br

- Função: serviço destinado à consulta do status do serviço prestado pelo Portal da Secretaria de Fazenda Estadual;
- Processo: síncrono;
- Método: nfeStatusServicoNF;
- Entrada: Estrutura XML para a consulta do status do serviço;
- *Schema* XML da Entrada: consStatServ_v99.99.xsd;
- Retorno: Estrutura XML contendo a mensagem do resultado da consulta do status do serviço;
- *Schema* XML do Retorno: retConsStatServ_v99.99.xsd.

Este método é responsável por receber as solicitações referentes à consulta do status do serviço do Portal da SEFAZ.

O aplicativo do contribuinte envia a solicitação para o Web Service da SEFAZ. O Web Service processa a solicitação de consulta e retorna a mensagem contendo o status do serviço.

As Empresas que construírem um aplicativo que se mantenha em *loop* permanente de consulta a esse Web Service, devem aguardar um tempo mínimo de 3 minutos entre cada consulta, evitando sobrecarregar desnecessariamente os servidores da SEFAZ.

O processamento do pedido de consulta de status de Serviço pode resultar em uma mensagem de erro ou retornar a situação atual do Servidor de Processamento: códigos de situação 107, 108 e 109.

A critério da UF o campo xObs pode ser utilizado para fornecer maiores informações ao contribuinte, como por exemplo: "manutenção programada", "modificação de versão do aplicativo", "previsão de retorno", etc.

Serão realizadas as seguintes validações: A, B, C, D e K. Consulte a sessão Regras de Validação para entender o que significa cada uma das opções.

Web Service Consulta Cadastro (CadConsultaCadastro)

Fonte: Portal da Nota Fiscal Eletrônica – www.nfe.fazenda.gov.br

- Função: Serviço para consultar o cadastro de contribuintes do ICMS da unidade federada;
- Processo: síncrono;

- Método: consultaCadastro;
- Entrada: Estrutura XML para consulta ao cadastro de contribuintes ICMS;
- *Schema* XML da Entrada: consCad_v99.99.xsd;
- Retorno: Estrutura XML com o retorno da consulta ao cadastro de contribuintes do ICMS;
- *Schema* XML do Retorno: retConsCad_v99.99.xsd.

Esse Web Service oferece a consulta pública do cadastro de contribuintes do ICMS de uma UF.

Apenas as empresas autorizadas a emitir Documentos Fiscais Eletrônicos poderão utilizar este serviço. A UF que oferecer o Web Service deverá verificar se o CNPJ da empresa solicitante consta do cadastro nacional de emissores de Documentos Fiscais Eletrônicos – DF-e.

A identificação da empresa solicitante do serviço será realizada através do CNPJ contido na extensão otherName – OID=2.16.76.1.3.3 do certificado digital utilizado na conexão SSL.

É importante ressaltar que esse Web Service não tem a mesma disponibilidade dos demais Web Services da NF-e.

O aplicativo do contribuinte envia a solicitação para o Web Service da SEFAZ. O Web Service processa a solicitação de consulta, validando o argumento de pesquisa informado (CNPJ ou CPF ou IE) e retorna a mensagem contendo a situação cadastral atual do contribuinte no cadastro de contribuintes do ICMS.

O resultado do processamento poderá ser:
- cStat=111 – consulta cadastro com uma ocorrência;
- cStat=112 – consulta cadastro com mais de uma ocorrência, existe mais de um estabelecimento para o argumento pesquisado. (por exemplo: consulta por IE de contribuinte com diversos estabelecimentos e inscrição estadual única).

Serão realizadas as seguintes validações: A, B, C, D e L. Consulte a sessão Regras de Validação para entender o que significa cada uma das opções.

OBS: Consulte os layouts de cada um dos *Schemas* descritos anteriormente no Manual de Integração do Contribuinte.

Regras de validação

As regras de validação aplicadas nos Web Services estão agrupadas da seguinte forma:

	Grupo	Aplicação
A	Validação do Certificado Digital utilizada no protocolo SSL	geral
B	Validação da Mensagem XML no serviço assíncrono	geral
C	Validação da área de cabeçalho da Mensagem XML	geral
D	Validação da área de dados da Mensagem XML	geral
E	Validação do Certificado Digital utilizado na Assinatura Digital	geral
F	Validação da Assinatura Digital	geral
G	Validação da NF-e	específica
H	Validação do Pedido de Cancelamento de NF-e	específica
I	Validação do Pedido de Inutilização de numeração de NF-e	específica
J	Validação do Pedido de Consulta de situação de NF-e	específica
K	Validação do Pedido de Consulta de Status de Serviço	específica
L	Validação do Pedido de Consulta de Cadastro de Contribuintes	específica

As regras do grupo A, B, C, D, E e F são de aplicação geral e aplicadas em todos os Web Services existentes, as regras do grupo G, H, I, J, K e L são específicos de cada Web Service existente.

Vamos detalhar cada uma das regras acima:

A – Validação do certificado digital utilizado no protocolo SSL

Validação do Certificado Digital do Transmissor (protocolo SSL)			
# Regra de Validação	Crítica	Msg	Efeito
A01 Certificado de Transmissor Inválido: - Certificado de Transmissor inexistente na mensagem - Versão difere "3" - Basic Constraint = true (não pode ser Certificado de AC) - KeyUsage não define "Autenticação Cliente"	Obrig.	280	Rej.
A02 Validade do Certificado (data início e data fim)	Obrig.	281	Rej.
A03 Verifica a Cadeia de Certificação: - Certificado da AC emissora não cadastrado na SEFAZ - Certificado de AC revogado - Certificado não assinado pela AC emissora do Certificado	Obrig.	283	Rej.
A04 LCR do Certificado de Transmissor - Falta o endereço da LCR (CRL DistributionPoint) - LCR indisponível - LCR inválida	Obrig.	286	Rej.
A05 Certificado do Transmissor revogado	Obrig.	284	Rej.
A06 Certificado Raiz difere da "ICP-Brasil"	Obrig.	285	Rej.
A07 Falta a extensão de CNPJ no Certificado (OtherName - OID=2.16.76.1.3.3)	Obrig.	282	Rej.

As validações A01 a A05 são realizadas pelo protocolo SSL e não precisam ser implementadas. A validação A06 também pode ser realizada pelo protocolo SSL, mas pode falhar se existirem outros certificados digitais de Autoridade Certificadora Raiz que não sejam "ICP-BR" no repositório de certificados digitais do servidor de Web Service da SEFAZ.

B – Validação da mensagem XML no serviço assíncrono

Validação Inicial da Mensagem no Web Service			
# Regra de Validação	Aplic.	Msg	Efeito
B01 Tamanho do XML de Dados superior a 500 Kbytes	Obrig.	214	Rej.
B02 XML de Dados Mal Formado	Facult.	243	Rej.
B03 Verifica se o Serviço está Paralisado Momentaneamente	Obrig.	108	Rej.
B04 Verifica se o Serviço está Paralisado sem Previsão	Obrig.	109	Rej.

MANUAL DE IMPLANTAÇÃO DA NOTA FISCAL ELETRÔNICA **203**

A aplicação do contribuinte não poderá permitir a geração de mensagem com tamanho superior a 500 KB. Caso o contribuinte envie uma mensagem maior que 500 KB poderá ocorre o seguinte:

- Conexão interrompida sem mensagem de erro. Isso ocorrerá quando o controle do tamanho da mensagem for implementado por configurações do ambiente de rede da SEFAZ (*firewall*).
- Devolução da mensagem de erro 214. Isso ocorrerá quando o controle do tamanho da mensagem for implementado por aplicativo.

C – Validação da área de cabeçalho da mensagem XML

Validação do Cabeçalho da Mensagem			
#	Regra de Validação	Aplic.	Msg	Efeito
C01	Verificar Schema do XML da Área de Cabeçalho	Obrig.	242	Rej.
C01a	XML utiliza codificação diferente de UTF-8	Obrig.	299	Rej.
C02	Versão dos Dados informada na Área de Cabeçalho é superior à versão vigente	Facult.	238	Rej.
C03	Versão dos Dados não suportada	Obrig.	239	Rej.

O cabeçalho contém a versão do *Schema* XML da mensagem contida na área de dados que será utilizado pelo Web Service.

A ocorrência de qualquer erro na validação da área de cabeçalho da mensagem impossibilita o processamento da mensagem contida na área de dados.

D – Validação da área de dados da mensagem XML

Validação da Mensagem do Pedido de Cancelamento da NF-e			
#	Regra de Validação	Aplic.	Msg	Efeito
D01	Verifica Schema XML da Área de Dados	Obrig.	215	Rej.
D02	Verifica o uso de prefixo no namespace	Obrig.	404	Rej.
D03	XML utiliza codificação diferente de UTF-8	Obrig.	402	Rej.

E – Validação do certificado digital utilizado na assinatura digital

Validação do Certificado Digital utilizado na Assinatura Digital da NF-e				
#	Regra de Validação	Aplic.	Msg	Efeito
E01	Certificado de Assinatura inválido: - Certificado de Assinatura inexistente na mensagem (*validado também pelo Schema) - Versão difere "3" - Basic Constraints = true (não pode ser Certificado de AC) - KeyUsage não define "Assinatura Digital" e "Não Recusa"	Obrig.	290	Rej.
E02	Validade do Certificado (data início e data fim)	Obrig.	291	Rej.
E03	Falta a extensão de CNPJ no Certificado (OtherName - OID=2.16.76.1.3.3)	Obrig.	292	Rej.
E04	Verifica Cadeia de Certificação: - Certificado da AC emissora não cadastrado na SEFAZ - Certificado de AC revogado - Certificado não assinado pela AC emissora do Certificado	Obrig.	293	Rej.
E05	LCR do Certificado de Assinatura: - Falta o endereço da LCR (CRLDistributionPoint) - Erro no acesso a LCR ou LCR inexistente	Obrig.	296	Rej.
E06	Certificado de Assinatura revogado	Obrig.	294	Rej.
E07	Certificado Raiz difere da "ICP-Brasil"	Obrig.	295	Rej.

F – Validação da assinatura digital

Validação da Assinatura Digital				
#	Regra de Validação	Aplic.	Msg	Efeito
F01	Assinatura difere do padrão do Projeto: - Não assinado o atributo "ID" (falta "Reference URI" na assinatura) (*validado também pelo Schema) - Faltam os "Transform Algorithm" previstos na assinatura ("C14N" e "Enveloped") Estas validações são implementadas pelo Schema XML da Signature	Obrig.	298	Rej.
F02	Valor da assinatura (SignatureValue) difere do valor calculado	Obrig.	297	Rej.
F03	CNPJ-Base do Emitente difere do CNPJ-Base do Certificado Digital	Obrig.	213	Rej.
F04	CNPJ do Certificado Digital difere do CNPJ da Matriz e do CNPJ do Emitente	Facult.	244	Rej.

Manual de Implantação da Nota Fiscal Eletrônica   **205**

G – Validação da NF-e

#	Regra de Validação	Aplic.	Msg	Efeito
G01	Tipo do ambiente da NF-e difere do ambiente do Web Service	Obrig.	252	Rej.
G02	Código da UF do Emitente difere da UF do Web Service	Obrig.	226	Rej.
G03	Sigla da UF do Emitente difere da UF do Web Service	Obrig.	247	Rej.
G03a	Série utilizada não permitida no Web Service (faixa de 0-899 - emissão normal na UF e faixa de 900-999 - reservado para emissão em contigência na RFB)	Obrig.	266	Rej.
G03b	Grupo de informação avulsa não deve ser informado para processo de emissão da NF-e (procEmi) = 0 - aplicativo do contribuinte.	Obrig.	403	Rej.
G04	Campo ID inválido - Falta literal "NFe" - Chave de Acesso do campo ID difere da concatenação dos campos correspondentes	Obrig.	227	Rej.
G05	Dígito Verificador inválido da Chave de acesso resultante da concatenação dos campos correspondentes	Obrig.	253	Rej.
G05a	Validar DV do código do município do Fato Gerador	Obrig.	270	Rej.
G05b	Verificar se as 2 primeiras posições do código do município do Fato Gerador informado correspondem ao código da UF	Obrig.	271	Rej.
G06	CNPJ informado para o Emitente inválido (dígito controle, zeros ou nulo)	Obrig.	207	Rej.
G06a	CPF só pode ser informado no campo Emitente para NF-e avulsa	Obrig.	407	Rej.
G06b	CPF informado no campo Emitente como Remetente de NF-e avulsa inválido (dígito controle, zeros ou nulo)	Obrig.	401	Rej.
G06c	Validar DV do código do município do Emitente	Obrig.	272	Rej.
G06d	Verificar se as 2 primeiras posições do código do município do Emitente informado correspondem ao código da UF	Obrig.	273	Rej.
G07	IE Emitente não informada (zeros ou nulo) para emissão própria (NF-e avulsa)	Obrig.	229	Rej.
G08	IE Emitente inválida (erro no dígito de controle, o tamanho da IE deve ser normalizado, na aplicação da SEFAZ, com acréscimo de zeros não significativos se necessário antes da verificação do dígito de controle)	Obrig.	209	Rej.
G08a	Se Código de País do Emitente informado: - Validar DV do Código do País do Emitente	Obrig.	405	Rej.
G09	CNPJ Destinatário informado: CNPJ inválido (dígito de controle, zeros)	Obrig.	208	Rej.
G10	CPF Destinatário informado: CPF inválido (dígito de controle, zeros)	Obrig.	237	Rej.
G10a	Validar DV do código do município do Destinatário	Obrig.	274	Rej.
G10b	Verificar se as 2 primeiras posições do código do município do Destinatário informado correspondem ao código da UF	Obrig.	275	Rej.
G11	IE Destinatário informada: IE inválida (conteúdo diferente de "ISENTO" ou erro no dígito de controle da IE informada. O tamanho da IE deve ser normalizado, na aplicação da SEFAZ, com acréscimo de zeros não significativos se necessário antes da verificação do dígito de controle.)	Obrig.	210	Rej.

Validação da NF-e – Regras de Negócios			
# Regra de Validação	Aplic.	Msg	Efeito
G11a Se Código de País do Destinatário informado: - Validar DV do Código do País do Destinatário	Obrig.	406	Rej.
G12 Data de Emissão posterior a data de recebimento	Obrig.	212	Rej.
G13 Data de Emissão ocorrida há mais de 60 dias, ou outro limite conforme critério definido pela SEFAZ	Obrig.	228	Rej.
G13a Se informado o tpOP (campo J02 do grupo VeicProd – J01) = "2 - Faturamento direto": Verificar se foi informado a UF (campo G09 do grupo entrega – G01) necessária na validação da IE ST, nos casos de operação de faturamento direto de veículos automotores novos para consumidor (Convênio ICMS 51/00).	Obrig.	478	Rej.
G14 IE ST informada: verificar o DV da IE do Substituto Tributário informada. UF a ser utilizada na validação: • UF do Local de Entrega (UF – G09 do grupo entrega – G01) caso o campo Tipo da operação (tpOP – J02 do grupo VeicProd – J01) tenha sido informado com "2 - Faturamento direto"; • UF do destinatário (UF – E12 do grupo enderDest – E05) nos demais casos. A aplicação deve normalizar a IE ST informada pelo emissor, acrescentando zeros à esquerda para atingir o tamanho padrão da IE da UF de destino se necessário.	Obrig.	211	Rej.
G15 Inscr. SUFRAMA informada: verificar dígito controle	Obrig.	235	Rej.
G16 Inscr. SUFRAMA informada: verificar UF destinatário = AC-Acre, ou AM-Amazonas, ou RO-Rondônia, ou RR-Roraima, ou AP-Amapá (só para municípios 1600303-Macapá e 1600600-Santana)	Obrig.	251	Rej.
G17 Acessar Cadastro Contribuinte p/ Emitente: - CNPJ emitente não cadastrado	Facult.	245	Rej.
G18 - Emitente não autorizado	Obrig.	203	Rej.
G19 - IE Emitente não cadastrada	Facult.	230	Rej.
G20 - IE Emitente não vinculada ao CNPJ	Obrig.	231	Rej.
G21 - Emitente em situação irregular perante o Fisco	Obrig.	301	Den.
G22 Se operação no Estado e informado IE Destinatário: - Acessar Cadastro Contribuinte p/ Destinatário: . Se CNPJ Destinatário informado: CNPJ não cadastrado	Facult.	246	Rej.
G23 . IE Destinatário informada: IE não cadastrada	Facult.	233	Rej.
G24 . IE e CNPJ Destinatário informados: IE não vinculada ao CNPJ	Facult.	234	Rej.
G25 . CNPJ ou IE Destinatário informada: Destinatário em situação irregular perante o Fisco	Facult.	302	Den.
G25a Se Local de Retirada informado: - Validar DV do Código do Município do Local de Retirada	Obrig.	276	Rej.
G25b Se Local de Retirada informado: - verificar se as 2 primeiras posições do código do município do Local de Retirada informado correspondem ao código da UF	Obrig.	277	Rej.
G25c Se Local de Entrega informado: - Validar DV do Código Município do Local de Entrega	Obrig.	278	Rej.

MANUAL DE IMPLANTAÇÃO DA NOTA FISCAL ELETRÔNICA

207

Validação da NF-e – Regras de Negócios			
# Regra de Validação	**Aplic.**	**Msg**	**Efeito**
G25d Se Local de Entrega informado: - verificar se as 2 primeiras posições do código do município do Local de Entrega informado correspondem ao código da UF	Obrig.	279	Rej.
G25e Se Código Município do FG - ISSQN informado: - Validar DV do Código do Município do FG - ISSQN	Obrig.	287	Rej.
G25f Se Código Município do FG - Transporte informado: - Validar DV do Código do Município do FG - Transporte	Obrig.	288	Rej.
G26 Acesso BD NFE (Chave: Ano, CNPJ Emit, Modelo, Série, Nro): - NF-e já cadastrada e não Cancelada/Denegada	Obrig.	204	Rej.
G27 - Verificar se NF-e já está Cancelada	Obrig.	218	Rej.
G28 - Verificar se NF-e já está Denegada	Obrig.	205	Rej.
G29 Acesso BD NFE-Inutilização - Verificar Número da NF-e Inutilizado	Obrig.	206	Rej.
G30 Se finalidade da NF-e = 2 (NF-e complementar): verificar se foi informado uma NF referenciada	Obrig.	254	Rej.
G31 Se finalidade da NF-e = 2 (NF-e complementar): verificar se foi informado mais de uma NF-e referenciada (NF normal ou NF-e)	Obrig.	255	Rej.
G32 Se finalidade da NF-e = 2 (NF-e complementar) e Se foi informado uma NF-e referenciada (TAG refNFe): - Acessar BD NFE com a Chave de Acesso informada na TAG; Rejeitar se NFE Referenciada não existir	Facult.	267	Rej.
G33 Se finalidade da NF-e = 2 (NF-e complementar) e Se foi informado uma NF-e referenciada (TAG refNFe): - Acessar BD NFE com a Chave de Acesso informada na TAG; - Rejeitar se NFE Referenciada acessada for uma outra NF-e Complementar	Facult.	268	Rej.
G34 Se finalidade da NF-e = 2 (NF-e complementar): - Verificar se o CNPJ emitente da NF Referenciada (válido se a NF referenciada for uma NF eletrônica ou não) é diferente do CNPJ do emitente desta NF-e	Obrig.	269	Rej.

H – Validação do pedido de cancelamento de NF-e

#	Regra de Validação	Aplic.	Msg	Efeito
	Pedido de cancelamento de NF-e – Regras de Negócios			
H01	Tipo do ambiente da NF-e difere do ambiente do Web Service	Obrig.	252	Rej.
H02	UF da Chave de Acesso difere da UF do Web Service	Obrig.	249	Rej.
H03	Chave de Acesso: Dígito Verificador inválido	Obrig.	236	Rej.
H04	Acesso Cadastro Contribuinte: - Verificar Emitente não autorizado a emitir NF-e	Obrig.	203	Rej.
H05	- Verificar Situação Fiscal irregular do Emitente	Obrig.	240	Rej.
H06	Acesso BD NFE (Chave: Ano, CNPJ Emit, Modelo, Série, Nro): - Verificar se NF-e não existe	Obrig.	217	Rej.
H07	- "Código Numérico" informado na Chave de Acesso é diferente do existente no BD	Obrig.	216	Rej.
H08	- Verificar se NF-e já está Denegada	Obrig.	205	Rej.
H09	- Verificar se NF-e já está Cancelada	Obrig.	218	Rej.
H10	- Verificar NF-e autorizada há mais de 7 dias (168 horas)	Obrig.	220	Rej.
H11	- Verificar se o número Protocolo informado difere do nro. Protocolo da NF-e	Obrig.	222	Rej.
H12	- Verificar recebimento da NF-e pelo Destinatário	Obrig.	221	Rej.
H13	- Verificar registro de Circulação de Mercadoria	Obrig.	219	Rej.

O cancelamento só poderá ser realizado nota a nota e para cada cancelamento homologado é criado um novo protocolo de status para NF-e, com a atribuição de um número de protocolo único.

Manual de Implantação da Nota Fiscal Eletrônica

I – Validação do pedido de inutilização de numeração de NF-e

Pedido de Inutilização de numeração de NF-e – Regras de Negócios			
# Regra de Validação	**Aplic.**	**Msg**	**Efeito**
I01 Tipo do ambiente da NF-e difere do ambiente do Web Service	Obrig.	252	Rej.
I02 UF do Pedido de inutilização difere da UF do Web Service	Obrig.	250	Rej
I02b Ano da Inutilização não pode ser superior ao Ano atual	Obrig.	453	Rej.
I02c Ano da inutilização não pode ser inferior a 2006	Obrig.	454	Rej.
I03 Número da Faixa Inicial maior do que o número Final	Obrig.	224	Rej
I04 Quantidade máxima de numeração a inutilizar ultrapassa o limite (1.000 números)	Obrig.	201	Rej
I05 Acesso Cadastro Contribuinte: - Verificar Emitente não autorizado a emitir NF-e	Obrig.	203	Rej
I06 - Verificar Situação Fiscal irregular do Emitente	Obrig.	240	Rej
I07 Acesso BD NFE-Inutilização: - Verificar se algum Nro da Faixa de Inutilização atual pertence a uma faixa anterior	Obrig.	256	Rej
I08 Acesso BD NFE (Chave: Ano, CNPJ Emit, Modelo, Série, Nro): - Verificar se existe NF-e utilizada na faixa de inutilização solicitada	Obrig.	241	Rej

Para cada inutilização de numeração de NF-e homologada é criado um novo protocolo de status para NF-e, com a atribuição de um número de protocolo único.

J – Validação do pedido de consulta de situação de NF-e

Validação do Pedido de Consulta de situação de NF-e – Regras de Negócios			
# Regra de Validação	**Aplic.**	**Msg**	**Efeito**
J01 Tipo do ambiente da NF-e difere do ambiente do Web Service	Obrig.	252	Rej.
J02 UF da Chave de Acesso difere da UF do Web Service	Obrig.	226	Rej.
J03 Acesso BD NFE (Chave: Ano, CNPJ Emit, Modelo, Série, Nro): - Verificar se NF-e não existe	Obrig.	217	Rej.
J04 - Verificar se campo "Código Numérico" informado na Chave de Acesso é diferente do existente no BD	Obrig.	216	Rej.

K – Validação do pedido de consulta de status de serviço

Validação do Pedido de Consulta de Status de Serviço – Regras de Negócios			
# Regra de Validação	Aplic.	Msg	Efeito
K01 Tipo do ambiente da NF-e difere do ambiente do Web Service	Obrig.	252	Rej.
K02 Código da UF consultada difere da UF do Web Service	Obrig.	289	Rej.
K03 Verifica se o Servidor de Processamento está Paralisado Momentaneamente	Obrig.	108	-
K04 Verifica se o Servidor de Processamento está Paralisado sem Previsão	Obrig.	109	-

L – Validação do pedido de consulta de cadastro de contribuintes

Validação do Pedido de Consulta Cadastro – Regras de Negócios			
# Regra de Validação	Aplic.	Msg	Efeito
L01 UF da consulta difere da UF do Web Service	Obrig.	265	Rej.
L02 Acessar Cadastro Contribuintes: Verificar CNPJ Solicitante é emissor de NF-e (Obs. prever a consulta ao cadastro nacional de emissores de NF-e)	Obrig.	257	Rej.
L03 Se informado CNPJ: Verificar dígito controle, ou zeros	Obrig.	258	Rej.
L04 Se informado CNPJ: Acessar Cadastro Contribuinte por CNPJ Não encontrado Contribuinte	Obrig.	259	Rej.
L05 Se informado IE: Verificar dígito controle ou zeros	Obrig.	260	Rej.
L06 Se informado IE: Acessar Cadastro Contribuinte por IE Não encontrado Contribuinte	Obrig.	261	Rej.
L07 Se informado CPF: Verificar se a UF fornece consulta por CPF	Obrig.	262	Rej.
L08 Se informado CPF: Verificar dígito controle ou zeros	Obrig.	263	Rej.
L09 Se informado CPF: Acessar Cadastro Contribuinte por CPF Não encontrado Contribuinte	Obrig.	264	Rej.

Tabela de erros

A seguir as tabelas de códigos de erros e descrições de mensagens de erros. Essas tabelas podem ser consultadas no Manual de Integração do Contribuinte:

Código	Resultado do Processamento da Solicitação
100	Autorizado o uso da NF-e
101	Cancelamento de NF-e homologado
102	Inutilização de número homologado
103	Lote recebido com sucesso
104	Lote processado
105	Lote em processamento
106	Lote não localizado
107	Serviço em Operação
108	Serviço Paralisado Momentaneamente (curto prazo)
109	Serviço Paralisado sem Previsão
110	Uso Denegado
111	Consulta cadastro com uma ocorrência
112	Consulta cadastro com mais de uma ocorrência

Código	Motivo de Não Atendimento da Solicitação
201	Rejeição: O numero máximo de numeração de NF-e a inutilizar ultrapassou o limite
202	Rejeição: Falha no reconhecimento da autoria ou integridade do arquivo digital
203	Rejeição: Emissor não habilitado para emissão da NF-e
204	Rejeição: Duplicidade de NF-e
205	Rejeição: NF-e está denegada na base de dados da SEFAZ
206	Rejeição: NF-e já está inutilizada na Base de dados da SEFAZ
207	Rejeição: CNPJ do emitente inválido
208	Rejeição: CNPJ do destinatário inválido
209	Rejeição: IE do emitente inválida
210	Rejeição: IE do destinatário inválida
211	Rejeição: IE do substituto inválida
212	Rejeição: Data de emissão NF-e posterior a data de recebimento
213	Rejeição: CNPJ-Base do Emitente difere do CNPJ-Base do Certificado Digital
214	Rejeição: Tamanho da mensagem excedeu o limite estabelecido
215	Rejeição: Falha no *Schema* XML

Código	Motivo de Não Atendimento da Solicitação
216	Rejeição: Chave de Acesso difere da cadastrada
217	Rejeição: NF-e não consta na base de dados da SEFAZ
218	Rejeição: NF-e já esta cancelada na base de dados da SEFAZ
219	Rejeição: Circulação da NF-e verificada
220	Rejeição: NF-e autorizada há mais de 7 dias (168 horas)
221	Rejeição: Confirmado o recebimento da NF-e pelo destinatário
222	Rejeição: Protocolo de Autorização de Uso difere do cadastrado
223	Rejeição: CNPJ do transmissor do lote difere do CNPJ do transmissor da consulta
224	Rejeição: A faixa inicial é maior que a faixa final
225	Rejeição: Falha no Schema XML da NFe
226	Rejeição: Código da UF do Emitente diverge da UF autorizadora
227	Rejeição: Erro na Chave de Acesso – Campo ID
228	Rejeição: Data de Emissão muito atrasada
229	Rejeição: IE do emitente não informada
230	Rejeição: IE do emitente não cadastrada
231	Rejeição: IE do emitente não vinculada ao CNPJ
232	Rejeição: IE do destinatário não informada
233	Rejeição: IE do destinatário não cadastrada
234	Rejeição: IE do destinatário não vinculada ao CNPJ
235	Rejeição: Inscrição SUFRAMA inválida
236	Rejeição: Chave de Acesso com dígito verificador inválido
237	Rejeição: CPF do destinatário inválido
238	Rejeição: Cabeçalho – Versão do arquivo XML superior a Versão vigente
239	Rejeição: Cabeçalho – Versão do arquivo XML não suportada
240	Rejeição: Cancelamento/Inutilização – Irregularidade Fiscal do Emitente
241	Rejeição: Um número da faixa já foi utilizado
242	Rejeição: Cabeçalho – Falha no Schema XML
243	Rejeição: XML Mal Formado
244	Rejeição: CNPJ do Certificado Digital difere do CNPJ da Matriz e do CNPJ do Emitente
245	Rejeição: CNPJ Emitente não cadastrado
246	Rejeição: CNPJ Destinatário não cadastrado
247	Rejeição: Sigla da UF do Emitente diverge da UF autorizadora
248	Rejeição: UF do Recibo diverge da UF autorizadora
249	Rejeição: UF da Chave de Acesso diverge da UF autorizadora
250	Rejeição: UF diverge da UF autorizadora
251	Rejeição: UF/Município destinatário não pertence a SUFRAMA
252	Rejeição: Ambiente informado diverge do Ambiente de recebimento
253	Rejeição: Dígito Verificador da chave de acesso composta inválida

Manual de Implantação da Nota Fiscal Eletrônica

Código	Motivo de Não Atendimento da Solicitação
254	Rejeição: NF-e complementar não possui NF referenciada
255	Rejeição: NF-e complementar possui mais de uma NF referenciada
256	Rejeição: Uma NF-e da faixa já está inutilizada na Base de dados da SEFAZ
257	Rejeição: Solicitante não habilitado para emissão da NF-e
258	Rejeição: CNPJ da consulta inválido
259	Rejeição: CNPJ da consulta não cadastrado como contribuinte na UF
260	Rejeição: IE da consulta inválida
261	Rejeição: IE da consulta não cadastrada como contribuinte na UF
262	Rejeição: UF não fornece consulta por CPF
263	Rejeição: CPF da consulta inválido
264	Rejeição: CPF da consulta não cadastrado como contribuinte na UF
265	Rejeição: Sigla da UF da consulta difere da UF do Web Service
266	Rejeição: Série utilizada não permitida no Web Service
267	Rejeição: NF Complementar referencia uma NF-e inexistente
268	Rejeição: NF Complementar referencia uma outra NF-e Complementar
269	Rejeição: CNPJ Emitente da NF Complementar difere do CNPJ da NF Referenciada
270	Rejeição: Código Município do Fato Gerador: dígito inválido
271	Rejeição: Código Município do Fato Gerador: difere da UF do emitente
272	Rejeição: Código Município do Emitente: dígito inválido
273	Rejeição: Código Município do Emitente: difere da UF do emitente
274	Rejeição: Código Município do Destinatário: dígito inválido
275	Rejeição: Código Município do Destinatário: difere da UF do Destinatário
276	Rejeição: Código Município do Local de Retirada: dígito inválido
277	Rejeição: Código Município do Local de Retirada: difere da UF do Local de Retirada
278	Rejeição: Código Município do Local de Entrega: dígito inválido
279	Rejeição: Código Município do Local de Entrega: difere da UF do Local de Entrega
280	Rejeição: Certificado Transmissor inválido
281	Rejeição: Certificado Transmissor Data Validade
282	Rejeição: Certificado Transmissor sem CNPJ
283	Rejeição: Certificado Transmissor – erro Cadeia de Certificação
284	Rejeição: Certificado Transmissor revogado
285	Rejeição: Certificado Transmissor difere ICP-Brasil
286	Rejeição: Certificado Transmissor erro no acesso a LCR
287	Rejeição: Código Município do FG – ISSQN: dígito inválido
288	Rejeição: Código Município do FG – Transporte: dígito inválido
289	Rejeição: Código da UF informada diverge da UF solicitada
290	Rejeição: Certificado Assinatura inválido

Código	Motivo de Não Atendimento da Solicitação
291	Rejeição: Certificado Assinatura Data Validade
292	Rejeição: Certificado Assinatura sem CNPJ
293	Rejeição: Certificado Assinatura – erro Cadeia de Certificação
294	Rejeição: Certificado Assinatura revogado
295	Rejeição: Certificado Assinatura difere ICP-Brasil
296	Rejeição: Certificado Assinatura erro no acesso a LCR
297	Rejeição: Assinatura difere do calculado
298	Rejeição: Assinatura difere do padrão do Projeto
299	Rejeição: XML da área de cabeçalho com codificação diferente de UTF-8
401	Rejeição: CPF do remetente inválido
402	Rejeição: XML da área de dados com codificação diferente de UTF-8
403	Rejeição: O grupo de informações da NF-e avulsa é de uso exclusivo do Fisco
404	Rejeição: Uso de prefixo de *namespace* não permitido
405	Rejeição: Código do país do emitente: dígito inválido
406	Rejeição: Código do país do destinatário: dígito inválido
407	Rejeição: O CPF só pode ser informado no campo emitente para a NF-e avulsa
453	Rejeição: Ano de inutilização não pode ser superior ao Ano atual
454	Rejeição: Ano de inutilização não pode ser inferior a 2006
478	Rejeição: Local da entrega não informado para faturamento direto de veículos novos
999	Rejeição: Erro não catalogado (informar a mensagem de erro capturado no tratamento da exceção)

Código	Motivos de Denegação de Uso
301	Uso Denegado: Irregularidade fiscal do emitente
302	Uso Denegado: Irregularidade fiscal do destinatário

Padrões de nomes para os arquivos

Visando facilitar o processo de guarda dos arquivos pelos legítimos interessados, foi criado um padrão de nomes para os diversos tipos de arquivos utilizados pelo sistema NF-e:

- NF-e: O nome do arquivo será a chave de acesso completa com extensão "-nfe.xml";

MANUAL DE IMPLANTAÇÃO DA NOTA FISCAL ELETRÔNICA

- Envio de Lote de NF-e: O nome do arquivo será o número do lote com extensão "-env-lot.xml";
- Recibo: O nome do arquivo será o número do lote com extensão "-rec.xml";
- Pedido do Resultado do Processamento do Lote de NF-e: O nome do arquivo será o número do recibo com extensão "-ped-rec.xml";
- Resultado do Processamento do Lote de NF-e: O nome do arquivo será o número do recibo com extensão "-pro-rec.xml";
- Denegação de Uso: O nome do arquivo será a chave de acesso completa com extensão "-den.xml";
- Pedido de Cancelamento de NF-e: O nome do arquivo será a chave de acesso completa com extensão "-ped-can.xml";
- Cancelamento de NF-e: O nome do arquivo será a chave de acesso completa com extensão "-can.xml";
- Pedido de Inutilização de Numeração: O nome do arquivo será composto por: UF + Ano de inutilização + CNPJ do emitente + Modelo + Série + Número Inicial + Número Final com extensão "-ped-inu.xml";
- Inutilização de Numeração: O nome do arquivo será composto por: Ano de inutilização + CNPJ do emitente + Modelo + Série + Número Inicial + Número Final com extensão "-inu.xml";
- Pedido de Consulta Situação Atual da NF-e: O nome do arquivo será a chave de acesso completa com extensão "-ped-sit.xml";
- Situação Atual da NF-e: O nome do arquivo será a chave de acesso completa com extensão "-sit.xml";
- Pedido de Consulta do Status do Serviço: O nome do arquivo será: "AAAAMMDDTHHMMSS" do momento da consulta com extensão "-ped-sta.xml";
- Status do Serviço: O nome do arquivo será: "AAAAMMDDTHHMMSS" do momento da consulta com extensão "-sta.xml";

Resumo dos padrões técnicos

Neste momento, podemos reproduzir a tabela que traz o resumo dos padrões técnicos adotados pelo Projeto NF-E.

Característica	Descrição
Web Services	Padrão definido pelo WS-I Basic Profile 1.1 (http://www.ws-i.org/Profiles/BasicProfile-1.1-2004-08-24.html).
Meio lógico de comunicação	Web Services, disponibilizados pelo Portal da Secretaria de Fazenda Estadual.
Meio físico de comunicação	Internet
Protocolo Internet	SSL versão 3.0, com autenticação mútua através de certificados digitais.
Padrão de troca de mensagens	SOAP versão 1.2.
Padrão da mensagem	XML no padrão Style/Encoding: Document/Literal, wrapped.
Padrão de certificado digital	X.509 versão 3, emitido por Autoridade Certificadora credenciada pela Infra-estrutura de Chaves Públicas Brasileira – ICP-Brasil, do tipo A1 ou A3, devendo conter o CNPJ do proprietário do certificado digital. Para assinatura de mensagens, utilizar o certificado digital do estabelecimento matriz ou do estabelecimento emissor da NF-e. Para transmissão, utilizar o certificado digital do responsável pela transmissão.
Padrão de assinatura digital	XML Digital Signature, Enveloped, com certificado digital X.509 versão 3, com chave privada de 1024 bits, com padrões de criptografia assimétrica RSA, algoritmo message digest SHA-1 e utilização das transformações Enveloped e C14N.
Validação de assinatura digital	Será validada além da integridade e autoria, a cadeia de confiança com a validação das LCRs.
Padrões de preenchimento XML	• Campos não obrigatórios do Schema que não possuam conteúdo terão suas tags suprimidas no arquivo XML. • Máscara de números decimais e datas estão definidas no Schema XML. • Nos campos numéricos inteiro, não incluir a vírgula ou ponto decimal. • Nos campos numéricos com casas decimais, utilizar o "ponto decimal" na separação da parte inteira.

Fonte: Portal da Nota Fiscal Eletrônica – www.nfe.fazenda.gov.br

Processo de autorização

Abaixo segue uma imagem que mostra como funciona o processo de envio e autorização das Notas Fiscais Eletrônicas:

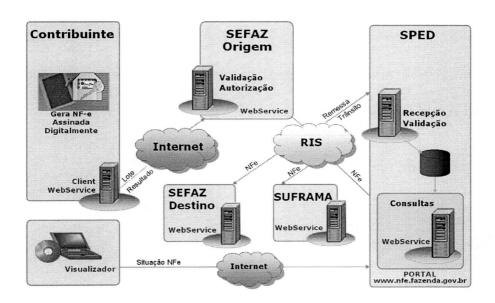

Cadeia de certificados

Para que o emissor consiga se comunicar com os Web Services disponíveis, será necessário instalar a cadeia de certificados. A maneira mais rápida é instalar a cadeia completa de certificados das ACs do ICP-Brasil que pode ser obtida no repositório da AC Raiz. No entanto, o emissor pode instalar apenas a cadeia de certificados necessária para acessar os Web Services da sua UF.

São 27 UFs. Algumas mantêm aplicação própria, outras utilizam a SEFAZ Virtual do RS ou o SVAN (SEFAZ Virtual do Ambiente Nacional). Consulte a SEFAZ do seu Estado e verifique como funciona o seu ambiente.

Os Web Services utilizam certificados digitais das seguintes cadeias de certificados da hierarquia ICP-Brasil:
- AC CertiSign Múltipla V3;
- AC PRODEMGE;
- AC SERASA SRF;
- AC SERPRO Final v1;
- AC SERPRO SRF v1.

É possível que uma UF não utilize certificados digitais da hierarquia do ICP-Brasil. Consulte a SEFAZ do seu Estado para saber qual a cadeia de certificados utilizada.

Instalando uma cadeia de certificados no Windows

Veja como é simples instalar uma cadeia de certificados. Observe na imagem abaixo as cadeias de certificados que mencionamos anteriormente e algumas outras:

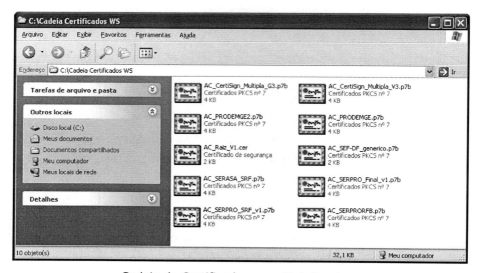

Cadeia de Certificados para Web Services

Vamos instalar a cadeia da AC SERASA SRF:

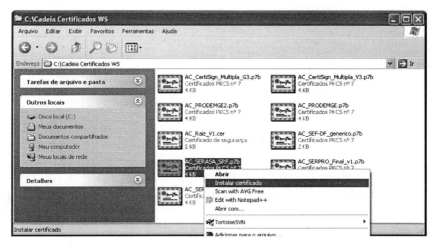

Clique com o botão direito sobre o certificado e selecione a opção: "Instalar certificado"

Confirme a importação do certificado. Clique em "Avançar"

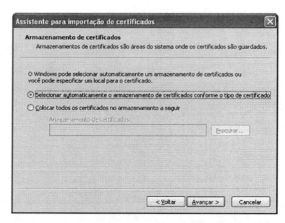

Selecione um local para o armazenamento do certificado. Se desejar pode deixar a opção padrão marcada. Clique em "Avançar"

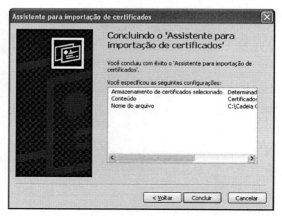

Clique em "Concluir" para finalizar a importação do certificado

Você receberá uma mensagem informando que o certificado foi instalado com sucesso: "A importação obteve êxito". Para visualizar o certificado instalado no Internet Explorer faça o seguinte:

Clique em Ferramentas / Opções de Internet – aba Conteúdo. Clique no botão Certificados. Na janela que abrir clique na aba "Autoridades de certificação intermediárias".

MANUAL DE IMPLANTAÇÃO DA NOTA FISCAL ELETRÔNICA 221

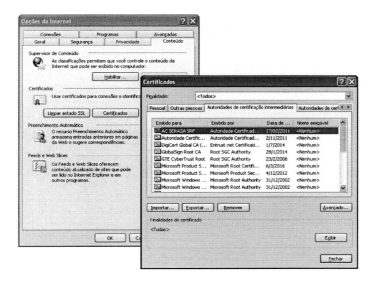

Clique no botão "Exibir". Serão mostradas as informações básicas do certificado digital.

Na aba "Caminho de certificação" você poderá verificar a hierarquia do certificado.

Ambiente de Homologação e Ambiente de Produção

As Secretarias de Fazenda Estaduais deverão manter dois ambientes para recepção de NFe: homologação e produção.

O ambiente de homologação é específico para a realização de testes e integração das aplicações do contribuinte durante a fase de implementação e adaptação do seu sistema de emissão de NF-e.

A autorização para emissão de NF-e no ambiente de produção fica condicionada à prévia aprovação das equipes de TI e de negócios da SEFAZ, que deverá avaliar a adaptação, comportamento e performance do sistema de emissão de NF-e do contribuinte no ambiente de homologação.

Credenciamento

O credenciamento é um procedimento formal, onde o contribuinte interessado solicita a autorização para emissão de NF-e.

Cada UF tem um modelo de credenciamento, que pode ter maior ou menor acompanhamento e avaliação da capacidade de emissão de NF-e do contribuinte interessado. Por esta razão consulte a SEFAZ do seu Estado para saber como proceder em relação ao credenciamento.

Ao solicitar o credenciamento, o contribuinte passa a ter acesso ao ambiente de homologação onde é possível realizar todos os testes necessários.

Após a realização dos testes o contribuinte também deverá realizar o credenciamento no ambiente de produção.

Endereços dos Web Services

Consulte o *site* da SEFAZ do seu Estado para verificar os endereços dos Web Services de homologação e de produção.

Digamos que o seu Estado utilize o ambiente da SEFAZ Virtual do RS. Nesse caso, os endereços de homologação são os seguintes:

Serviço	Endereço
Envio do lote de NF-e	https://homologacao.nfe.sefazvirtual.rs.gov.br/ws/nferecepcao/NfeRecepcao.asmx
Retorno do processamento	https://homologacao.nfe.sefazvirtual.rs.gov.br/ws/nferetrecepcao/NfeRetRecepcao.asmx
Cancelamento da NF-e	https://homologacao.nfe.sefazvirtual.rs.gov.br/ws/nfecancelamento/NfeCancelamento.asmx
Inutilização de numeração	https://homologacao.nfe.sefazvirtual.rs.gov.br/ws/nfeinutilizacao/NfeInutilizacao.asmx
Consulta Protocolo da NF-e	https://homologacao.nfe.sefazvirtual.rs.gov.br/ws/nfeconsulta/NfeConsulta.asmx
Consulta Status	https://homologacao.nfe.sefazvirtual.rs.gov.br/ws/nfestatusservico/NfeStatusServico.asmx

Para ter acesso ao WSDL de cada um dos serviços, basta inserir o seguinte texto na frente do endereço: "?WSDL". Assim, para acessar o WSDL do serviço Consulta Status você deve utilizar a seguinte URL:

https://homologacao.nfe.sefazvirtual.rs.gov.br/ ws/nfestatusservico/NfeStatusServico.asmx?WSDL

SEFAZ Virtual

Algumas Secretarias de Fazenda ainda não têm ambiente próprio e utilizam a Sefaz Virtual do Ambiente Nacional (SVAN) ou a Sefaz Virtual do Rio Grande do Sul (SVRS).

Nesses casos o modelo operacional é o seguinte:

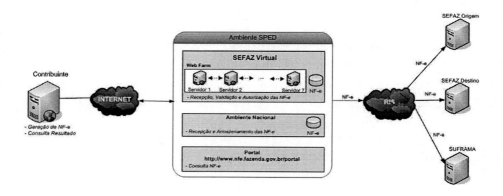

Todas as requisições passam primeiro pelos servidores da SEFAZ Virtual, que se encarrega de repassar os dados para a SEFAZ de origem e destino e para a SUFRAMA.

Parte III – Implementação

Esta é a terceira parte do livro. Aqui veremos na prática como implementar o Projeto NF-e.

Teremos uma visão do Emissor Gratuito de NF-e, um aplicativo disponibilizado para emissão de notas fiscais eletrônicas. Abordaremos as estratégias de implantação e veremos como contruir a aplicação em duas linguagens: Delphi e Java.

Emissor Gratuito de NF-e

Introdução

O Governo do Estado de São Paulo, através da PRODESP (Companhia de Processamento de Dados do Estado de São Paulo), disponibilizou um software gratuito para a emissão de Notas Fiscais Eletrônicas. No *site* da SEFAZ de São Paulo pode ser feito o *Download* desse software, bem como vídeos explicativos do seu funcionamento.

Existem duas versões do aplicativo: versão com validade jurídica e versão para testes.

Nós estudaremos as funções desse sistema para termos uma noção de como desenvolver um sistema próprio para a emissão de NF-e. Para isso utilizaremos a versão de teste desse aplicativo.

Janela principal

Veja abaixo a janela principal do aplicativo:

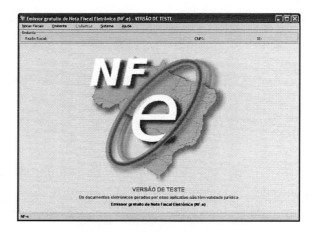

Cadastro de emitentes

Ao entrar no sistema pela primeira vez você verá a seguinte mensagem:

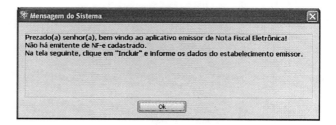

Clicando no botão "OK", você será direcionado para a janela "Cadastro de Emitentes":

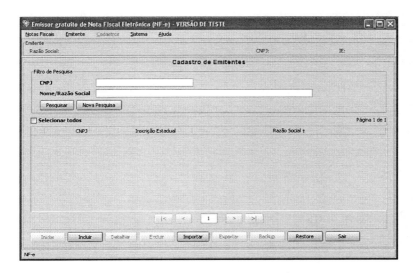

Clique no botão "Incluir" para cadastrar um novo emitente. Será exibida a seguinte janela:

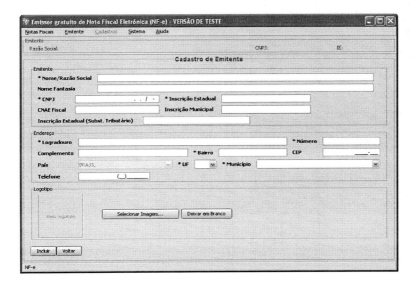

Preencha os campos dessa janela de acordo com a tabela abaixo:

Campo	Valor
Nome/Razão Social	EMPRESA DE TESTE LTDA
Nome Fantasia	EMPRESA DE TESTE LTDA
CNPJ	99.999.090/9102-70
Inscrição Estadual	18100102461701
Logradouro	RUA DE TESTE
Número	100
Bairro	PLANO
CEP	71000-000
UF	PE
Município	RECIFE

Se desejar, clique no botão "Selecionar Imagem" e informe a imagem do logotipo da empresa. Essa imagem vai aparecer nos relatórios.

Para finalizar o cadastro do emitente clique no botão "Incluir". O sistema vai retornar para a janela de "Cadastro de Emitentes" e apresentará o emitente que acabou de ser cadastrado:

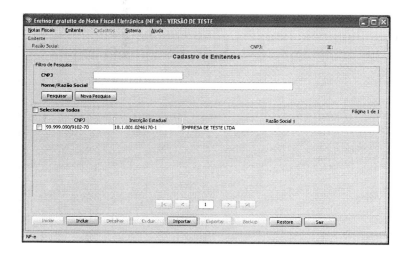

Podem ser incluídos vários emitentes utilizando o mesmo processo descrito anteriormente.

Nas próximas vezes que o sistema for executado ele já abrirá a janela "Cadastro de Emitentes" exibindo os emitentes cadastrados.

Cadastro de produtos

Na janela "Cadastro de Emitentes", selecione o emitente EMPRESA DE TESTE LTDA e logo após clique no botão "Iniciar".

Caso existam avisos, eles serão mostrados:

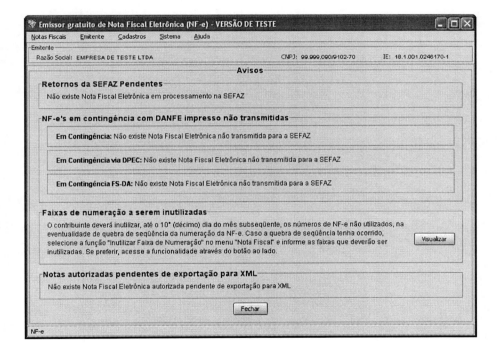

Na janela "Avisos" clique no botão "Fechar".

Observe que os dados do emitente estão aparecendo na parte superior da janela principal.

Clique no menu Cadastros / Produto (Crlt + Shift + P). Será exibida a janela "Cadastro de Produtos", listando os produtos cadastrados.

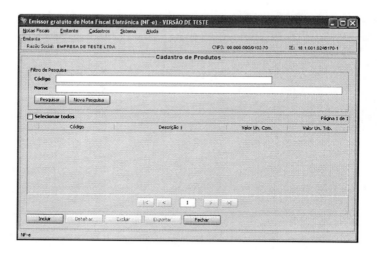

Clique no botão "Incluir" para inserir um produto novo. Será exibida a janela "Cadastro de Produtos", com opção para inserir um único produto.

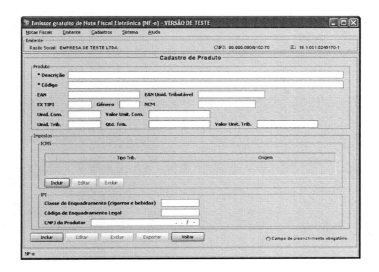

Preencha os seguintes campos da seção "Produto":

Campo	Valor
Descrição	Produto 1
Código	1001
Unid. Com.	2
Valor Unit. Com.	2,0000
Unid. Trib.	2
Qtd. Trib.	2,0000
Valor Unit. Trib.	1,11

Nessa mesma janela informe os parâmetros para o cálculo do ICMS. Na seção "Impostos / ICMS" clique no botão "Incluir". Será aberta a janela "Cadastro de ICMS":

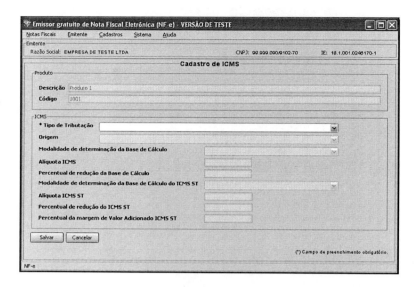

Na janela "Cadastro de ICMS", seção "ICMS" preencha os campos da seguinte maneira:

Campo	Valor
Tipo de Tributação	ICMS 00 – Tributata integralmente
Origem	Nacional
Modalidade de determinação da Base de Cálculo	Margem Valor Agregado
Alíquota ICMS	17,00

Após isso clique no botão "Salvar". O sistema retornará à janela anterior para a conclusão do cadastro do produto.

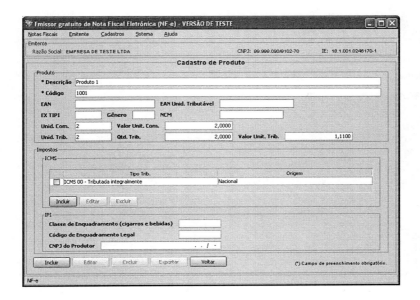

Clique no botão "Incluir" para concluir o cadastramento deste produto.

Seguindo os mesmos passos vistos anteriormente, cadastre um segundo produto, com os seguintes dados:

Campo	Valor
Descrição	Produto 2
Código	1002
Unid. Com.	2
Valor Unit. Com.	2,0000
Unid. Trib.	2
Qtd. Trib.	2,0000
Valor Unit. Trib.	2,22

Após cadastrar os produtos desejados clique no botão "Fechar" para fechar a janela de cadastro de produtos.

Cadastro de clientes

Clique no menu Cadastros / Cliente (Crlt + Shift + C). Será exibida a janela "Cadastro de Clientes", listando os clientes cadastrados.

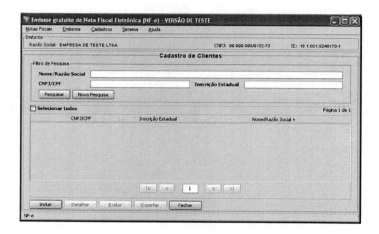

O procedimento para cadastrar os clientes é bem intuitivo. Clique no botão "Incluir". Será exibida a janela "Cadastro de Clientes", com opção para inserir um único cliente.

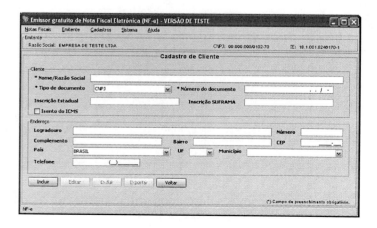

Preencha os seguintes campos:

Campo	Valor
Nome/Razão Social	CLIENTE DE TESTE
Tipo de documento	CNPJ
Número do documento	76.095.923/4533-51
Logradouro	RUA DE TESTE 2
Número	55
Bairro	CENTRO
CEP	50000-000
País	BRASIL
UF	PE
Município	RECIFE

Após o preenchimento dos campos clique no botão "Incluir" para completar o cadastro do cliente. Clique no botão "Fechar" para sair da janela de cadastro de clientes.

Cadastro de transportadoras

Clique no menu Cadastros / Transportadora (Crlt + Shift + T). Será exibida a janela "Cadastro de Transportadoras", listando as transportadoras cadastradas.

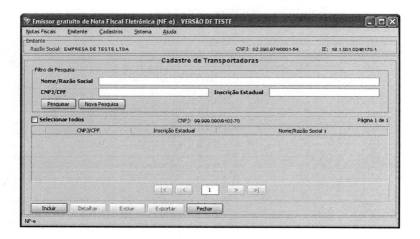

O procedimento para cadastrar as transportadoras também é bem intuitivo. Clique no botão "Incluir". Será exibida a janela "Cadastro de Transportadoras", com opção para inserir uma única transportadora.

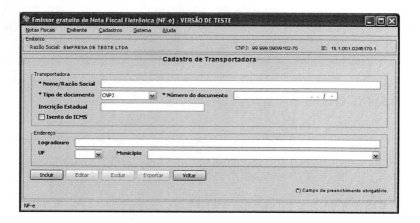

Preencha os seguintes campos:

Campo	Valor
Nome/Razão Social	TRANSPORTADORA TESTE
Tipo de documento	CNPJ
Número do documento	59.231.909/3182-92
Logradouro	RUA DA TRANSPORTADORA
UF	PE
Município	RECIFE

Após o preenchimento dos campos clique no botão "Incluir" para completar o cadastro da transportadora. Clique no botão "Fechar" para sair da janela de cadastro de transportadoras.

Digitação da nota fiscal

Após realizarmos os cadastros, vamos observar como entrar com uma nota fiscal no sistema.

Clique no menu Notas Fiscais / Emitir Nova Nota (Crlt + Shift + N). Será exibida a janela "Nota Fiscal". Essa janela possui diversas abas com dados para serem preenchidos. Esses dados compõem a nota fiscal.

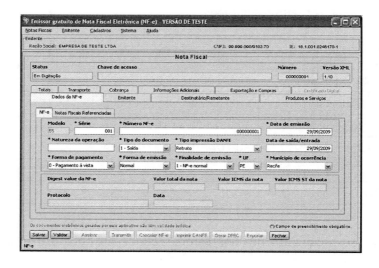

Clique na aba "Destinatário/Remetente". Clique no botão "Pesquisar" para selecionar um dos clientes cadastrados. Selecione o CLIENTE DE TESTE (o único que cadastramos) e clique no botão "Carregar". Os dados das seções "Identificação" e "Endereço" serão carregados.

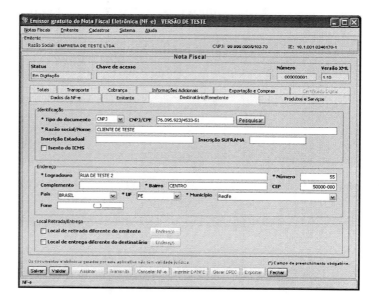

Clique na aba "Transporte". No campo "Modalidade do frete" selecione a opção "1 – Por conta do destinatário". Na aba interna "Transportador", seção "Identificação", selecione "CNPJ" como "Tipo de documento" e depois clique no botão "Pesquisar" para importar uma transportadora já cadastrada. O processo de importação é semelhante ao executado ao inserir o cliente na aba "Destinatário/Remetente".

Após importar a transportadora, a janela estará da seguinte forma:

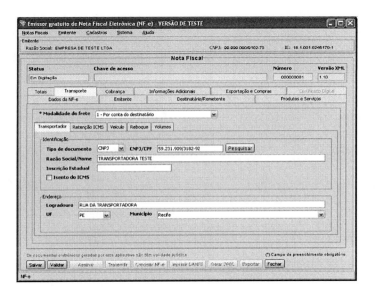

Ainda na aba "Transporte", selecione a aba interna "Retenção ICMS". Preencha os campos da seguinte forma:

Campo	Valor
Base de cálculo	2.000,00
Alíquota	7,00
Valor do serviço	150,00
UF	PE
Município	RECIFE

Ainda na aba "Transporte", selecione a aba interna "Veículo". Preencha os campos da seguinte forma:

Campo	Valor
Placa	KLX6622
RNTC	TESTE-XXXXXXXX
UF	PE

A qualquer momento você pode clicar no botão "Salvar" para armazenar os dados já digitados.

Ainda na aba "Transporte", selecione a aba interna "Volumes". Clique no botão Incluir. Será exibida a janela "Volumes".

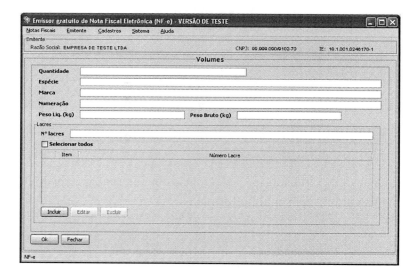

Preencha os campos da seguinte forma:

Campo	Valor
Quantidade	10
Espécie	Caixa
Marca	AAAAAA
Numeração	101 a 110
Peso Líq. (Kg)	100,000
Peso Bruto (Kg)	120,000
Nº lacres	02 em cada caixa

Clique no botão "Incluir". Logo após clique no botão "Ok". Estamos de volta à janela "Nota Fiscal".

Clique na aba "Produtos e Serviços". Vamos informar qual a mercadoria. A seguinte janela será exibida:

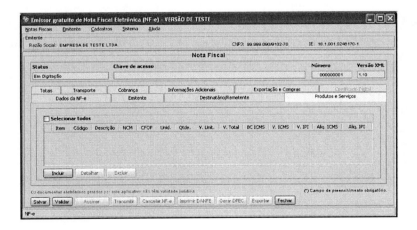

Essa janela tem como objetivo mostrar a relação de itens da nota fiscal. Clique no botão "Incluir" para inserir um produto na nota. A seguinte janela será exibida:

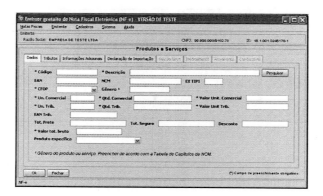

Observe que existe um botão "Pesquisar", que vai permitir a importação de produtos para a janela em questão. Clique neste botão e na janela que surgir selecione um dos produtos e clique no botão "Carregar". Após isso, você estará de volta à janela anterior com alguns dados já preenchidos. Por enquanto não vamos preencher os demais campos obrigatórios.

Clique na aba "Tributos". A seguinte janela será exibida:

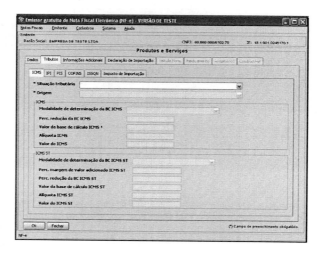

Preencha os campos da aba interna "ICMS" da seguinte forma:

Campo	Valor
Situação Tributária	ICMS 00 – Tributata integralmente
Origem	Nacional
Modalidade de determinação da BC ICMS	Valor da Operação
Valor da base de cálculo ICMS	500,00
Alíquota ICMS	27,50

Clique no botão "Ok" para concluir a inclusão do produto na nota fiscal.

Estamos de volta à janela "Nota Fiscal", na aba "Produtos e Serviços". Observe que existe um produto inserido na nota.

Para concluirmos o preenchimento da nota clique na aba "Totais". A seguinte janela será exibida:

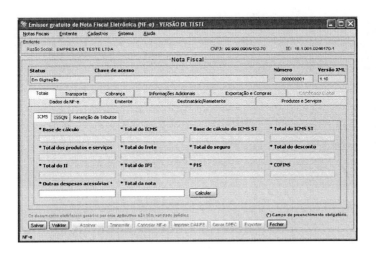

Dentro da aba interna "ICMS" clique no botão "Calcular". Após isso, clique no botão "Salvar" para armazenar os dados dessa nota fiscal.

Validação da nota fiscal

Após o processo de digitação da nota fiscal, a mesma precisar ser validada antes de ser enviada para o Web Service da SEFAZ. Vamos utilizar o aplicativo da PRODESP para validar a nota fiscal que digitamos na seção anterior.

Clique no menu Notas Fiscais / Gerenciar Notas (Crlt + Shift + G). Será exibida a janela "Gerenciamento de Notas".

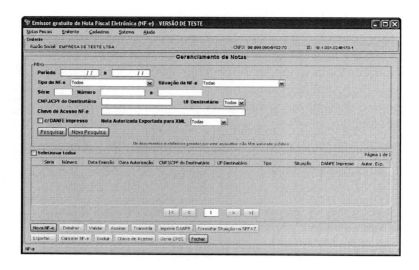

Perceba que não está aparecendo nenhuma nota fiscal. Clique no botão "Pesquisar". Após isso, serão exibidas as notas fiscais do emitente. Observe a situação da nota: "Em Digitação".

Selecione a nota fiscal e clique no botão "Validar". Veja a mensagem que vai surgir:

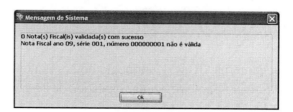

Nossa nota fiscal não é válida. Isso ocorre porque preenchemos a nota sem prestar muita atenção. Lembra que deixamos alguns campos obrigatórios sem preenchimento?

Para termos acesso aos erros da nota clique no botão "Detalhar". Na janela de detalhes da nota, clique no botão "Validar". Veja o que acontece:

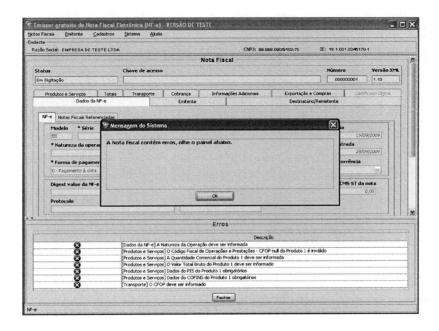

Vamos olhar para os erros um pouco mais de perto:

Veja que no canto superior esquerdo dessa pequena janela de erros, existem dois botões com um formato de "seta para baixo" e "seta para cima". Você vai utilizar esses botões para ocultar e exibir a janela de erros enquanto procede com a correção dos mesmos.

Perceba na descrição dos erros que entre colchetes existe a indicação da aba onde o usuário deve clicar para a correção do erro.

Clique na "seta para baixo" da janela de erros para ocultá-la. Após isso, clique no botão "Editar" para corrigir os erros da Nota Fiscal.

O primeiro erro informa que a natureza da operação precisa ser informada. Sempre que precisar exiba a janela de erros para "lembrar" dos erros que precisam ser corrigidos.

Para corrigir o primeiro erro, selecione a aba "Dados da NF-e". Dentro da aba interna "NF-e" informe no campo Natureza da Operação o seguinte dado: "Saida".

Os erros 2 a 6 serão corrigidos na aba "Produtos e Serviços".

A correção dos erros 2 a 4 deve ser feita da seguinte maneira: clique na aba "Produtos e Serviços". Selecione o "Produto 1" e clique no botão "Detalhar". Na janela de detalhes do produto preencha os seguintes campos:

Campo	Valor
CFOP	1101
Qtd. Comercial	1
Valor Tot. Bruto	500,00

Não se preocupe em calcular se os valores estão corretos (quantidades, valores unitários, impostos etc). Esse não é o foco neste momento. O objetivo é validar a nota fiscal.

O erro de número 5 informa que os dados do PIS dão obrigatórios. Para corrigir este erro Clique na aba "Tributos". Após isso, clique na aba interna "PIS". No campo "Situação tributária" selecione a opção: "PIS 01 – Operação Tributável – Base de Cálculo = Valor da Operação Alíquota Normal (Cumulativo/Não Cumulativo)".

O erro de número 6 informa que os dados do COFINS são obrigatórios. Para corrigir este erro clique na aba interna "COFINS". No campo "Situação tributária" selecione a opção: "COFINS 01 – Operação Tributável – Base de Cálculo = Valor da Operação Alíquota Normal (Cumulativo/Não Cumulativo)".

Após efetuar as correções dos erros acima, clique no botão "Ok".

O erro de número 7 aponta para a aba "Transporte" e informa que o CFOP deve ser informado. Para corrigir esse erro, clique na aba "Transporte". Após isso, clique na aba interna "Retenção ICMS". No campo CFOP selecione "1101".

Depois de concluídos os passo acima, salve a nota fiscal clicando no botão "Salvar".

Vamos tentar validar a nota fiscal novamente. Clique no botão "Validar". Outros erros vão surgir. Observe:

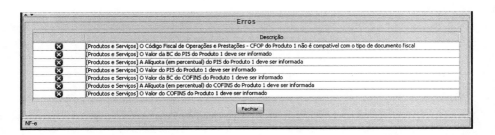

Dessa vez temos 7 erros, todos na aba "Produtos e Serviços". Ponha a nota fiscal em edição, selecione e detalhe o produto para corrigirmos os erros.

O erro de número 1 informa que o código CFOP não é compatível com o tipo de documento fiscal. Ocorre que estamos emitindo uma nota fiscal de saída e o CFOP que utilizamos foi um código de entrada. Altere o CFOP para "6102".

Os erros de 2 a 4 informam que faltam dados referentes ao PIS. Para corrigir os erros Clique na aba "Tributos". Após isso, clique na aba interna "PIS". Preencha os seguintes campos:

Campo	Valor
Valor da base de cálculo	250,00
Alíquota (percentual)	2,00
Valor do PIS	5,00

Os erros de 5 a 7 informam que faltam dados referentes ao COFINS. Para corrigir os erros clique na aba interna "COFINS". Preencha os seguintes campos:

Campo	Valor
Valor da base de cálculo	250,00
Alíquota (percentual)	1,00
Valor do COFINS	2,50

Clique no botão "Ok". Após isso, clique no botão "Validar".
No deparamos com a seguinte mensagem:

"O Valor Total da Nota Fiscal informado, R$ 0,00, é diferente do Valor R$ 500,00 calculado pelo Sistema Emissor de Nota Fiscal Eletrônica. Deseja manter o valor informado?".

Clique no botão "Não". Clique na aba "Totais". Na aba interna "ICMS" clique no botão "Calcular". Após isso, clique no botão "Salvar" e logo após no botão "Validar". Finalmente nossa nota foi validada:

Assinatura da nota fiscal

Neste momento vamos assinar a nota fiscal eletronicamente. Para isso utilizaremos a Certificação Digital.

Clique no menu Notas Fiscais / Gerenciar Notas (Crlt + Shift + G). Clique no botão "Pesquisar" e observe que a situação da nossa nota fiscal mudou: "Validada".

Selecione a nota fiscal e clique no botão "Assinar". Veja a mensagem que o sistema apresenta:

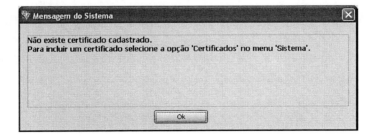

Clique no menu Sistema/Certificados. A seguinte janela será exibida:

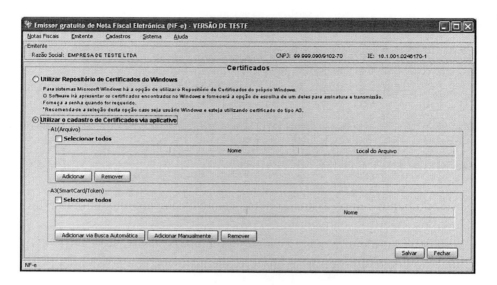

Veja que por padrão está marcada a opção para utilizar o cadastro de certificado via aplicativo. Para isso você deverá adicionar o certificado ao aplicativo. No nosso caso, já temos um certificado de testes instalado no Windows. Assim, selecione a primeira opção: "Utilizar Repositório de Certificados do Windows".

Feche a janela de certificados e volte para a janela de Gerenciamento de Notas. Selecione a nossa nota fiscal e clique no botão "Assinar".

Agora apareceu o certificado da Associação. Esse é um certificado de testes disponibilizado pela SEFAZ-RS. Caso não tenha esse certificado, faça o *download* no *site* da SEFAZ-RS, ou no *site* informado na seção "Apresentação" deste livro. A senha desse certificado é "associacao". Na janela "Escolha um certificado", vista anteriormente, clique no botão "Selecionar".

A mensagem a seguir indica que a nota fiscal foi assinada com sucesso:

Perceba que a situação da nota fiscal mudou para "Assinada". Na janela "Gerenciamento de Notas" existe o botão "Exportar...". Vamos clicar neste botão e gerar um arquivo XML para ver como ficou a nossa nota fiscal assinada. Ao clicar no botão será exibida a seguinte janela:

Selecione a opção "Arquivo XML". Clique no botão "Localizar" e escolha um local no seu computador para que o arquivo XML seja gerado.

Veja abaixo o código do arquivo gerado:

```
<?xml version="1.0" encoding="UTF-8" standalone="no"?>
<NFe xmlns="http://www.portalfiscal.inf.br/nfe">

  <infNFe xmlns:xsi="http://www.w3.org/2001/XMLSchema-instance"
    Id="NFe26090999999090910270550010000000010400700603"
    versao="1.10">

    <ide>
     <cUF>26</cUF>
     <cNF>040070060</cNF>
     <natOp>Saida</natOp>
     <indPag>0</indPag>
     <mod>55</mod>
     <serie>1</serie>
```

```
  <nNF>1</nNF>
  <dEmi>2009-09-30</dEmi>
  <dSaiEnt>2009-09-30</dSaiEnt>
  <tpNF>1</tpNF>
  <cMunFG>2611606</cMunFG>
  <tpImp>1</tpImp>
  <tpEmis>1</tpEmis>
  <cDV>3</cDV>
  <tpAmb>2</tpAmb>
  <finNFe>1</finNFe>
  <procEmi>3</procEmi>
  <verProc>TESTE 1.4.1</verProc>
 </ide>

 <emit>
  <CNPJ>99999090910270</CNPJ>
  <xNome>EMPRESA DE TESTE LTDA</xNome>
  <xFant>EMPRESA DE TESTE LTDA</xFant>
  <enderEmit>
   <xLgr>RUA DE TESTE</xLgr>
   <nro>100</nro>
   <xBairro>PLANO</xBairro>
   <cMun>2611606</cMun>
   <xMun>Recife</xMun>
   <UF>PE</UF>
   <CEP>71000000</CEP>
   <cPais>1058</cPais>
   <xPais>BRASIL</xPais>
  </enderEmit>
  <IE>18100102461701</IE>
 </emit>

 <dest>
  <CNPJ>76095923453351</CNPJ>
  <xNome>CLIENTE DE TESTE</xNome>
  <enderDest>
   <xLgr>RUA DE TESTE 2</xLgr>
   <nro>5</nro>
   <xBairro>CENTRO</xBairro>
   <cMun>2611606</cMun>
   <xMun>Recife</xMun>
   <UF>PE</UF>
   <CEP>50000000</CEP>
   <cPais>1058</cPais>
   <xPais>BRASIL</xPais>
  </enderDest>
  <IE/>
 </dest>
```

Manual de Implantação da Nota Fiscal Eletrônica

```xml
<det nItem="1">
 <prod>
  <cProd>1001</cProd>
  <cEAN/>
  <xProd>Produto 1</xProd>
  <CFOP>6102</CFOP>
  <uCom>2</uCom>
  <qCom>1.0000</qCom>
  <vUnCom>2.0000</vUnCom>
  <vProd>500.00</vProd>
  <cEANTrib/>
  <uTrib>2</uTrib>
  <qTrib>2.0000</qTrib>
  <vUnTrib>1.1100</vUnTrib>
 </prod>
 <imposto>
  <ICMS>
   <ICMS00>
    <orig>0</orig>
    <CST>00</CST>
    <modBC>3</modBC>
    <vBC>500.00</vBC>
    <pICMS>27.50</pICMS>
    <vICMS>137.50</vICMS>
   </ICMS00>
  </ICMS>
  <PIS>
   <PISAliq>
    <CST>01</CST>
    <vBC>250.00</vBC>
    <pPIS>2.00</pPIS>
    <vPIS>5.00</vPIS>
   </PISAliq>
  </PIS>
  <COFINS>
   <COFINSAliq>
    <CST>01</CST>
    <vBC>250.00</vBC>
    <pCOFINS>1.00</pCOFINS>
    <vCOFINS>2.50</vCOFINS>
   </COFINSAliq>
  </COFINS>
 </imposto>
</det>

<total>
 <ICMSTot>
```

```
      <vBC>500.00</vBC>
      <vICMS>137.50</vICMS>
      <vBCST>0.00</vBCST>
      <vST>0.00</vST>
      <vProd>500.00</vProd>
      <vFrete>0.00</vFrete>
      <vSeg>0.00</vSeg>
      <vDesc>0.00</vDesc>
      <vII>0.00</vII>
      <vIPI>0.00</vIPI>
      <vPIS>5.00</vPIS>
      <vCOFINS>2.50</vCOFINS>
      <vOutro>0.00</vOutro>
      <vNF>500.00</vNF>
    </ICMSTot>
  </total>

  <transp>
    <modFrete>1</modFrete>
    <transporta>
      <CNPJ>59231909318292</CNPJ>
      <xNome>TRANSPORTADORA TESTE</xNome>
      <xEnder>RUA DA TRANSPORTADORA</xEnder>
      <xMun>Recife</xMun>
      <UF>PE</UF>
    </transporta>
    <retTransp>
      <vServ>150.00</vServ>
      <vBCRet>2000.00</vBCRet>
      <pICMSRet>7.00</pICMSRet>
      <vICMSRet>140.00</vICMSRet>
      <CFOP>1101</CFOP>
      <cMunFG>2611606</cMunFG>
    </retTransp>
    <veicTransp>
      <placa>KLX6622</placa>
      <UF>PE</UF>
      <RNTC>TESTE-XXXXXXXX</RNTC>
    </veicTransp>
    <vol>
      <qVol>10</qVol>
      <esp>Caixa</esp>
      <marca>AAAAAAA</marca>
      <nVol>101 a 110</nVol>
      <pesoL>100.000</pesoL>
      <pesoB>120.000</pesoB>
      <lacres>
        <nLacre>02 em cada caixa</nLacre>
```

Manual de Implantação da Nota Fiscal Eletrônica

```xml
      </lacres>
     </vol>
    </transp>
  </infNFe>

<Signature xmlns="http://www.w3.org/2000/09/xmldsig#">
  <SignedInfo>
   <CanonicalizationMethod
    Algorithm="http://www.w3.org/TR/2001/REC-xml-c14n-20010315"/>
   <SignatureMethod
    Algorithm="http://www.w3.org/2000/09/xmldsig#rsa-sha1"/>
   <Reference
    URI="#NFe26090999999090910270550010000000010400700603">
    <Transforms>
     <Transform
      Algorithm="http://www.w3.org/2000/09/xmldsig#enveloped-signature"/>
     <Transform
      Algorithm="http://www.w3.org/TR/2001/REC-xml-c14n-20010315"/>
    </Transforms>
    <DigestMethod
     Algorithm="http://www.w3.org/2000/09/xmldsig#sha1"/>
    <DigestValue>hxHKtW+RtQasn2nSNRVXqVhMuts=</DigestValue>
   </Reference>
  </SignedInfo>
  <SignatureValue>
Ijr9unFZudObXyeb2LsGYW1SDdbRn6if6KHaTX3jjZoeptoNLkP7ERchvQaqtHGtgk/2/5HE1mXh
MNkNWdPmHLTtEr+WDOuz495c18cqqSnYQP/GG6WZZT+DcFNQI4F72HRqQbTNpLniI72314dXXWnJ
FZnm+CpfRtUh79T77Js=
  </SignatureValue>
  <KeyInfo><X509Data><X509Certificate>
MIIEqzCCA5OgAwIBAgIDMTg4MA0GCSqGSIb3DQEBBQUAMIGSMQswCQYDVQQGEwJCUjELMAkGA1UE
CBMCUlMxFTATBgNVBAcTDFBvcnRvIEFsZWdyZTEdMBsGA1UEChMUVGVzdGUgUHJvamV0byBORmUg
UlMxHTAbBgNVBAsTFFR1c3R1IFByb2p1dG8gTkZ1IFJTMSEwHwYDVQQDExhORmUgLSBBQyBJbnRl
cmllZGlhcmlhIDEwHhcNMDkwNTIyMTcwNzAzWhcNMTAxMDAyMTcwNzAzWjCBnjELMAkGA1UECBMC
UlMxHTAbBgNVBAsTFFR1c3R1IFByb2p1dG8gTkZ1IFJTMR0wGwYDVQQKExRUZXN0ZSBQcm9qZXRv
IE5GZSBSUzEVMBMGA1UEBxMMUE9SVE8gQUxFR1JFMQswCQYDVQQGEwJCUjEtMCsGA1UEAxMkTkZ1
ICOgQXNzb2NpYWNhbyBORi1lOjk5OTk5MDkwOTEwMjcwMIGfMA0GCSqGSIb3DQEBAQUAA4GNADCB
iQKBgQCx10/e1Q+xh+wCoxa4pr/5aEFt2dEX9iBJyYu/2a78emtorZKbWeyK435SRTbHxHSjqe1s
WtIhXBaFa2dHiukT1WJyoAcXwB1GtxjT2VVESQGtRiujMa+opus6dufJJl7RslAjqN/ZPxcBXaez
t0nHvnUB/uB1K8WT9G7ES0V17wIDAQABo4IBfjCCAXowIgYDVR0jAQEABBgwFoAUPT5TqhNWAm+Z
pcVsvB7malDBjEQwDwYDVR0TAQH/BAUwAwEBADAPBgNVHQ8BAf8EBQMDAOAAAMwGA1UdIAEBAAQC
MAAwgawGA1UdEQEBAASBoTCBnqA4BgVgTAEDBKAvBC0yMjA4MTk3Nzk5OTk5OTk5MDAwMDAw
MDAwMDAwMDAwMDAwMDAwMDCgEgYFYFYEwBAwKgCQQHREZULU5GZaAZBgVgTAEDA6AQBA450Tk5
OTA5MDkxMDI3MKAXBgVgTAEDB6AOBAwwMDAwMDAwMDAwMDCBGmRmdC1uZmVVAcHJvY2VyZ3MucnNu
Z292LmJyMCAGA1UdJQEB/wQWMBQGCCsGAQUFBwMCBggrBgEFBQcDBDBTBgNVHR8BAQAESTBHMEWg
Q6BBhj9odHRwOi8vbmZ1Y2VydGlmaWNhZG8uc2VmYXoucnMuZ292LmJyL0xDUi9BQO1udGVybWVk
aWFyaWEzOC5jcmwwDQYJKoZIhvcNAQEFBQADggEBAJFytXuiSO2eJOOiMQr/Hi+Ox7/vYiPewiDL
7s5EwO8A9jKx9G2Baz0KEjcdaeZk9a2NzDEgX9zboPxhwORkWahVCP2xvRFWswDIa2WRUT/LHTEu
```

```
TeKCJOiF/um/kYM8PmWxPsDWzvsCCRp1461cOlz9LGm5ruPVYPZ/7DAoimUk3bdCMW/rzkVYg7ii
txHrhklxH7YWQHUwbcqPt7JvORJxclc1MhQlV2eM2MO1iIlk8Eti86dRrJVoicR1bwc6/YDqDp4P
FONTi1ddewRu6elGS74AzCcNYRSVTINYiZLpBZOOuivrnTEnsFguVnNtWb9MAHGt3tkROgAVs6SO
fm8=
</X509Certificate></X509Data></KeyInfo>
</Signature>
</NFe>
```

Transmissão da nota fiscal

Após a digitação, validação e assinatura, a nota fiscal está pronta para ser transmitida.

Na janela "Gerenciamento de Notas", com a nota selecionada, clique no botão transmitir.

Novamente será solicitado que você selecione um certificado para transmissão. Selecione o mesmo de antes e clique no botão "Selecionar".

Será exibida a seguinte janela informando o status do envio:

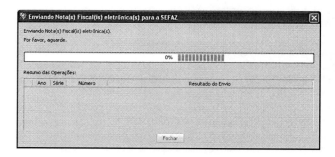

Após a transmissão do arquivo, caso tudo ocorra bem, o sistema emitirá uma mensagem informando que a operação foi concluída com sucesso. Em caso de erro, será exibida uma mensagem informando que a nota não foi transmitida. A janela com a mensagem é a mesma. O que muda é o texto com o resultado do envio.

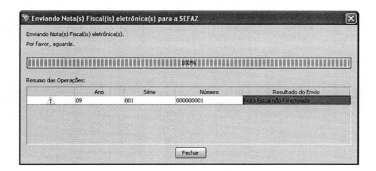

Após a transmissão da nota fiscal, a situação da mesma será mudada para Rejeitada, Denegada ou Autorizada. No nosso caso, receberemos um erro, pois o nosso certificado de testes não permite a transmissão de notas fiscais, para isso é necessário um certificado digital válido, mesmo para o ambiente de homologação.

Impressão da nota fiscal

Após a transmissão da nota fiscal serão liberadas outras opções na janela "Gerenciamento de Notas": Imprimir DANFE e Cancelar NF-e. No caso do cancelamento da NF-e, deve-se apresentar uma justificativa e depois solicitar o cancelamento.

Com a nota fiscal autorizada o contribuinte poderá imprimir o DANFE.

Ao clicar no botão "Imprimir DANFE", será exibida a seguinte janela:

Clique no botão "Visualizar". Será exibida a seguinte janela, com o DANFE:

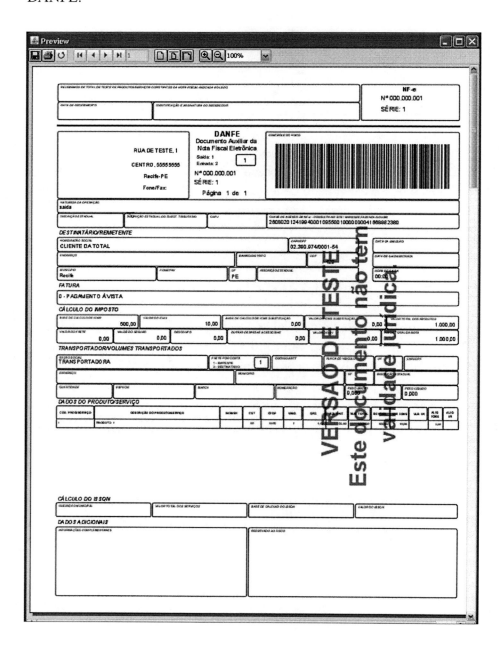

Estratégia de Implantação da NF-e

Emissor Gratuito de NF-e

Vimos no capítulo anterior como funciona o Emissor Gratuito da Nota Fiscal Eletrônica, disponibilizado pela PRODESP.

Essa, provavelmente, é a maneira mais rápida de implantação da NF-e em uma empresa. Essa estratégia poderia ser ideal para empresas de pequeno porte. Existem, neste caso, duas formas de utilização:

1 – A empresa já possui um sistema de faturamento

Neste caso, todas as notas que entram e saem da empresa já são digitadas em um sistema específico. Para utilizar o Emissor Gratuito o contribuinte precisaria redigitar todas as notas? Não há necessidade. O Emissor Gratuito possui opção para importação e exportação de arquivos TXT. O contribuinte pode importar e exportar os dados das notas e também os dados de cadastro (Emitentes, Clientes, Produtos e Transportadoras).

No site da SEFAZ-SP existem dois manuais disponíveis:
- Manual de Importação/Exportação TXT Notas Fiscais eletrônicas;
- Manual de informações sobre o layout TXT e XML para as informações de Cadastros.

Através dos manuais acima, o contribuinte poderá integrar o seu sistema ao Emissor Gratuito.

2 – A empresa não possui um sistema de faturamento

Neste caso é ainda mais simples. O funcionário da empresa simplesmente vai digitar todas as notas ficais no Emissor Gratuito, da mesma forma como foi mostrado no capítulo que aborda este aplicativo.

Comprar uma solução pronta

Existem várias soluções prontas no mercado. Cada uma delas traz facilidades para integração com o aplicativo ou ERP do contribuinte.
Observe a imagem abaixo:

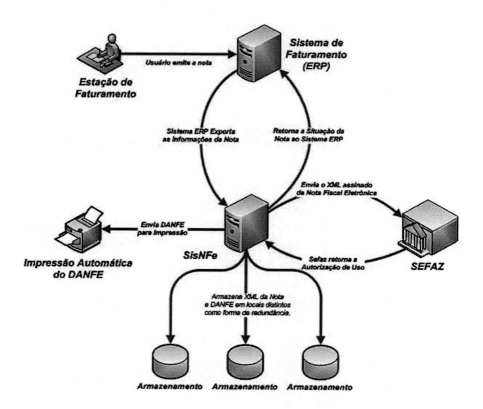

Fonte: www.forsystem.com.br

A imagem representa o funcionamento de uma solução pronta oferecida no mercado. O sistema oferecido realiza as seguintes tarefas:
- Gera o XML de envio e assina utilizando o certificado e-CNPJ do cliente;
- Envia o XML para a SEFAZ e consulta o retorno. Caso não seja possível o envio, o sistema sugere o modo de contingência;
- Caso a NF-e seja autorizada, é impresso automaticamente o DANFE;
- O XML da NF-e e o DANFE são armazenados em locais redundantes, sendo possível configurar diretórios na rede, diretórios remotos e FTP;
- Finalizado o processo o sistema que oferece a solução informa ao sistema interno da empresa a situação da NF-e.

Veja abaixo o fluxo de outra solução oferecida pelo mercado:

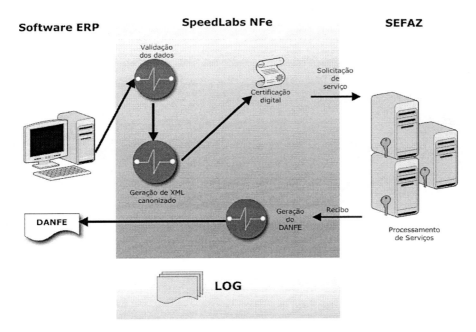

Fonte: www.speedcase.com.br

A solução oferecida funciona da seguinte forma:

O sistema oferecido se integra ao sistema da empresa emissora da nota fiscal eletrônica, obtendo as informações da operação comercial. Essas informações são validadas e um arquivo XML canonizado é gerado. Esse arquivo é certificado e assinado digitalmente, garantindo a integridade dos dados e a autoria do emissor.

O arquivo gerado é transmitido para a SEFAZ de jurisdição do contribuinte emitente.

A comunicação entre o sistema oferecido e os servidores da SEFAZ retorna um recibo contendo os resultados da operação. Todo o processo de comunicação é registrado automaticamente pelo sistema oferecido em arquivos de *log*. Para acobertar o trânsito da mercadoria o sistema oferecido imprime o DANFE.

Segue uma terceira solução oferecida no mercado, onde todo o processo é feito em um *Data Center*. As NF-e também são armazenadas no *Data Center*.

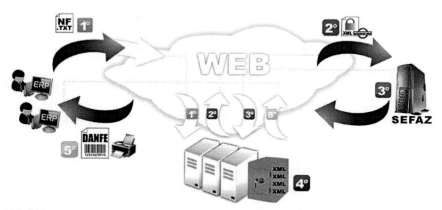

LEGENDA- Integração NFE ERP via WEB (Data Center)
1º - O ERP gera e envia via FTP o arquivo TXT com os dados da Nota Fiscal para o Data Center onde esta instalado o NF Total;
2º - O Data Center converte o arquivo TXT em XML, acrescenta a criptografia e assina digitalmente enviando o mesmo até a SEFAZ configurada;
3º - A SEFAZ processa a requisição devolvendo ao Data Center o XML com todo o status da solicitação;
4º - A obrigatoriedade de guarda do retorno da SEFAZ (XML) é feita dentro do próprio Data Center;
5º - O NF Total retorna ao ERP o status apurado, caso de positivo/liberada a transação comercial é realizada simultaneamente a impressão do DANFE.

Fonte: www.tempore.com.br

Ou seja, existem diversas soluções prontas no mercado, onde o contribuinte terá apenas de adaptar o seu sistema para funcionar em conjunto com a solução oferecida.

Desenvolver a própria solução

Para boa parte das empresas, desenvolver sua própria solução é a melhor saída. No entanto, o time de desenvolvimento deverá se preparar para construir a solução, de modo que todos os aspectos sejam vislumbrados e cumpridos.

Nós veremos como construir a solução utilizando duas linguagens diferentes: Delphi e Java.

Não focaremos telas. O objetivo principal será a implementação dos códigos para realizar todos os procedimentos necessários para o correto envio das NF-e e o consumo dos Web Services.

Sequência lógica da implantação

Segundo a cartilha disponibilizada pela SEFAZ-MA, a sequência lógica da implantação da NF-e nas empresas seria a seguinte:
1. Fazer o credenciamento no *site* da SEFAZ;
2. Decidir se vai adquirir um certificado ICP-Brasil, A1 ou A3 ou se vai utilizar o que já tenha;
3. Decidir se vai:
    a. Não fazer nada. Consequência: a partir da data da obrigatoriedade as Notas Fiscais Modelo 1 e 1A serão inidôneas. A pior solução;
    b. Desenvolver aplicativo. Consequência: Precisa testar tudo no ambiente de homologação, de modo a ir para a produção antes do início da obrigatoriedade;
    c. Adquirir um software que emita NF-e e DANFE. Consequência: Existe custo, tem de ser feita adaptação e integração com

os aplicativos da empresa. Precisa testar tudo no ambiente de homologação, de modo a ir para a produção antes do início da obrigatoriedade;

d. Utilizar o emissor off-line da SEFAZ/SP. Consequência: É uma solução para pequenas e médias empresas. Precisa de um funcionário para realizar as atividades;

e. Adaptar os aplicativo para emitirem DANFE em documento de segurança (FS). Consequência: Adição de custos e tempo de aquisição de FS e ainda necessitará guardar os dados para quando implantar a NF-e transmitir os dados de todos os FS para a SEFAZ. A mais dispendiosa;

f. Usar o emissor off-line da SEFAZ/SP enquanto adapta os seus aplicativos.

4. Qualquer que seja a decisão acima, com exceção da de não fazer nada, resulta em se fazer os seguintes testes de funcionalidade:

a. Gerar NF-e;

b. Enviar NF-e para a SEFAZ;

c. Receber a autorização de uso da NF-e;

d. Gerar DANFE em A4 e em Formulário de Segurança;

e. Consultar NF-e:

   i. Pelo aplicativo;

   ii. No *site* do repositório nacional;

   iii. No *site* do Estado emissor;

f. Cancelar NF-e;

g. Inutilizar faixa de numeração da NF-e;

h. Consultar cadastro, pelo Web Service;

i. Consultar serviços, pelo Web Service;

j. Consultar protocolo, pelo Web Service;

k. Gerar NF-e com erro, para adequar o seu aplicativo para tratar o retorno com as situações diferentes de sucesso.

5. Solicitar a passagem para o ambiente de Produção e informando a data de início de Produção, bem como IE, CNPJ, CNPJ Matriz, nome da empresa, nome e CPF dos responsáveis credenciados (verificar procedimentos junto a SEFAZ do seu Estado);

6. A SEFAZ comunicará o fato ao SERPRO, quando no uso da SEFAZ Virtual;
7. A empresa mudará os endereços dos Web Services para os do ambiente de Produção da NF-e ou baixará a versão de Produção do Emissor off-line;
8. A empresa, a partir da data de início da Produção, começa a enviar para o novo ambiente e tem de guardar o documento digital pelo prazo decadencial.

Implementando NF-e em Delphi

Soluções prontas

Mesmo que a empresa decida desenvolver sua própria aplicação, não é necessário desenvolver por completo todos os métodos e rotinas. Já existem soluções prontas que vem com os códigos fontes, bastando apenas adaptar essas soluções ao aplicativo que está sendo desenvolvido.

NFe_Util.dll

Trata-se de uma solução disponibilizada no endereço http://nf-eletronica. com/blog/. As informações aqui repassadas sobre a biblioteca foram retiradas no todo ou em partes do *site* acima citado.

A NFE_Util é uma DLL (*Dynamic-link Library*) ou Biblioteca de ligação dinâmica. Dessa forma, qualquer aplicação Windows poderá se comunicar com as funções disponibilizadas por esta biblioteca.

Essa biblioteca fornece as seguintes funcionalidades:

- Transmissão de Lote de NF-e;
- Busca do resultado do processamento do lote transmitido;
- Cancelamento de NF-e;
- Inutilização de numeração de NF-e;
- Consulta status da NF-e;
- Consulta status do Serviço;

- Consulta cadastro de contribuintes do ICMS;
- Transmissão de DPEC;
- Consulta DPEC transmitida;
- Envio de NF-e individual/busca resultado do processamento da NF-e enviada;
- Assinatura digital XML;
- Validação de *schema* XML;
- Conversão de arquivo texto em XML;
- Geração do arquivo XML;
- Criação da chave de acesso, DV e código de segurança.

Vantagens da biblioteca

- Fornece todas as funcionalidades necessárias para gerar a NF-e e consumir os WS da NF-e;
- Qualquer tipo de aplicação Windows 32 bits com o *framework* .NET 2.0 instalado poderá se comunicar com ela: Delphi, Visual Basic, Visual FoxPro, Visual Data Flex, VBA (Access, Excel e Word), c#, VB.NET e xHarbour, etc;
- São permitidos todos os testes em ambiente de homologação, sem restrição;
- Funciona com os certificados digitais A1 e A3;
- Existe suporte técnico por e-mail sem limitação ou custo adicional;
- O custo é muito baixo;
- Pode ser utilizada para qualquer UF.

Desvantagens da biblioteca

- É proprietária. Não vem com os códigos fontes. O fornecedor garante que em caso de descontinuidade do projeto, os fontes serão disponibilizados;
- Só funciona no Windows. Empresas que utilizam outro sistema operacional estão fora dessa;
- Não oferece a emissão/impressão do DANFE.

Documentação

O *site* do fornecedor disponibiliza documentação completa sobre a biblioteca, além de fornecer diversas informações sobre o projeto da Nota Fiscal Eletrônica.

Download

O desenvolvedor deve acessar o *site* do fornecedor para baixar a versão mais recente da biblioteca.

Após baixar e descompactar o arquivo você verá a seguinte estrutura:

- NFe_Util.dll (biblioteca);
- RegAsm.exe (aplicativo para registro da DLL);

- registraDLL.bat (bat com o comando de registro da DLL);
- desregistraDLL.bat (bat com o comando de desregistro da DLL);
- Pasta "Schemas" (pasta com os *Schemas* XML da NF-e);
- Pasta "URL" (pasta com os URLs dos WS de todas as SEFAZ – homologação e produção);
- Pasta "DPEC" (pasta com os arquivos de *Schemas* XML do DPEC);
- Pasta "Cadeia Certificados WS" (pasta com a cadeia de certificados dos WS);
- Pasta "Certificados" (pasta com os certificado genéricos da SEFAZ-RS: Associacao.pfx e Condominio.pfx);
- Pasta "Exemplos de XML" (pasta com arquivos de exemplos de XML).

Ainda no *site* do fornecedor, existe uma aplicação desenvolvida em Delphi com os fontes.

Uso da biblioteca no Delphi

Para acessar a DLL em Delphi é necessário importar a *Type Library* da DLL NFe_Util.dll no Delphi. Siga os seguintes passos:
1. Abra um novo projeto;
2. Selecione a opção Import Type Library do menu Project;
3. Na janela Import Type Library, clique no botão Add;
4. Procure o arquivo NFe_Util.tlb;

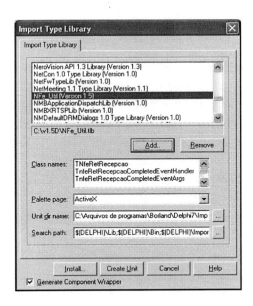

5. Clique no botão Create Unit;

Esse processo vai criar os arquivos NFe_Util_TLB.pas e mscorlib_TLB.pas. Verifique que esses arquivos estão disponíveis na pasta "Imports" dentro da pasta do Delphi:

C:\Arquivos de programas\Borland\Delphi7\Imports

Ao trabalhar com a biblioteca, siga os procedimentos:
- Todas as strings utilizadas na chamada da DLL devem ser declaradas como widestring no Delphi;
- Na cláusula "uses" declare as seguintes units: NFe_Util_TLB, ComCtrls, ComObj;

Veremos agora alguns códigos de exemplo disponibilizados pelo fornecedor da biblioteca.

Exemplo – Selecionar certificado digital

- Função: PegaNomeCertificado – Seleciona ou confirma a existência de um certificado para o nome informado;
- Entrada: Nome do titular. Se não informado busca certificado do repositório, se informado confirma a existência;
- Retornos:

  ○ PegaNomeCertificado – código do resultado:

  0 – Selecionado um Certificado;

  1 – Existe um Certificado com o nome informado;

  2 – Nenhum Certificado Selecionado;

  3 – Nenhum certificado válido foi encontrado com o nome informado;

  4 – Erro Inesperado: + Mensagem de Erro;

  ○ Nome – Nome do titular do Certificado;

  ○ msgResultado – Literal da mensagem do resultado.

Código fonte:

```
procedure Form1.EscolherCertificado;
var
 Util:NFe_Util_Interface;
 i:integer;
 nome:widestring;
begin
 Util := CoUtil.Create;
 nome := '';
 i:= Util.PegaNomeCertificado(nome, mensagem);
 if i > 1 then
  MessageDlg('Ocorreu uma falha no acesso ao repositório de certificados digi-
tais...'+
    #13+#13+mensagem, mtInformation, [mbOk], 0)
 else begin
  if i = 0 then
   MessageDlg('Certificado selecionado:'
   +#13+#13+nome, mtInformation, [mbOk], 0)
  else
```

```
MessageDlg('O Certificado:'+#13+#13+nome+#13+#13+
   'foi localizado no repósitorio de certificados!', mtInformation, [mbOk], 0);
end;
Util := nil;
end;
```

Exemplo – Assinar XML

- Função: Assinar – Assinatura Digital XML no padrão do Projeto NF-e;
- Entradas:

  - XMLString – string XML a ser assinada;
  - RefUri – referência da URI a ser assinada (Ex: infNFe);
  - X509Cert – certificado digital a ser utilizado na assinatura digital.

- Retornos:
  - Assinar – código do resultado:

    0 – Assinatura realizada com sucesso
    1 – Erro: Problema ao acessar o certificado digital – %exceção%;
    2 – Certificado digital inexistente para %nome%
    3 – XML mal formado + exceção;
    4 – A TAG de assinatura %RefUri% inexiste;
    5 – A TAG de assinatura %RefUri% não é única;
    6 – Erro ao assinar o documento – ID deve ser string %RefUri(Atributo)%;
    7 – Erro ao assinar o documento – %exceção%;

  - XMLStringAssinado – string XML assinada;

O msgResultado – literal da mensagem do resultado.

Código fonte:

```
procedure Form1.AssinarXML;
var
 Util:NFe_Util_Interface;
 i:integer;
begin
 if xmlDoc <> '' then begin
   if rtfNome.Text <> '' then begin
     Util := CoUtil.Create;
     case tpDoc.ItemIndex of
        0: ref := 'infNFe';
        1: ref := 'infCanc';
        2: ref := 'infInut';
     end;
     nome := rtfNome.Text;
     i:= Util.Assinar(xmlDoc, ref, nome, xmlAssinado, mensagem);
     if i <> 0 then
      MessageDlg( 'Processo de assinatura falhou...',
      mtInformation, [mbOk], 0);
     GroupBox4.Visible := true;
     edResultado.Text := inttostr(i)+ ' - ' +mensagem;
     rtfAssinado.Text := xmlAssinado;
     btGravar.enabled := true;
     btGravar.setfocus;
     Util := nil;
   end
   else
     MessageDlg( 'Nome do titular do Certificado não informado...',
     mtInformation, [mbOk], 0);
 end
 else
 MessageDlg( 'Documento XML para assinatura não informado...',
   mtInformation, [mbOk], 0);
end;
```

Exemplo – Enviar NF-e

- Entradas:

MANUAL DE IMPLANTAÇÃO DA NOTA FISCAL ELETRÔNICA 277

○ siglaUF – Sigla da UF do WS chamado:

○ NFe: XML da NF-e;

○ tipoAmbiente – Código do tipo de ambiente:
   1-Produção;
   2-Homologação.

○ nomeCertificado – Nome do titular do certificado a ser utilizado na conexão SSL;

○ msgDados – XML da NF-e para transmissão ao WS (não deve ser assinada);

○ *proxy*, usuário e senha – deve ser informado nos casos em que é necessário o uso de *proxy*;

○ licença – chave da licença de uso para ambiente de produção.

• Retornos:

○ EnviaNFeSCAN – código do resultado da chamada do WS:

   01. Erro: tipoXML, inválido (fora do intervalo 0-18);
   02. Erro: arquivo de *Schema* XML, nome do arquivo não localizado;
   03. Erro: XML mal formado;
   04. Erro: XML não atende ao *Schema*;
   05. Erro: não previsto;
   06. Erro: a versão da NF-e diverge da versão suportada pela DLL;
   07. Nenhum Certificado Selecionado;
   08. Nenhum certificado válido foi encontrado com o nome informado;
   09. Erro Inesperado: + Mensagem de Erro;
   10. Selecionado um Certificado de PF;
   11. Certificado selecionado não tem CNPJ/CPF;
   12. Certificado digital não tem chave privada;

Erros de assinatura Digital:

   13. Erro: Problema ao acessar o certificado digital;
   14. Certificado digital inexistente;

15. XML mal formado + exceção;
16. TAG de assinatura inexiste;
17. TAG de assinatura não é única;
18. Erro Ao assinar o documento.   ID deve ser string;
19. Erro: Ao assinar o documento;

Erros de chamada ao WS:

20 – Código do ambiente inválido;
21. Sigla da UF inválida;
22. A UF não oferece o serviço;
23. Arquivo com a URL do WS não localizado;
24. Erro não tratado de abertura/tratamento Arquivo ws.xml;
25. Erro de validação de Schema;
26. Nenhum Certificado Selecionado;
27. Nenhum certificado válido foi encontrado com o nome informado;
28. Erro Inesperado no acesso ao certificado digital: + Mensagem de Erro
29. Erro: Time-out ao chamar o WS;
30. Erro: exceção da biblioteca criptográfica;
31. Erro: conectividade;
32. Aplicação não licenciada para o CNPJ;
33. Erro: inesperado ao tratar o código de retorno do WS;

Outros:

34. Erro: O CNPJ informado tem tamanho diferente de 14;

MANUAL DE IMPLANTAÇÃO DA NOTA FISCAL ELETRÔNICA

35. Erro: A licença informada tem tamanho diferente de 128;

36. Erro: O arquivo não deve ser assinado.

O nroRecibo – XML da NF-e;

O msgDados – XML com o lote de NF-e para transmissão ao WS;

O msgCabec – XML do cabeçalho enviado ao WS (útil para depuração);

O msgRetWS – XML de resposta do WS;

O NFeAssinada – XML da NF-e assinada;

O msgResultado – literal do resultado da chamada do WS Envia-Lote.

Código fonte:

```
procedure TformEnvNFe.btEnvioNFeClick(Sender: TObject);
var
 Util:NFe_Util_Interface;
 i : integer;
begin
 if (NFe <> '') then begin
   Util := CoUtil.Create;
   nomeCertificado := trim(editNomeCertificado.Text);
   siglaWS := editSiglaWS.Text;
   retWS :='';
   cabMsg :='';
   msg :='';
   tpamb := cbAmbiente.ItemIndex + 1;
   licenca := editLicenca.Text;
   i:= Util.EnviaNFeSCAN(siglaWS, NFe, nroRecibo, nomeCertificado, cabMsg,
   DadosMsg, retWS, msg, NFeAssinada, proxy, usuario, senha, licenca);
   rtfNFeAssinada.Text := NFeAssinada;
   rtfRetWs.Text := retWS;
   edResultado.Text := msg;
   //
   // o envio da NF-e é um processo assíncrono, assim é
   // necessário buscar o resultado do processamento da NF-e
   // com o uso da BuscaNFeSCAN
   //
   if i <> 103 then
       MessageDlg( 'Falha na chamada do WS...'+#13+#13+msg, mtError, [mbOk], 0)
   else begin
```

```
  MessageDlg(inttostr(i)+'-'+msg+#13+#13+
  'NF-e enviada, recibo do lote: '+nroRecibo, mtInformation, [mbOk], 0)
  end;
  Util := nil;
 end
 else
  MessageDlg( 'Queira informar a NF-e a ser enviado na Área de Dados...',
  mtError, [mbOk], 0)
end;
```

Conclusões

A utilização da biblioteca NFE_Util facilita muito o desenvolvimento. O baixo custo e a farta documentação juntamente com os códigos fontes disponibilizados (demonstrações) são fatores positivos para a escolha dessa solução pronta.

ACBrNFe – Componente Delphi para Nota Fiscal Eletrônica

Este componente faz parte do Projeto ACBr (Projeto Automação Comercial Brasil). O objetivo do projeto é ter um portal (acbr.sourceforge.net) onde vários projetos de Automação Comercial serão unificados em um único produto. São desenvolvidos componentes para Delphi/Kylix.

As informações aqui repassadas sobre os componentes foram retiradas no todo ou em partes do site acima citado.

Os componentes desenvolvidos são disponibilizados com os códigos fontes, através da licença LGPL (permite o desenvolvimento de sistemas comerciais utilizando os componentes).

Dentre os componentes do projeto podemos citar:
- ACBrECF – Componente para se comunicar com Impressoras Fiscais (ECF). A idéia é substituir os comandos da DLL por cha-

MANUAL DE IMPLANTAÇÃO DA NOTA FISCAL ELETRÔNICA 281

madas aos métodos do componente ACBrECF, com a vantagem imediata de tornar o seu código compatível a todas os modelos de impressoras suportados pelo ACBrECF.

- ACBrRFD – Visa atender a exigência do fisco de SP instituída com a CAT 52/07, que determina que todas as impressoras sem MFD devem criar registros de LOG (no formato semelhante ao da MFD) no disco da máquina.
- ACBrCalculadora – Calculadora com alguns recursos a mais, como por exemplo, um Memo simulando a fita.
- ACBrGAV – Componente para acionamento de gavetas de dinheiro. As gavetas podem ser ligadas à porta serial, a uma impressora fiscal ou a uma impressora não fiscal (impressora comum).
- ACBrCHQ – Componente para manipular impressoras de cheques.
- ACBrLCB – Componente para leitores de código de barra seriais.
- ACBrDIS – Componente para display de mensagens para cliente.
- ACBrTER – Componente para controle de MicroTerminais.
- ACBrBAL – Componente para interação com balanças eletrônicas.
- ACBrCMC7 – Componente que permite processar a banda magnética dos cheques, validando e convertendo de CMC7 para banco, agencia, conta e vice-versa.
- ACBrExtenso – Componente para traduzir números para extenso. Permite mudar o nome da moeda e centavos.
- ACBrTroco – Componente para cálculo detalhado de troco, informando as cédulas e moedas necessárias. Permite editar a lista de cédulas e moedas.
- ACBrValidador – Componente para validação de diversos documentos como por exemplo: CPF, CNPJ, Num.Cheques, PIS, Inscrição Estadual (todos os estados).
- ACBrFala – Processa todas as palavras de uma String, procurando por arquivos de som correspondente à cada palavra. Permite informar Valores (*Double*) que são traduzidos para extenso. Os arqui-

vos de som podem estar em um recurso (.RES / .LRS) ou em um diretório.

- ACBrETQ – Componente para facilitar a impressão de etiquetas em impressoras térmicas compatíveis com a linguagem PPLA.
- ACBrSintegra – Componente para facilitar a geração do arquivo Sintegra.
- ACBrTEF – Componente para facilitar a implementação do TEF.
- ACBrTCPServer – Componente usado para criar servidores TCP. Útil para ser usado em conjunto com terminais de consulta de preço.
- ACBrEnterTab – Componente somente para CLX. Tem como finalidade traduzir a tecla ENTER como se fosse a tecla TAB, para poder mudar de campos com a tecla ENTER.
- ACBrNFe – Componente para gerar, assinar, transmitir os XMLs da Nota Fiscal Eletrônica e Imprimir o DANFE.

O componente ACBrNFe

Em parceria com o Projeto Cooperar (http://projetocooperar.org/) foi criado o ACBrNFePCN, e é assim que os arquivos e pacotes do componentes são acessados atualmente.

O componente possui duas versões:
- CAPICOM – Usa as DLLs da Microsfot CAPICOM (conexão segura) e MSXML (Assinatura e validação do XML). Funciona somente no Delphi e no sistema operacional Windows. Funciona com certificados do tipo A1 e A3;
- OpenSSL – Usa Projetos OpenSource: Synapse+OpenSSL (conexão segura) e LibXml2+XmlSEC (Assinatura e validação do XML). Compatível com Lazarus, Kylix e com Linux. Funciona apenas com certificados do tipo A1.

Caso o desenvolvedor vá utilizar apenas o sistema operacional Windows e não pretende utilizar o Lazarus, deve optar pela versão CAPICOM.

Vantagens do componente

- Fornece todas as funcionalidades necessárias para gerar a NF-e e consumir os WS da NF-e;
- Código fonte disponível;
- Oferece a emissão/impressão do DANFE;
- Funciona com os certificados digitais A1 e A3 (CAPICOM) e A1 (OpenSSL);
- Não tem custo de aquisição;
- Pode ser utilizado para qualquer UF.

Desvantagens do componente

- Pouca ou nenhuma documentação;
- Não existe suporte formal.

Baixando os componentes

Para ter sempre a última versão do projeto (desenvolvimento), realize o *download* via SVN (Subversion – sistema de controle de versão).

Os sistemas de controle de versão visam simplificar a colaboração entre equipes e ainda controlar o histórico de atualizações dos arquivos. O SVN guarda todas as alterações em cada arquivo como uma versão numerada e é possível comparar arquivos com suas versões anteriores ou voltar o arquivo para uma versão anterior, sem deixar de ter a versão mais atual guardada no repositório (servidor do SVN).

Para baixar os fontes do SVN, acesse o seguinte endereço no seu navegador:

https://acbr.svn.sourceforge.net/svnroot/acbr/trunk

Você pode ainda baixar o projeto no seguinte endereço:

https://acbr.svn.sourceforge.net/svnroot/acbr/

Neste último você terá acesso às pastas tags e branches. Na pasta tags serão mantidas versões anteriores do projeto. Na pasta branches serão mantidas versões em desenvolvimento ainda não estáveis.

A melhor maneira de baixar o pacote de componentes, incluindo aí o componente ACBrNFe, é instalando um aplicativo SVN cliente. Uma boa alternativa para o Windows é o TortoiseSVN, pois ele fica integrado ao Windows Explorer. Procure esse programa na Internet e realize a sua instalação. Depois de instalado crie uma pasta chamada "ACBr". No Windows Explorer clique na pasta "ACBr" com o botão direito e escolha a opção "SVN Checkout". Será exibida uma janela solicitando a URL do repositório.

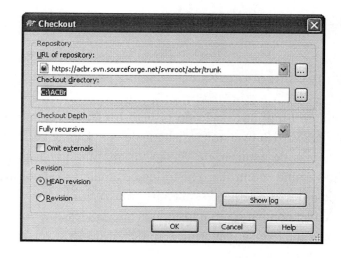

Informe: https://acbr.svn.sourceforge.net/svnroot/acbr/trunk. Clique no botão "OK" e observe que a estrutura de pastas dos componentes será criada para você.

Manual de Implantação da Nota Fiscal Eletrônica

Perceba que existem duas pastas que se referem ao componente ACBrNFe. Você deve utilizar os arquivos disponíveis na pasta "ACBrNFePCN", conforme já comentado.

Instalação da versão CAPICOM

Copie as DLLs da pasta "ACBr\ACBrNFePCN\DLLs\Capicom" (capicom.dll, msxml5.dll e msxml5r.dll) para a pasta "Windows\System32".

No Windows, clique no botão "Iniciar" e depois na opção "Executar...". Você deve executar os seguintes comandos:
- regsvr32 capicom.dll /s;
- regsvr32 msxml5.dll /s;

Basta inserir os comandos na janela "Executar" e clicar no botão "OK". O comando acima vai registrar as DLLs no sistema operacional.

No Delphi, acesse a opção Tools/Enviroment Options. Será exibida a janela "Enviroment Options". Nessa janela, selecione a guia "Library", clique no botão elíptico(...) de "Library Path". Será exibida a janela "Directories". Dentro dessa janela existe uma caixa de texto e na frente da caixa de texto existe um botão elíptico(...). Clique neste botão. Será aberta uma nova janela chamada "Procurar Pasta". Você deve localizar a pasta "ACBr\ACBrNFePCN" e repetir o procedimento para outras duas pastas: "ACBr\ACBrComum" e "ACBr\ACBrNFePCN\win32api".

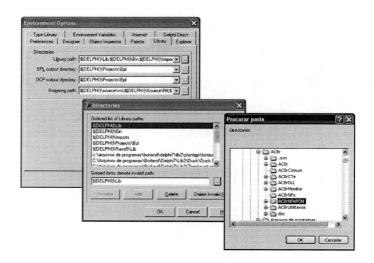

Abra o arquivo "ACBrNFePCN.dpk", que está na pasta "ACBr\ACBrNFePCN". Clique no botão "Compile" e logo depois clique no botão "Install". Quando clicar nos botões acima o Delphi pode solicitar para adicionar o pacote "ACBr_CLX" ou "ACBr_VCL". Se isso ocorrer, clique em "Cancel".

Após os procedimentos acima você terá um novo componente instalado na paleta ACBr.

Instalação da versão OpenSSL

Abra o arquivo "ACBr\ACBrComum\ACBr.inc" e procure por {$DEFINE ACBrNFeOpenSSL}. Essa linha estará comentada. Retire o comentário dessa linha e salve o arquivo.

Copie a DLL "ACBr\ACBrNFePCN\DLLs\iconv.dll" e as DLLs da pasta "ACBr\ACBrNFePCN\DLLs\OpenSSL\" (libeay32.dll, libxml2.dll, libxmlsec.dll, libxmlsec-openssl.dll, libxslt.dll, ssleay32.dll e zlib1.dll) para a pasta "Windows\System32".

Adicione as seguintes pastas ao "Library Path": "ACBr\ACBrNFePCN" e "ACBr\ACBrComum".

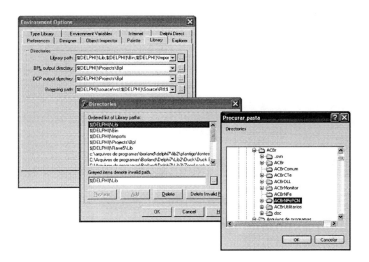

Abra o arquivo "ACBrNFePCN.dpk", que está na pasta "ACBr\ACBrNFePCN". Clique no botão "Compile" e logo depois clique no botão "Install". Quando clicar nos botões acima o Delphi pode solicitar para adicionar o pacote "ACBr_CLX" ou "ACBr_VCL". Se isso ocorrer, clique em "Cancel".

Após os procedimentos acima você terá um novo componente instalado na paleta ACBr.

Instalação dos componentes para o DANFE

Existem componentes para impressão do DANFE para o QuickReport e para o Rave Reports. Ambos estão na pasta "ACBr\ACBrNFePCN", com os seguintes nomes:
- ACBrNFeDanfeQRpkg.dpk – Pacote para o QuickReport;
- ACBrNFeDanfeRV.dpk – Pacote para o Rave Reports.

Para instalar os componentes, basta abrir os arquivos acima, e na janela do pacote clicar nos botões "Compile" e "Install".

Utilizando a aplicação de demonstração

Dentro das pasta "ACBr\ACBrNFePCN" existe uma pasta chamada "Demo". Abra o arquivo "ACBrNFe_demo.dpr" no Delphi para visualizar a aplicação de demonstração.

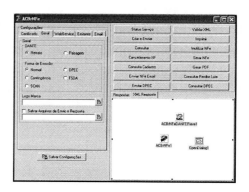

Observe o código do botão "Status Serviço":

```
procedure TForm1.btnStatusServClick(Sender: TObject);
begin
  ACBrNFe1.WebServices.StatusServico.Executar;
  MemoResp.Lines.Text := UTF8Encode(ACBrNFe1.WebServices.StatusServico.RetWS);
  LoadXML(MemoResp, WBResposta);
end;
```

Veja que o funcionamento é muito simples. Basta chamar o método "Executar" de "WebServices.StatusServico".

Ao executar esse botão, veja o que acontece:

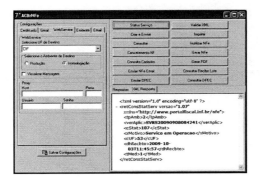

É exibido na caixa "XML Resposta" o XML que foi retornado pelo Web Service. Para executar a aplicação estou utilizando um certificado A1 válido e acessando os Web Services da Sefaz Virtual RS.

Observe o código do botão "Validar XML":

```
procedure TForm1.btnValidarXMLClick(Sender: TObject);
begin
  OpenDialog1.Title := 'Selecione a NFE';
  OpenDialog1.DefaultExt := '*-nfe.XML';
  OpenDialog1.Filter := 'Arquivos NFE (*-nfe.XML)|*-nfe.XML|Arquivos XML (*.XML)|*.
XML|Todos os Arquivos (*.*)|*.*';
  OpenDialog1.InitialDir := ACBrNFe1.Configuracoes.Geral.PathSalvar;
  if OpenDialog1.Execute then begin
    ACBrNFe1.NotasFiscais.Clear;
    ACBrNFe1.NotasFiscais.LoadFromFile(OpenDialog1.FileName);
```

```
  ACBrNFe1.NotasFiscais.Valida;
  showmessage('Nota Fiscal Eletrônica Valida');
 end;
end;
```

A utilização é muito simples. Basta chamar o método "Valida" do objeto NotasFiscais. O que esse método faz com o arquivo XML da nota fiscal?

Observe o XML de uma nota fiscal antes de ser validado:

```
<?xml version="1.0" encoding="utf-8"?>
<NFe xmlns="http://www.portalfiscal.inf.br/nfe">
 <infNFe Id="NFe35080599999090910270550010000000015180051273" versao="1.10">
  <ide>
   <cUF>35</cUF>
   <cNF>518005127</cNF>
   <natOp>Venda a vista</natOp>
   <indPag>0</indPag>
   <mod>55</mod>
   <serie>1</serie>
   <nNF>1</nNF>
   <dEmi>2008-05-06</dEmi>
   <dSaiEnt>2008-05-06</dSaiEnt>
   <tpNF>0</tpNF>
   <cMunFG>3550308</cMunFG>
   <tpImp>1</tpImp>
   <tpEmis>1</tpEmis>
   <cDV>3</cDV>
   <tpAmb>2</tpAmb>
   <finNFe>1</finNFe>
   <procEmi>0</procEmi>
   <verProc>NF-eletronica.com</verProc>
  </ide>
  <emit>
   <CNPJ>99999090910270</CNPJ>
   <xNome>NF-e Associacao NF-e</xNome>
   <xFant>NF-e</xFant>
   <enderEmit>
    <xLgr>Rua Central</xLgr>
    <nro>100</nro>
    <xCpl>Fundos</xCpl>
    <xBairro>Distrito Industrial</xBairro>
    <cMun>3502200</cMun>
    <xMun>Angatuba</xMun>
```

Manual de Implantação da Nota Fiscal Eletrônica

```
    <UF>SP</UF>
    <CEP>17100171</CEP>
    <cPais>1058</cPais>
    <xPais>Brasil</xPais>
    <fone>1733021717</fone>
  </enderEmit>
  <IE>123456789012</IE>
</emit>
<dest>
  <CNPJ>00000000000191</CNPJ>
  <xNome>DISTRIBUIDORA DE AGUAS MINERAIS</xNome>
  <enderDest>
    <xLgr>AV DAS FONTES</xLgr>
    <nro>1777</nro>
    <xCpl>10 ANDAR</xCpl>
    <xBairro>PARQUE FONTES</xBairro>
    <cMun>5030801</cMun>
    <xMun>Sao Paulo</xMun>
    <UF>SP</UF>
    <CEP>13950000</CEP>
    <cPais>1058</cPais>
    <xPais>BRASIL</xPais>
    <fone>1932011234</fone>
  </enderDest>
  <IE></IE>
</dest>
<retirada>
  <CNPJ>99171171000194</CNPJ>
  <xLgr>AV PAULISTA</xLgr>
  <nro>12345</nro>
  <xCpl>TERREO</xCpl>
  <xBairro>CERQUEIRA CESAR</xBairro>
  <cMun>3550308</cMun>
  <xMun>SAO PAULO</xMun>
  <UF>SP</UF>
</retirada>
<entrega>
  <CNPJ>99299299000194</CNPJ>
  <xLgr>AV FARIA LIMA</xLgr>
  <nro>1500</nro>
  <xCpl>15 ANDAR</xCpl>
  <xBairro>PINHEIROS</xBairro>
  <cMun>3550308</cMun>
  <xMun>SAO PAULO</xMun>
  <UF>SP</UF>
</entrega>
```

```xml
<det nItem="1">
 <prod>
  <cProd>00001</cProd>
  <cEAN />
  <xProd>Agua Mineral</xProd>
  <CFOP>5101</CFOP>
  <uCom>dz</uCom>
  <qCom>1000000.0000</qCom>
  <vUnCom>1</vUnCom>
  <vProd>10000000.00</vProd>
  <cEANTrib />
  <uTrib>und</uTrib>
  <qTrib>12000000.0000</qTrib>
  <vUnTrib>1</vUnTrib>
 </prod>
 <imposto>
  <ICMS>
   <ICMS00>
    <orig>0</orig>
    <CST>00</CST>
    <modBC>0</modBC>
    <vBC>10000000.00</vBC>
    <pICMS>18.00</pICMS>
    <vICMS>1800000.00</vICMS>
   </ICMS00>
  </ICMS>
  <PIS>
   <PISAliq>
    <CST>01</CST>
    <vBC>10000000.00</vBC>
    <pPIS>0.65</pPIS>
    <vPIS>65000</vPIS>
   </PISAliq>
  </PIS>
  <COFINS>
   <COFINSAliq>
    <CST>01</CST>
    <vBC>10000000.00</vBC>
    <pCOFINS>2.00</pCOFINS>
    <vCOFINS>200000.00</vCOFINS>
   </COFINSAliq>
  </COFINS>
 </imposto>
</det>
<total>
 <ICMSTot>
```

```
        <vBC>20000000.00</vBC>
        <vICMS>18.00</vICMS>
        <vBCST>0</vBCST>
        <vST>0</vST>
        <vProd>20000000.00</vProd>
        <vFrete>0</vFrete>
        <vSeg>0</vSeg>
        <vDesc>0</vDesc>
        <vII>0</vII>
        <vIPI>0</vIPI>
        <vPIS>130000.00</vPIS>
        <vCOFINS>400000.00</vCOFINS>
        <vOutro>0</vOutro>
        <vNF>20000000.00</vNF>
    </ICMSTot>
</total>
<transp>
  <modFrete>0</modFrete>
  <transporta>
    <CNPJ>99171171000191</CNPJ>
    <xNome>Distribuidora de Bebidas Fazenda de SP Ltda.</xNome>
    <IE>171999999119</IE>
    <xEnder>Rua Central 100 - Fundos - Distrito Industrial</xEnder>
    <xMun>SAO PAULO</xMun>
    <UF>SP</UF>
  </transporta>
  <veicTransp>
    <placa>BXI1717</placa>
    <UF>SP</UF>
    <RNTC>123456789</RNTC>
  </veicTransp>
  <reboque>
    <placa>BXI1818</placa>
    <UF>SP</UF>
    <RNTC>123456789</RNTC>
  </reboque>
  <vol>
    <qVol>10000</qVol>
    <esp>CAIXA</esp>
    <marca>LINDOYA</marca>
    <nVol>500</nVol>
    <pesoL>1000000000.000</pesoL>
    <pesoB>1200000000.000</pesoB>
    <lacres>
      <nLacre>XYZ10231486</nLacre>
    </lacres>
```

```
    </vol>
   </transp>
   <infAdic>
    <infAdFisco>Nota Fiscal de exemplo NF-eletronica.com</infAdFisco>
   </infAdic>
  </infNFe>
</NFe>
```

Após a validação serão acrescentadas as seguintes TAGs no final do arquivo:

```
<Signature xmlns="http://www.w3.org/2000/09/xmldsig#">
 <SignedInfo>
  <CanonicalizationMethod Algorithm="http://www.w3.org/TR/2001/REC-xml-
-c14n-20010315"/>
  <SignatureMethod Algorithm="http://www.w3.org/2000/09/xmldsig#rsa-sha1"/>
  <Reference URI="#NFe35080599999090910270550010000000015180051273">
   <Transforms>
    <Transform Algorithm="http://www.w3.org/2000/09/xmldsig#enveloped-signatu-
re"/>
    <Transform Algorithm="http://www.w3.org/TR/2001/REC-xml-c14n-20010315"/>
   </Transforms>
   <DigestMethod Algorithm="http://www.w3.org/2000/09/xmldsig#sha1"/>
   <DigestValue>42VrQinShRm62XoeoHBv/7z0kYc=</DigestValue>
  </Reference>
 </SignedInfo>
 <SignatureValue>
  cNpYCIgyFXDvhJwYRBjnpYkO4GhE6cbfiYePGt4MphW6z1/tp2QlLxl+4smqN75XOdxngYD9kCU
  /sw54Kw67zBAetFck48glDqPU+DYdvb3nf+UrfLUjunPqAV+fIdFp7+2viR5SM/z1efiMw4kZDu
  dUP81UrcRXnXkODEkAQVNOHPzDO/ViUGsW+bxy29ofALz16GMDjFT1xg/TssMYc/9Bi9vxIB/sE
  51ytzkhxvEs5WPv6tBuLrUpijkj4xHOxrk+ZFXkHPWJ/pquefjrLSfDq6BJV8hFBYfvhAxN/XTx
  fwQWNP8X8XSHvthFm+C1gAWasREhOWTF5NuFjpCP2A==
 </SignatureValue>
 <KeyInfo>
  <X509Data>
   <X509Certificate>
    MIIGhjCCBW6gAwIBAgIQMjAwOTEwMDIxMzMyMzcxMTANBgkqhkiG9w0BAQUFADCBijELMAkG
    A1UEBhMCQlIxEzARBgNVBAoTCklDUC1CcmFzaWwxNjA0BgNVBAsTLVNlY3JldGFyaWEgZGEg
    UmVjZWl0YSBGBZWRlcmFsIGRvIEJyYXNpbCAtIFJGQjEuMCwGA1UEAxM1QXV0b3JpZGFkZSBD
    ZXJ0aWZpY2Fkb3JhIGRvIFNFU1BST1JGQjAeFw0wOTEwMDIxNTIxNT1aFw0xMDEwMDIxNTEy
    MTZaMIH2MQswCQYDVQQGEwJCUjETMBEGA1UEChMKSUNQLUJyYXNpbDE2MDQGA1UECxMtU2Vj
    cmV0YXJpYSBkYSBSZWN1aXRhIEZlZGVyYWwgZG8gQnJhc2lsIC0gUkZCMREwDwYDVQQLEwhD
    T1JSRU1PUzETMBEGA1UECxMKQVJDDT1JSRU1PUzEWMBQGA1UECxMNUkZCIGUtQO5QSiBBMTER
    MA8GA1UEBxMIQ1JBU01MSUExCzAJBgNVBAgTAkRGMTowOAYDVQQDEzFUM1RJIFRFQO5PTE9H
    SUEgREEgSU5GT1JNQUNBTTyBMVERBOjEwNzkzMTE4MDAwMTc4MIIBIjANBgkqhkiG9w0BAQEF
```

Manual de Implantação da Nota Fiscal Eletrônica

```
AAOCAQ8AMIIBCgKCAQEAwJwcTb6m3CrRvmarNy+LkmbGoL3ncBqenHH+Bpn12DAaRKcwaLoY
7obw1ZZTiggw16e9zYpwzcEdwyH4+0rBqQXKJgyAphb7J9MSKAuEp7+Sbkga/+/yjVyhoZuR
VdSCIpAjqKKeGSjxaPJbyXGpb0EvntCuT5cvI7ZzD8P5xtvoQT8RgEOw30sNYycnuxFvP+Xk
/Tl1+Uwz1Gu0Hfjt49rc23VWWv/Gw9eWM1r2hCtKqJMFOkeeTK6aECLahQmdL7/F0zp5VLFD
FZedIFdpig3wigFV4Ku8/11pPYReEPQRI/0GUaOClhOyn11/bdRhb1J2MIw2oBlACPzIkiaA
6QIDAQABo4ICeDCCAnQwDwYDVR0TAQH/BAUwAwEBADAfBgNVHSMEGDAWgBS5IouGJEbnoq3n
KTuMaDtNrXSRFDAOBgNVHQ8BAf8EBAMCBeAwYAYDVR0gBFkwVzBVBgZgTAECAQowSzBJBggr
BgEFBQcCARY9aHR0cHM6Ly9jY2Quc2VycHJvLmdvdi5ici9hY3N1cnByb3JmYi9kb2NzL2Rw
Y2Fjc2VycHJvcmZiLnBkZjCBsgYDVR0RBIGqMIGnoD0GBWBMAQMEoDQEMjIxMDUx0TgwMDA6
MzU40Tc5NjIwMDAwMDAwMDAwMDAwMDAzNzUxNjUwN1NTUFNDoB4GBWBMAQMCoBUEE01J
R1VFTCBLT0pJSU8gTk9CUkWgGQYFYEwBAwOgEAQOMTA30TMxMTgwMDAxNzigFwYFYEwBAweg
DgQMMDAwMDAwMDAwMDAwgRJUM1RJLkNPTUBHTUFJTC5DT00wIAYDVR01AQH/BBYwFAYIKwYB
BQUHAwIGCCsGAQUFBwMEMIGoBgNVHR8EgaAwgZ0wMqAwoC6GLGh0dHA6Ly9jY2Quc2VycHJv
Lmdvdi5ici9sY3IvYWNzc3Jwcm9yZmIuY3JsMD0gMaAvhi1odHRwOi8vY2NkMi5zZXJwcm8u
Z292LmJyL2xjci9hY3N1cnByb3JmYi5jcmwwMqAwoC6GLGh0dHA6Ly93d3cuaXRpLmdvdi5i
ci9zZXJwcm8vYWNzc3Jwcm9yZmIuY3JsMEwGCCsGAQUFBwEBBEAwPjA8BggrBgEFBQcwAoYw
aHR0cDovL2NjZC5zZXJwcm8uZ292LmJyL2NhZGVpYXMvYWNzc3Jwcm9yZmIucDdiMA0GCSqG
SIb3DQEBBQUAA4IBAQDPyUbYe1YU6pKXhwnkKjCh7NPnuH0aoGbj1Hale41u2S0CmxoG+h+1
PNAdU5yVgP0A2LfCVD0h3d1agEBzqyY0Z+7rCGwbh9odMy7BLVqMn36EqyAWFde7PUKjAqx2
e6/Iq8NGnnKHGvi4aWVS9NqqPxtTVowTLT/+tGzLD4DvgDECK1YU0s2NF0P6cpAHNtp2SEd0
B1nywAPbg/CHzq8BBlmEw6can0q0c8Q192taqLlNUSn67CJveuQykshm5Snf389Coa4Q10tA
9gWBvybE9vXN6uzyjrB3Mf77tBgQwYFkn6UbfGBWsievsgXoq0405+gfiPNbNwtDGhteI85e
    </X509Certificate>
   </X509Data>
  </KeyInfo>
 </Signature>
</NFe>
```

Ou seja, o método "valida" já assina o XML da nota fiscal.
Observe agora o código do botão "Criar e Enviar":

```
procedure TForm1.btnCriarEnviarClick(Sender: TObject);
var
 vAux : String;
begin
 if not(InputQuery('WebServices Enviar', 'Numero da Nota', vAux)) then
   exit;
 ACBrNFe1.NotasFiscais.Clear;
 with ACBrNFe1.NotasFiscais.Add.NFe do begin
  infNFe.ID := vAux;
  Ide.natOp  := 'VENDA PRODUCAO DO ESTAB.';
  Ide.nNF    := StrToInt(vAux);
  Ide.cNF    := StrToInt(vAux);
  Ide.modelo := 55;
  Ide.serie  := 1;
```

```
Ide.dEmi    := Date;
Ide.dSaiEnt := Date;
Ide.tpAmb   := taHomologacao;
Ide.tpNF    := tnSaida;
Ide.indPag  := ipVista;
Ide.verProc := '1.0.0.0';
Ide.cUF     := 35;
Ide.cMunFG  := 3554003;
Emit.CNPJCPF      := edtEmitCNPJ.Text;
Emit.IE       := edtEmitIE.Text;
Emit.xNome     := edtEmitRazao.Text;
Emit.xFant     := edtEmitFantasia.Text;
Emit.EnderEmit.fone  := edtEmitFone.Text;
Emit.EnderEmit.CEP   := StrToInt(edtEmitCEP.Text);
Emit.EnderEmit.xLgr  := edtEmitLogradouro.Text;
Emit.EnderEmit.nro   := edtEmitNumero.Text;
Emit.EnderEmit.xCpl  := edtEmitComp.Text;
Emit.EnderEmit.xBairro := edtEmitBairro.Text;
Emit.EnderEmit.cMun  := StrToInt(edtEmitCodCidade.Text);
Emit.EnderEmit.xMun  := edtEmitCidade.Text;
Emit.EnderEmit.UF    := edtEmitUF.Text;
Emit.enderEmit.cPais := 1058;
Emit.enderEmit.xPais := 'BRASIL';
Dest.CNPJCPF      := '05481336000137';
Dest.EnderDest.CEP   := 18270410;
Dest.EnderDest.xLgr  := 'Praça Anita Costa';
Dest.EnderDest.nro   := '0034';
Dest.EnderDest.xCpl  := '';
Dest.EnderDest.xBairro := 'Centro';
Dest.EnderDest.cMun  := 3554003;
Dest.EnderDest.xMun  := 'Tatuí';
Dest.EnderDest.UF    := 'SP';
Dest.EnderDest.Fone  := '1532599600';
Dest.IE      := '687138770110';
Dest.xNome     := 'D.J. COM. E LOCAÇÃO DE SOFTWARES LTDA - ME';
Dest.EnderDest.cPais := 1058;
Dest.EnderDest.xPais := 'BRASIL';
with Det.Add do begin
  infAdProd   := 'Teste de informacao adicional;Teste de Segunda Linha';
  Prod.nItem := 1;
  Prod.CFOP  := '5101';
  Prod.cProd := '67';
  Prod.xProd := 'ALHO 400 G';
  Prod.qCom  := 100;
  Prod.uCom  := 'KG';
  Prod.vProd := 100;
```

Manual de Implantação da Nota Fiscal Eletrônica

```
Prod.vUnCom  := 10;
Prod.qTrib   := 100;
Prod.uTrib   := 'KG';
Prod.vUnTrib := 10;
with Imposto do begin
  with ICMS do begin
    CST := cst00;
    ICMS.modBC := dbiPrecoTabelado;
    ICMS.pICMS := 18;
    ICMS.vICMS := 180;
    ICMS.vBC  := 1000;
  end;
  IPI.CST := ipi01;
 end;
end;
with Det.Add do begin
  Prod.nItem  := 2;
  Prod.CFOP   := '5101';
  Prod.cProd  := '68';
  Prod.xProd  := 'CEBOLA 400 G';
  Prod.qCom   := 100;
  Prod.uCom   := 'KG';
  Prod.vProd  := 100;
  Prod.vUnCom := 10;
  Prod.qTrib  := 100;
  Prod.uTrib  := 'KG';
  Prod.vUnTrib := 10;
  with Imposto do begin
    with ICMS do begin
      CST := cst00;
      ICMS.modBC := dbiPrecoTabelado;
      ICMS.orig  := oeNacional;
      ICMS.pICMS := 18;
      ICMS.vICMS := 180;
      ICMS.vBC  := 1000;
    end;
    IPI.CST := ipi01;
  end;
end;
Total.ICMSTot.vBC  := 1000;
Total.ICMSTot.vICMS := 180;
Total.ICMSTot.vNF  := 1000;
Total.ICMSTot.vProd := 1000;
end;
ACBrNFe1.Enviar(0);
ShowMessage(ACBrNFe1.WebServices.Retorno.Protocolo);
```

```
ShowMessage(ACBrNFe1.WebServices.Retorno.Recibo);
MemoResp.Lines.Text := UTF8Encode(ACBrNFe1.WebServices.Retorno.RetWS);
LoadXML(MemoResp, WBResposta);
ACBrNFe1.NotasFiscais.Clear;
end;
```

O procedimento acima cria e envia uma nota fiscal para o Web Service. Primeiro será solicitado que o usuário informe o número da nota fiscal. Após isso, a aplicação criará o XML da nota fiscal, consumirá o Web Service da SEFAZ e informará o resultado do envio.

É importante destacar o seguinte: ao selecionar o componente ACBrNFe, você deve informar onde os arquivos serão gerados. Isso deve ser informado no Object Inspector, nas propriedades Configurações/Arquivos. Observe a imagem abaixo:

Note que existem quatro caminhos a serem informados: Cancelamento, DPEC, Inutilização e NFe geradas. Foram informados os seguintes caminhos:

- Cancelamento – C:\ACBr\Envios\Can;
- DPEC – C:\ACBr\Envios\DPEC;
- Inutilização – C:\ACBr\Envios\Inu;
- NFe geradas – C:\ACBr\Envios\NFe.

Os demais botões dessa demonstração utilizarão os outros serviços disponíveis e existe um botão para a impressão do DANFE.

Conclusões

Utilizar o componente ACBrNFe facilita muito o desenvolvimento. O fato de se tratar de um projeto de código fonte aberto indica que seria uma boa escolha trabalhar com esse componente. Já que não existe documentação farta e nem suporte formal, é importante que o desenvolvedor tenha um conhecimento sólido de Delphi para compreender o código fonte.

Existem outras soluções prontas disponíveis no mercado. Algumas fornecem DLLs, outras componentes. Em ambos os casos, é interessante fazer um estudo do custo em relação ao benefício da adoção da solução.

Construindo a solução

Embora existam várias opções que facilitam a vida do desenvolvedor, existem aqueles que desejam construir tudo do zero. Nesse caso, alguns conhecimentos serão importantes para lograr êxito.

Delphi e XML

XML Mapper

O Delphi traz um componente nativo que é ideal para trabalhar com arquivos XML. Trata-se do ClientDataSet, que está disponível na paleta DataAccess.

Os arquivos XML da NF-e estão em um formato especificado pelo W3C. Abra o Delphi, insira um componente ClientDataSet e na propriedade "FileName" aponte para arquivo XML da NF-e. Após isso, tente modificar a propriedade "Active" para "True". O resultado será o seguinte:

Esse erro acontece porque o ClientDataSet não está preparado para abrir um arquivo XML no formato do W3C. Para que o ClientDataSet consiga abrir um XML, esse deve estar num formato conhecido como DataPacket (pacote de dados).

Para converter um XML comum para DataPacket pode-se utilizar um aplicativo que vem junto com o Delphi: o XML Mapper. Na realidade esse aplicativo faz as duas conversões: XML para DataPacket e DataPacket para XML.

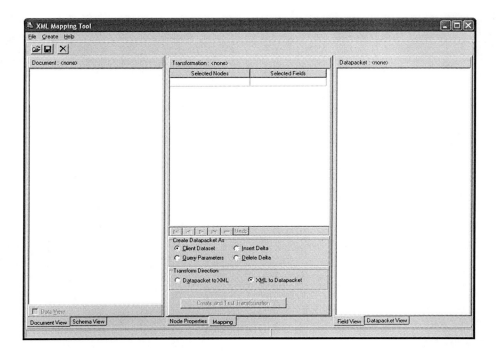

O aplicativo encontra-se disponível dentro da pasta "Bin" do Delphi, ou no mesmo menu onde o Delphi é aberto: "Iniciar\Programas\Borland Delphi x\XML Mapper".

Com o XML Mapper aberto, clique no botão "Open" e selecione um arquivo XML de nota fiscal eletrônica. O resultado será o seguinte:

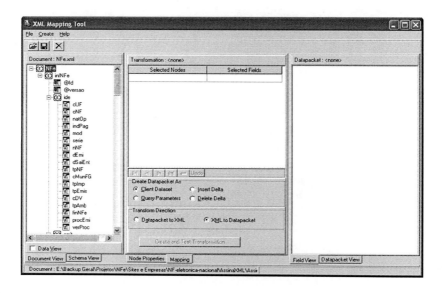

Observe que o aplicativo exibe toda a estrutura do XML em árvore. Selecione o nó "infNFe". Após isso, clique com o botão direito sobre esse nó. Selecione a opção "Select All Children". Após isso, clique no menu "Create/Datapacket from XML". O resultado será o seguinte:

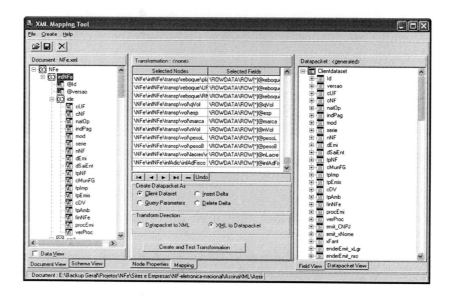

Do lado direito temos agora o XML no formato DataPacket. Clique no botão "Create and Test Transformation". Será exibida a seguinte janela, já com os dados sendo apresentados:

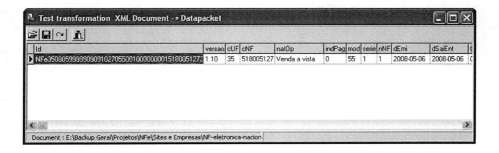

Para salvar esse formato num novo arquivo XML clique no botão "Save", na janela onde os dados estão sendo exibidos. Dê um nome qualquer para o arquivo.

Volte ao Delphi e tente abrir esse novo arquivo com o ClientDataSet. Dessa vez não ocorrerá erro algum. Insira um DataSource e uma DBGrid no formulário. Faça as vinculações necessárias. Os dados serão exibidos na DBGrid:

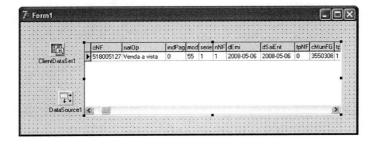

Vamos agora criar os arquivos de transformação. Volte para a janela principal do XML Mapper.

Clique no RadioButton "XML to Datapacket". Após isso, clique no botão "Create and Test Transformation". Feche a janela que vai surgir. De volta à janela principal clique no botão "Save/Transformation". Salve o arquivo como "ToXml.xtr". Esse arquivo será utilizado para escrita no Delphi (TransformWrite).

Clique no RadioButton "Datapacket to XML". Após isso, clique no botão "Create and Test Transformation". Feche a janela que vai surgir. De volta à janela principal clique no botão "Save/Transformation". Salve o arquivo como "ToDp.xtr". Esse arquivo será utilizado para leitura no Delphi (TransformRead).

Volte ao Delphi. Insira no formulário um componente XMLTransformProvider. Configure as propriedades:

- A propriedade XmlDataFile aponta para o XML da NF-e;
- A propriedade TransformRead.TransformationFile aponta para o arquivo: "ToDp.xtr";
- A propriedade TransformWrite.TransformationFile aponta para o arquivo: "ToXml.xtr".

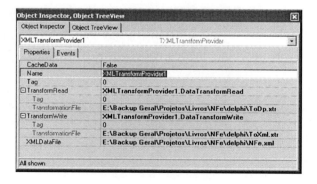

No ClientDataSet que já havia no formulário, retire o conteúdo da propriedade "FileName". Na propriedade "ProviderName" aponte para XMLTransformProvider1.

Insira 2 botões. O código do primeiro botão será o seguinte:

ClientDataSet1.ApplyUpdates(-1);

Esse comando vai salvar qualquer alteração que for realizada diretamente no XML da NF-e.

O código do segundo botão será o seguinte:

ClientDataSet1.SaveToFile('dadosNFe.xml');

Esse comando salva os dados em um novo arquivo XML, com o formato DataPacket.

Utilizando o TXMLDocument

O Delphi fornece um componente que funciona como um "parse" XML. Trata-se do TXMLDocument. Esse componente serve para ler e processar arquivos XML existentes e também para construir arquivos XML do zero. Você encontra esse componente na paleta Internet.

O TXMLDocument usa um DOM (Document Object Model) externo como *parser* para analisar o documento XML.

Quando a propriedade Active é definida para True, o TXMLDocument usa o *parser* DOM para analisar o documento XML (leitura e escrita). A propriedade DocumentElement fornece uma interface para o nó raiz do documento. Pode-se utilizar essa interface para acessar, adicionar e excluir nós filhos.

Algumas propriedades importantes:
- ChildNodes: use ChildNodes para acessar todos os nós que são filhos do objeto "document". Além de DocumentElement, que é a raiz da hierarquia, ChildNodes pode incluir nós para comentários, instruções de processamento, e assim por diante.
- DocumentElement: use DocumentElement para acessar o nó raiz do documento XML. O DocumentElement é o ponto de entrada para todos os dados no documento XML.
- DOMDocument: use DOMDocument para acessar diretamente a interface IDOMDocument para o documento XML analisado. A maioria das aplicações não precisam usar a propriedade DOMDocument diretamente. Em vez disso, analisam e manipulam os nós através de DocumentElement. Se você quiser utilizar

DOMDocument, precisa estar familiarizado com a Especificação de Nível 1 do DOM da W3C.

- Encoding: codificação utilizada pelo documento XML. É uma String como 'UTF-8', 'UTF-16' ou 'ISO-10646-UCS-2', que indica o conjunto de caracteres usado no documento.
- FileName: especifica o documento XML que será manipulado usando o objeto TXMLDocument.
- Modified: determina se foi realizada alguma alteração nos nós do documento XML.
- Node: acessa o nó do documento XML. O nó "document" representa informações sobre todo o documento. Ele pode ter vários nós filhos, que representam comentários, instruções de processamento, etc. Inclui o nó DocumentElement que atua como a raiz da hierarquia de dados.
- NodeIndentStr: utilizado para personalizar os formatos dos nós que são adicionados ao TXMLDocument. Quando a propriedade Options incluir um doNodeAutoIndent, essa String é inserida no XML gerado antes de qualquer nó recém adicionado. Se não for atribuído um valor a NodeIndentStr, o TXMLDocument insere dois espaços para representar cada nível aninhado.
- NSPrefixBase: pode-se especificar um prefixo para os nomes dos nós gerados. Essa característica é definida quando se utiliza o método AddChild, passando um parâmetro. Quando essa opção é especificada, o nó utiliza NSPrefixBase para gerar uma String única que age como um pré-fixo. Essa String é composta por NSPrefixBase seguido de um número que garante a exclusividade do nome do nó. Por exemplo, se NSPrefixBase for "NS", os nomes pré-fixados serão gerados da seguinte forma: "NS1", "NS2", etc.
- Options: propriedade que serve para configurar os seguintes valores (todos os valores são booleanos):
  O doNodeAutoCreate: se o aplicativo tentar ler um nó pelo nome, usando a propriedade Nodes da interface IXMLNodeList, e o nó não existir, o aplicativo criará um novo nó usando o nome especificado;

MANUAL DE IMPLANTAÇÃO DA NOTA FISCAL ELETRÔNICA

○ doNodeAutoIndent: realiza a indentação automática dos nós;

○ doAttrNull: ao ler o valor de um atributo inexistente, o valor é dados como Nulo, ao invés de uma String vazia;

○ doAutoPrefix: fornece um pré-fixo para os novos nós;

○ doAutoSave: quando o documento for fechado (Active=False), as alterações serão salvas no arquivo XML.

• XML: obtém o conteúdo do documento XML associado. Especifica o documento que você deseja examinar ou manipular. Uma vez definido, você pode ativar o documento XML e manipulá-lo através da propriedade DocumentElement. XML é um objeto TStrings. Dessa forma, você pode manipulá-lo linha a linha em tempo de execução. Pode inserir todo o seu conteúdo num objeto visual Memo, por exemplo.

Vimos as propriedades do TXMLDocument. Vamos utilizar ainda o IXMLNode, que é a interface para um nó do documento XML.

A interface IXMLNode é projetada para trabalhar com o TXMLDocument e o código gerado pelo assistente de vinculação de dados (*Data Binding wizard*).

O IXMLNode foi projetado para simplificar a tarefa de navegação e edição dos documentos XML, pois:

○ Inclui algumas das propriedades e métodos da interface IDOMElement, resultando em um modelo mais simples para a análise de um nó XML.

○ Inclui propriedades e métodos adicionais para simplificar o acesso a dados em estruturas XML comuns.

Para utilizar os exemplos apresentados abaixo, insira as seguinte units na cláusula uses: XMLDoc, XMLIntf, XMLDom e MSXMLDom.

Vamos a um exemplo:

```
procedure TForm1.Button1Click(Sender: TObject);
var
 sl : TStringList;
 xmlDoc : TXMLDocument;
```

```
procedure TForm1.Button1Click(Sender: TObject);
var
 sl : TStringList;
 xmlDoc : TXMLDocument; iNode : IXMLNode;
begin
 xmlDoc := TXMLDocument.Create(nil) ;
 try
  xmlDoc.Active := true;
  iNode := xmlDoc.AddChild('folha') ;
  iNode.Attributes['atributo1'] := 'valor1';
  iNode.Text := 'Este é um nó de texto';
  sl := TStringList.Create;
  try
   sl.Assign(xmlDoc.XML) ;
   sl.Insert(0,'<!DOCTYPE ns:mys SYSTEM "meuXML.dtd">') ;
   sl.Insert(0,'<?xml version="1.0"?>') ;
   sl.SaveToFile('c:\Teste.xml') ;
  finally
   sl.Free;
  end;
 finally
  xmlDoc := nil;
 end;
end;
```

O resultado do código anterior será o seguinte arquivo XML:

```
<?xml version="1.0"?>
<!DOCTYPE ns:mys SYSTEM "myXML.dtd">
<folha atributo=" valor1">Este é um nó de texto</folha>
```

Vamos agora criar um arquivo XML de uma NF-e:

```
procedure TForm1.Button1Click(Sender: TObject);
var
 xmlDoc: TXMLDocument;
 NodeNivelA, NodeNivelB, NodeNivelC, NodeNivelD: IXMLNode;
 nItens : integer;
begin
 xmlDoc := TXMLDocument.Create(self);
 Try
  With xmlDoc do begin
   Active := True;
   Version := '1.0';
```

Manual de Implantação da Nota Fiscal Eletrônica

```
Encoding := 'utf-8';
AddChild('NFe','http://www.portalfiscal.inf.br/nfe');
//A - Dados da Nota Fiscal eletrônica (infNFe)
NodeNivelA := DocumentElement;
//Adiciona a Tag
NodeNivelA.AddChild('infNFe');
//Adiciona atributo "Id" da Tag infNFe
NodeNivelA.ChildNodes['infNFe'].Attributes['Id'] := 'NFe350805999990909102705
50010000000015180051273';
//Adiciona atributo "versao" da Tag infNFe
NodeNivelA.ChildNodes['infNFe'].Attributes['versao'] := '1.10';
//B - Identificação da Nota Fiscal eletrônica (ide)
NodeNivelB := NodeNivelA.ChildNodes['infNFe'];
NodeNivelB.ChildNodes['ide'].AddChild('cUF').NodeValue := '35' ;
NodeNivelB.ChildNodes['ide'].AddChild('cNF').NodeValue := '518005127';
NodeNivelB.ChildNodes['ide'].AddChild('natOp').NodeValue := 'Venda a vista';
NodeNivelB.ChildNodes['ide'].AddChild('mod').NodeValue := '55';
NodeNivelB.ChildNodes['ide'].AddChild('serie').NodeValue := '1';
NodeNivelB.ChildNodes['ide'].AddChild('dEmi').NodeValue := '2008-05-06';
NodeNivelB.ChildNodes['ide'].AddChild('cMunFG').NodeValue := '3550308';
//C - Identificação do Emitente da Nota Fiscal eletrônica (emit)
//insira os dados necessários
//H - Detalhamento de Produtos e Serviços da NF-e
for nItens := 1 to 2 do begin
  //Tag <det>
  NodeNivelC := NodeNivelB.AddChild('det');
  NodeNivelB.ChildNodes.Last.Attributes['nitem'] := IntToStr(nItens);
  //Tag <prod>
  NodeNivelD := NodeNivelC.ChildNodes['prod'];
  NodeNivelD.AddChild('cProd').Nodevalue := IntToStr(nItens)+'121231111';
  NodeNivelD.AddChild('cEan').Nodevalue := '1111111111111';
  NodeNivelD.AddChild('xProd').Nodevalue := 'PRODUTO DE TESTE';
  NodeNivelD.AddChild('CFOP').Nodevalue := '6102';
end;
xmlDoc.SaveToFile('c:\TesteNFe.xml');
end;
finally
  xmlDoc.Free;
end;
end;
```

O resultado do código acima será o seguinte arquivo XML:

```
<?xml version="1.0" encoding="utf-8"?>
<NFe xmlns="http://www.portalfiscal.inf.br/nfe">
  <infNFe Id="NFe35080599999090910270550010000000015180051273" versao="1.10">
    <ide>
```

```
  <cUF>35</cUF>
  <cNF>518005127</cNF>
  <natOp>Venda a vista</natOp>
  <mod>55</mod>
  <serie>1</serie>
  <dEmi>2008-05-06</dEmi>
  <cMunFG>3550308</cMunFG>
 </ide>
 <det nitem="1">
  <prod>
   <cProd>1121231111</cProd>
   <cEan>1111111111111</cEan>
   <xProd>PRODUTO DE TESTE</xProd>
   <CFOP>6102</CFOP>
  </prod>
 </det>
 <det nitem="2">
  <prod>
   <cProd>2121231111</cProd>
   <cEan>1111111111111</cEan>
   <xProd>PRODUTO DE TESTE</xProd>
   <CFOP>6102</CFOP>
  </prod>
 </det>
 </infNFe>
</NFe>
```

O código abaixo mostra como ler um arquivo XML utilizando o XMLDocument:

```
procedure TForm1.Button2Click(Sender: TObject);
var
 xmlDoc: TXMLDocument;
 NodeInfNFe, NodeIde: IXMLNode;
 cUf,cNF,natOp,mode,serie,dEmi,cMunFG : WideString;
begin
 xmlDoc := TXMLDocument.Create(self);
 //abre o arquivo TesteNFe.xml para leitura
 xmlDoc.LoadFromFile('TesteNFe.xml');
 //os dados serão lidos e inseridos num Memo
 Memo1.lines.Add( '-------------------------------------------------');
 Memo1.lines.Add( xmlDoc.XML.Text +#13+#13 );
 //vamos pegar os dados da tag <ide>
 NodeInfNFe := xmlDoc.DocumentElement.ChildNodes.FindNode('infNFe');
 NodeIde := NodeInfNFe.ChildNodes.FindNode('ide');
 cUf := NodeIde.ChildNodes['cUF'].text;
```

```
cNF    := NodeIde.ChildNodes['cNF'].text;
natOp  := NodeIde.ChildNodes['natOp'].text;
mode   := NodeIde.ChildNodes['mod'].text;
serie  := NodeIde.ChildNodes['serie'].text;
dEmi   := NodeIde.ChildNodes['dEmi'].text;
cMunFG := NodeIde.ChildNodes['cMunFG'].text;
//adiciona os dados no Memo1
Memo1.Lines.Add('----------------------------------------------');
Memo1.Lines.Add( 'Código da UF      = ' + cUf );
Memo1.Lines.Add( 'Código da Chave   = ' + cNF );
Memo1.Lines.Add( 'Natureza Operação = ' + natOp );
Memo1.Lines.Add( 'Modelo Documento  = ' + mode );
Memo1.Lines.Add( 'Série Documento   = ' + serie );
Memo1.Lines.Add( 'Data de Emissão   = ' + dEmi );
Memo1.Lines.Add( 'Código Municipio  = ' + cMunFG );
Memo1.Lines.Add('----------------------------------------------');
end;
```

Veja o resultado:

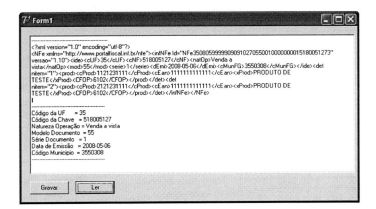

É importante frisar que a chamada aos campos é "case-sensitive". Dessa forma, se um campo está definido no XML como "<cUF>" e você tentar lê-lo da seguinte forma: "cUf := NodeIde.ChildNodes['cUf'].text", não vai ocorrer erro algum, mas também não será exibido nenhum resultado. Você pode economizar tempo dando atenção a essa dica.

Você deve gerar os XMLs seguindo o layout definido no Manual de Integração do Contribuinte.

Delphi e certificação digital

Neste ponto, caso você deseje desenvolver alguma coisa do zero, deverá seguir a mesma linha de raciocínio adotada pela equipe do componente ACBrNFe:

- CAPICOM – Usa as DLLs da Microsfot CAPICOM (conexão segura) e MSXML (Assinatura e validação do XML). Funciona somente no Delphi e no sistema operacional Windows. Funciona com certificados do tipo A1 e A3;
- OpenSSL – Usa Projetos OpenSource: Synapse+OpenSSL (conexão segura) e LibXml2+XmlSEC (Assinatura e validação do XML). Compatível com Lazarus, Kylix e com Linux. Funciona apenas com certificados do tipo A1.

O Delphi não possui suporte nativo para certificação digital. Por essa razão, é preciso lançar mão desses recursos de terceiros. Vamos abordar resumidamente cada uma das tecnologias citadas:

CAPICOM

Biblioteca da Microsoft que pode ser usada para assinar dados digitalmente, assinar código, verificar assinaturas digitais, ocultar dados para privacidade, analisar dados, criptografar/descriptografar dados etc.

Essa biblioteca fornece uma interface para a API da Microsoft CryptoAPI. Já que essa biblioteca usa COM (*Component Object Model*), os desenvolvedores podem acessar suas funcionalidades através de vários ambientes de programação, o Delphi sendo um deles.

A CAPICOM é empacotada como um controle ActiveX, permitindo que os desenvolvedores Web possam utilizá-la em aplicações Web.

Segue a lista de funcionalidades disponíveis através da CAPICOM:

- Assinar digitalmente os dados de um cartão inteligente (*smart card*) ou chave de software (*software key*);

- Verificar dados assinados digitalmente;
- Exibir informações do certificado;
- Inspecionar propriedades do certificado, como a data de validade, por exemplo;
- Adicionar e remover certificados;
- Criptografar e descriptografar dados com uma senha;
- Criptografar e descriptografar dados utilizando chaves públicas e certificados.

Assinando dados com a CAPICOM

A CAPICOM pode assinar dados em binário ou texto (XML). A CAPICOM pode assinar digitalmente os dados de um certificado emitido a partir de uma Autoridade Certificadora (AC) ou a partir de um certificado autoassinado. É compatível com certificados do tipo A1 e A3, exigidos pelo projeto NF-e. O desenvolvedor pode pré-selecionar o certificado necessário ou permitir que o usuário escolha um certificado. Observe na figura abaixo a seleção do certificado utilizando a Biblioteca.

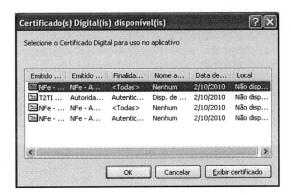

Pode-se verificar uma assinatura digital com a biblioteca. O desenvolvedor pode habilitar a checagem da revogação durante a verificação da assinatura. É possível verificar apenas a assinatura digital (caso o interesse seja apenas a verificação da chave pública) ou verificar os certificados e a cadeia de certificação da assinatura digital. É possível obter informações detalhadas de erro da CAPICOM no caso de um problema durante a verificação.

O Windows armazena os certificados em *"Certificate Stores"* (pode-se considerar como um armazém de certificados). Pode-se chamar *"store"* de armazém. Os certificados de usuários ficam no armazém "MY". Os certificados raiz (Root) são armazenadas em "Root". Certificados de AC são armazenados em "CA". Um desenvolvedor pode utilizar a CAPICOM para enumerar, adicionar ou remover certificados.

Objetos disponibilizados pela biblioteca

Certificate Store Objects – Os seguintes objetos trabalham com armazenamento de certificados e com os certificados armazenados. A CAPICOM suporta os seguintes armazéns: Current User, Local Machine, Memory e Active Directory.

Objeto	Descrição
Certificate	Um simples certificado digital.
CertificatePolicies	Uma coleção de objetos **PolicyInformation**.
Certificates	Coleção de objetos de certificado.
CertificateStatus	Fornece a informação de status de um certificado.
Chain	Cria e verifica uma cadeia de validação de certificados com base em um certificado digital.
ExtendedProperties	Representa uma coleção de objetos **ExtendedProperty**.
ExtendedProperty	Representa uma propriedade Microsoft-extended.
Extension	Representa uma simples extensão de certificado.
Extensions	Representa uma coleção de objetos de extensão.
PrivateKey	Representa uma chave privada.
PublicKey	Representa uma chave pública em um objeto **Certificate**.
Store	Fornece propriedades e métodos para escolher, administrar e usar os armazéns e os certificados armazenados.
Template	Representa um modelo de extensão do certificado.

Manual de Implantação da Nota Fiscal Eletrônica

Digital Signature Objects – Os seguintes objetos são exportados para assinar digitalmente os dados e verificar assinaturas digitais.

Objeto	Descrição
SignedCode	Fornece a funcionalidade de assinar um conteúdo com uma assinatura digital Authenticode.
SignedData	Objeto usado para assinar dados e verificar a assinatura em dados assinados.
Signer	Informação sobre um assinante de dados único, incluindo o certificado do signatário.
Signers	Coleção de objetos **Signer**.

Enveloped Data Objects – Os seguintes objetos são exportados para criar mensagens de dados envelopadas (privacidade) e para descriptografar dados em mensagens envelopadas.

Objeto	Descrição
EnvelopedData	Objetos usados para criar, enviar e receber dados envelopados. Esses dados são criptografados para que somente os destinatários possam decifrá-los.
Recipients	Coleção de objetos **Certificate** dos destinatários de uma mensagem envelopada.

Data Encryption Objects – O objeto que se segue é exportado para criptografar e descriptografar dados arbtitrários.

Objeto	Descrição
EncryptedData	Objeto usado para criptografar dados. Os dados criptografados com esse objeto podem ser decifrados.

Auxiliary Objects – Os seguintes objetos são exportados para mudar o comportamento padrão de outros objetos e gerenciar os certificados, os armazéns de certificados e mensagens.

Objeto	Descrição
Algorithm	Define o algoritmo e o comprimento de chave utilizados em operações criptográficas.
Attribute	Fornece um pedaço da informação adicionada, como o momento da assinatura.
Attributes	Coleção de objetos **Attribute**.
BasicConstraints	Fornece acesso somente leitura às restrições básicas de utilização do certificado.
EKU	Fornece acesso às propriedades EKU do certificado.
EKUs	Coleção de objetos EKU.
EncodedData	Representa um bloco de dados codificados.
ExtendedKeyUsage	Fornece acesso somente leitura para as propriedades "extended key usage" dos certificados.
HashedData	Fornece funcionalidade para aplicar o algoritmo de Hash numa String.
KeyUsage	Fornece acesso somente leitura para as propriedades "key usage" dos certificados.
OID	Representa um identificador do objeto que é usado por várias propriedades da CAPICOM.
OIDs	Representa uma coleção de objetos OID.
PolicyInformation	Fornece acesso para a política OID de uma entensão.
Qualifier	Representa um ponteiro para uma CPS (Representa Certification Practice – Declaração de Práticas de Certificação).
Qualifiers	Representa uma coleção de objetos Qualifier.
Settings	Ativa ou desativa as caixas de diálogo para solicitar a identidade do signatário ou do remetente, caso a identidade não seja especificada.
Utilities	Provê funcionalidades para tarefas comuns.

Interoperability Interfaces – As seguintes interfaces permitem derivações de CryptoAPI para trabalhar em conjunto com a CAPICOM 2.0.

Interface	Descrição
ICertContext	Fornece acesso ao contexto de um certificado CAPICOM X.509v3. Esse contexto permite que o certificado CAPICOM seja utilizado em outras derivações de CryptoAPI.

MANUAL DE IMPLANTAÇÃO DA NOTA FISCAL ELETRÔNICA **317**

Você pode encontrar detalhes sobre cada um dos tópicos acima no seguinte site http://msdn.microsoft.com/en-us/library/ sob o tópico "Win32 and COM Development".

Em relação à assinatura digital, essa funcionalidade foi implementada apenas para a versão 5 da MSXML. A MSXML utiliza a implementação XMLDSig (*XML Digital Signature*), que permite assinar e verificar os dados XML na forma de um documento DOM, nós DOM, ou um fluxo SAX.

Trabalhar com o XMLDSig é semelhante a trabalhar com o DOM XML: você chama métodos e propriedades sobre as interfaces COM. Isso ocorre porque o XMLDSig é construído como um conjunto de objetos COM, seguindo o mesmo modelo de programação de outras funcionalidades do MSXML.

A sintaxe e a semântica do XMLDSig seguem o padrão especificado pelo W3C.

A MSXML usa a CAPICOM ou a CryptoAPI para as operações criptográficas, incluindo o gerenciamento de chaves, que são necessárias para a assinatura digital do XML. Na CAPICOM ou na CryptoAPI, as chaves são opacas e podem ser acessadas ou repassadas através de manipuladores. Na MSXML, as chaves são encapsuladas em objetos que implementam a interface IXMLDSigKey ou a interface IXMLDSigKeyEx. Vejamos alguns métodos utilizados no processo de assinatura de um XML:

Método	Descrição
createKeyFromCertContext	Cria e retorna um manipulador (*handle*) de chave de um contexto de certificado conforme definido na CryptoAPI. Ambas as chaves, privadas e públicas, são acessíveis através do *handle*.
createKeyFromCSP	Recupera um manipulador (*handle*) de chave de um contêiner dentro de um determinado CSP (*Cryptographic Service Provider*). Esse *handle* é utilizado para acessar a chave privada usada para assinar ou a chave pública para verificação da assinatura.
createKeyFromHMACSecret	Extrai e retorna um manipulador (*handle*) de chave de um valor secreto codificado em base-64 usado num algoritmo HMAC. Esse *handle* é usado para acessar uma chave que pode ser utilizada tanto para assinar quanto para verificar uma assinatura.

Método	Descrição
createKeyFromHMACSecretBinary	Cria e retorna um manipulador (*handle*) de chave de um valor binário secreto não codificado usado num algoritmo HMAC. A chave acessada através desse *handle* pode ser usada para assinar e verificar um documento XML ou fragmento de documento XML.
createKeyFromNode	Cria e retorna um manipulador (*handle*) de chave com base nas informações contidas no elemento <ds:KeyInfo> e nos seus elementos descendentes (<ds:KeyInfo> é filho de <ds:Signature>). O *handle* é usado para acessar a chave que é utilizada para verificação da assinatura.
createSAXProxy	Cria e retorna um objeto *proxy* SAX. O método setReferenceData usa esse objeto para atribuir um *stream* de SAX como uma nova fonte de dados para o objeto de assinatura.
getCSPHandle	Recupera o manipulador (*handle*) para o fornecedor de serviços criptográficos resultado da chamada do método IXMLDigitalSignature. createKeyFromCSP.
getStoreHandle	Recupera um manipulador (*handle*) para o armazém de certificados, de onde o certificado pode ser recuperado e validado.
getVerifyingCertificate	Recupera o certificado associado com esta chave, que é utilizado na verificação da assinatura.
getVerifyingCertficateContext	Recupera o contexto do certificado associado com esta chave.
setDebugOutput	Define o local de saída do código de depuração.
setReferenceData	Atribui uma nova fonte de dados para um elemento especificado <ds:Reference> em um objeto de assinatura.
setStoreHandle	Define um manipulador (*handle*) para o armazém de certificados em um objeto de assinatura, assim a informação do certificado pode ser inserida no elemento <ds:KeyInfo>.
sign	Dados da assinatura referenciados no elemento <ds:Signature>
verify	Verifica a assinatura de dados referenciada no elemento <ds:Signature>.

Um certificado é uma prova da validade de uma chave pública emitida por uma autoridade certificadora (AC). Quando uma assinatura é verificada utilizando uma chave pública, é uma boa idéia verificar a validade do certificado para garantir que o mesmo não expirou ou foi revogado, e que o emitente é uma AC confiável.

Na MSXML, você pode chamar as funções IXMLDSigKey.getVerifyingCertificate e IXMLDSigKeyEx.getVerifyingCertificateContext para recuperar o certificado da chave usada na verificação da assinatura. Você pode verificar a validade do certificado, utilizando os métodos apropriados ou funções fornecidas pela CAPICOM ou CryptoAPI.

Em relação ao *Hash*, os métodos suportados para assinatura incluem o SHA-1 (*Secure Hash Algorithm 1*), que é o padrão exigido pelo Projeto NF-e.

Existem três tipos de assinatura digital para XML:

- Enveloping Signatures – O elemento <ds:Signature> contém o dado assinado (ou que será assinado) como conteúdo de um elemento <ds:Object>;
- Enveloped Signatures – O dado assinado (ou que será assinado) é um documento XML e contém o elemento <ds:Signature> como seu elemento filho. Esse é o padrão do projeto NF-e;
- Detached Signatures – Não é nenhuma das assinaturas vistas acima. A assinatura e os dados podem estar em arquivos separados ou no mesmo arquivo XML como elementos irmãos.

A melhor maneira de verificar o funcionamento da MSXML juntamente com o Delphi é estudando o código fonte do componente ACBrNFe.

Synapse+OpenSSL

O projeto OpenSSL pode ser consultado na página www.openssl.org. Trata-se de um esforço colaborativo para desenvolver um "kit de ferramentas" que seja robusto, de nível comercial, completo e de código aberto (*Open*

Source) para a implementação dos protocolos SSL (*Secure Sockets Layer*) e TLS (*Transport Layer Security*). Além disso, tem o propósito de ser uma biblioteca completa de criptografia de uso geral. O projeto é gerenciado por uma comunidade mundial de voluntários que usam a Internet para se comunicar, planejar e desenvolver o kit de ferramentas e sua documentação.

Synapse é uma biblioteca de comunicação TCP/IP síncrona *Open Source* para Delphi. Com ela é possível realizar *downloads* de qualquer tipo de arquivo via HTTP.

Veja abaixo as características da Synapse:

- Não se trata de uma suíte de componentes visuais, mas apenas um grupo de classes e rotinas. Nenhuma instalação é necessária. Basta adicionar as units na cláusula uses;
- Funciona no Windows e no Linux (Delphi, Kylix, Lazarus);
- Pode ser compilado pelo Delphi, C++ Builder, Kylix e FreePascal;
- Suporte a comunicação por Winsock carregado dinamicamente ou Libc em modo de bloqueio (ou qualquer outra biblioteca compatível);
- Suporta os protocolos TCP, UDP, ICMP e RAW;
- Suporte limitado o modo de comunicação *non-blocking*;
- Pode usar endereços IPv4 e IPv6;
- Suporte nativo a SOCKS5 para os protocolos TCP e UDP;
- Suporte nativo a SOCKS4/4a para o protocolo TCP;
- Suporte a TCP através tunelamento http;
- Suporte a TCP com SSL/TLS utilizando OpenSSL ou SSLeay;
- Suporte a TCP com SSL/TLS utilizando StreamSecII;
- Suporte a PING via ICMP ou ICMPv6;
- Suporte a codificação e decodificação ASN.1;
- Suporte a DNS (TCP ou UDP);
- Suporte ao uso de vários conjuntos de caracteres: ISO (ISO-8859-X), Windows (CP-125x), KOI8-R, CP-895, CP-852 e Unicode (UCS-4, UCS-2, UTF-7 e UTF-8);

MANUAL DE IMPLANTAÇÃO DA NOTA FISCAL ELETRÔNICA **321**

- Suporte para codificação e decodificação MIME nas mensagens de e-mail (incluindo a conversão de caracteres de todos os conjuntos de caracteres suportados);
- Suporte aos protocolos SMTP e ESMTP;
- Suporte aos protocolos HTTP e HTTPS;
- Suporte ao protocolo SNMP (incluir armadilhas);
- Suporte aos protocolos de tempo NTP e SNTP (inclui *broadcast*);
- Suporte ao protocolo POP3;
- Suporte ao protocolo FTP (suporta vários *firewalls* inclusive personalizados; retoma *download* e *upload*; transferência entre dois servidores FTP);
- Suporte ao protocolo TFTP (cliente e servidor);
- Suporte ao protocolo LDAP;
- Suporte para NNTP (*Network News Transfer Protocol*), incluindo SSL/TLS.
- Suporte a codificação e decodificação em Base64;
- Suporte para calcular CRC16, CRC32, MD5 e HMAC-MD5;
- Suporte para detectar automaticamente os servidores DNS ou configurações de *proxy*.

Vejamos alguns exemplos do que pode ser feito utilizando a Synapse. Para utilizar os exemplos abaixo, basta incluir a unit "HTTPSend" na cláusula uses. Além disso, informe no "Library Path" o caminho das unit, que pode ser "synapse\source\lib".

Algumas rotinas de HTTPSend que são bem interessantes:

- HTTPMethod – faz conexões GET e POST no protocolo HTTP;
- HTTPGetText – retorna o conteúdo de uma URL no formato texto através de um objeto TStrings;
- HTTPGetBinary – retorna o conteúdo de uma URL no formato binário através de um objeto TStream. Com essa função é possível retornar qualquer tipo de arquivo: JPG, TXT, PDF, ZIP, etc.

Vamos criar três funções com os seguintes objetivos: baixar o código HTML de uma página, baixar uma imagem da Internet e baixar um arquivo.

Observe o código das três funções:

```
function BaixarTexto(const URL: String): String;
var
  Strings: TStringList;
begin
  Strings := TStringList.Create;
  try
    if HttpGetText(URL, Strings) then
      Result := Strings.Text
    else
      Result := '';
  finally
    Strings.Free;
  end;
end;
function BaixarImagem(const URL: String; Graphic: TPicture): Boolean;
var
  Stream: TMemoryStream;
  Image: TJPEGImage;
begin
  Stream := TMemoryStream.Create;
  try
    if HttpGetBinary(URL, Stream) then begin
      Image := TJPEGImage.Create;
      try
        Stream.Seek(0, soFromBeginning);
        Image.LoadFromStream(Stream);
        Graphic.Assign(Image);
      finally
        Image.Free;
      end;
    end;
  finally
    Stream.Free;
  end;
end;
function BaixarArquivo(const URL: String; const FileName: String): Boolean;
var
  Stream: TFileStream;
begin
  Stream := TFileStream.Create(FileName, fmCreate);
  try
```

```
    Result := HttpGetBinary(URL, Stream);
  finally
    Stream.Free;
  end;
end;
```

Para testar as funções, crie um formulário semelhante ao que aparece logo abaixo:

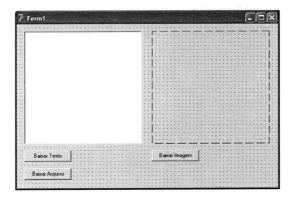

Segue os códigos para cada botão:

```
procedure TForm1.BotaoBaixarTextoClick(Sender: TObject);
begin
  Memo1.Lines.Add(BaixarTexto('http://www.t2ti.com'));
end;
procedure TForm1.BotaoBaixarImagemClick(Sender: TObject);
begin
  BaixarImagem('http://www.t2ti.com/images/capas/cda_plus_ecftef.jpg', Image1.
Picture);
end;
procedure TForm1.BotaoBaixarArquivoClick(Sender: TObject);
begin
  BaixarArquivo('http://www.t2ti.com/images/capas/cda_plus_ecftef.jpg', 'teste.
jpg');
end;
```

O resultado em tempo de execução:

Ao clicar no botão "Baixar Texto", o código HTML da URL informada aparece no componente Memo. Ao clicar no botão "Baixar Imagem", a imagem solicitada aparece no componente Image. Ao clicar no botão "Baixar Arquivo", o arquivo solicitado será salvo na pasta da aplicação.

Esses são apenas pequenos exemplos do que pode ser feito com a Synape.

Ou seja, é muito fácil utilizar a biblioteca Synapse. A melhor maneira de verificar o funcionamento da Synapse juntamente com a OpenSSL no Delphi é estudando o código fonte do componente ACBrNFe.

LibXml2+XmlSEC

LibXml2 é um *parser* XML e um kit de ferramentas feitos em C para o projeto Gnome. É software livre disponibilizado sob a licença MIT.

XmlSEC (*XML Security Library*) é uma biblioteca C baseada na LibXml2.

Observe na figura a seguir a estrutura da biblioteca XmlSEC e suas dependências:

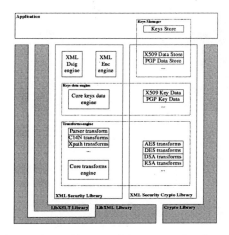

Fonte: http://www.aleksey.com/xmlsec/

A biblioteca não tem dependência de outra biblioteca de criptografia e fornece a implementação de todos os *engines*, bem como suporte para todas as transformações que não envolvem criptografia (*parser* XML, transformação C14N [padrão da NF-e], transformação XPath e XSLT). A biblioteca fornece implementações de criptografia.

A XmlSEC provê suporte para assinatura digital, fornecendo integridade, autenticação de mensagens e autenticação de assinatura para dados de qualquer tipo. Abaixo segue um relatório de interoperabilidade em relação à assinatura digital:

Características e Algoritmos	XMLSec with OpenSSL	XMLSec with GnuTLS	XMLSec with NSS	XMLSec with MSCrypto
Detached Signature	S	S	S	S
Enveloping Signature	S	S	S	S
Enveloped Signature	S	S	S	S
Geração/Validação de SignatureValue	S	S	S	S
Geração/Validação de DigestValue	S	S	S	S
XPointers: suporte total	S	S	S	S

Características e Algoritmos	XMLSec with OpenSSL	XMLSec with GnuTLS	XMLSec with NSS	XMLSec with MSCrypto
XPath	S	S	S	S
XSLT	S	S	S	S
RetrievalMethod (Ex: X509Data)	S	S	S	S
SHA1	S	S	S	S
Base64	S	S	S	S
HMAC-SHA1	S	S	S	N
DSAwithSHA1 (DSS)	S	N	S	S
RSAwithSHA1	S	N	S	S
Suporte a X509	S	N	S	S
Canonical XML 1.0	S	S	S	S
Exlusive Canonical XML 1.0	S	S	S	S
Canonical XML 1.1	S	S	S	S

Algoritmos adicionais:

Algoritmos	XMLSec with OpenSSL	XMLSec with GnuTLS	XMLSec with NSS	XMLSec with MSCrypto
MD5	S	N	N	N
SHA224	S	N	N	N
SHA256	S	N	N	N
SHA384	S	N	N	N
SHA512	S	N	N	N
HMAC-MD5	S	S	S	N
HMAC-SHA224	S	N	N	N
HMAC-SHA256	S	N	N	N
HMAC-SHA384	S	N	N	N
HMAC-SHA512	S	N	N	N
HMAC-RIPEMD160	S	S	N	N
RSA-MD5	S	N	N	N
RSA-SHA224	S	N	N	N

Algoritmos	XMLSec with OpenSSL	XMLSec with GnuTLS	XMLSec with NSS	XMLSec with MSCrypto
RSA-SHA256	S	N	N	N
RSA-SHA384	S	N	N	N
RSA-SHA512	S	N	N	N
RSA-RIPEMD160	S	N	N	N
ECDSA-SHA1	N	N	N	N
ECDSA-SHA224	N	N	N	N
ECDSA-SHA256	N	N	N	N
ECDSA-SHA384	N	N	N	N
ECDSA-SHA512	N	N	N	N
ESIGN-SHA1	N	N	N	N
ESIGN-SHA224	N	N	N	N
ESIGN-SHA256	N	N	N	N
ESIGN-SHA384	N	N	N	N
ESIGN-SHA512	N	N	N	N
ARCFOUR Encryption	N	N	N	N
Camellia Block Encryption 128	N	N	N	N
Camellia Block Encryption 192	N	N	N	N
Camellia Block Encryption 256	N	N	N	N
Camellia Key Wrap 128	N	N	N	N
Camellia Key Wrap 192	N	N	N	N
Camellia Key Wrap 256	N	N	N	N
PSEC-KEM	N	N	N	N

Você encontra documentação e exemplos nos sites das respectivas bibliotecas:

- LibXml2 – http://xmlsoft.org/index.html;
- XmlSEC – http://www.aleksey.com/xmlsec/index.html;

A melhor maneira de verificar o funcionamento dessas bibliotecas no Delphi é estudando o código fonte do componente ACBrNFe.

Delphi e Web Services

O Delphi possui uma paleta chamada WebServices:

Veja abaixo uma breve descrição sobre cada um dos compontes disponibilizados na paleta acima:
- THTTPRIO – utiliza mensagens HTTP para chamar objetos remotos via SOAP. Pode ser utilizado para consumir um Web Service. Esse componente gera uma tabela de métodos em memória e executa os métodos desta tabela codificando a chamada do método como uma requisição SOAP e enviando uma requisição HTTP para o Web Service. Ele extrai a resposta HTTP para obter o valor de retorno e os parâmetros de saída, ou para lançar uma exceção em caso de erro no servidor.
- THTTPReqResp – manipula uma comunicação baseada em HTTP com um Web Service a partir de uma instância THTTPRIO. THTTPRIO usa esse componente para estabelecer uma conexão com o Web Service e executar duas tarefas:
    ○ Uma requisição *"Get"* para obter informações de um documento WSDL;
    ○ Uma requisição *"Post"* para passar uma chamada de método para o servidor para execução e recuperação dos resultados.

  O Web Service alvo das mensagens HTTP pode ser especificado diretamente, usando as propriedades SoapAction e URL, ou pode ser retirado do SoapAction em um documento WSDL, como especificado pela propriedade WSDLView.
- OPToSoapDomConvert – é uma implementação da interface IOPConvert que manipula o empacotamento e o desempacotamento das chamadas de método SOAP. Ele usa um *parser* DOM para

analisar e editar a codificação SOAP de uma chamada de método e seus resultados.

- SoapConnection – é usado para estabelecer e manter uma conexão entre uma aplicação cliente e um servidor de aplicação remoto implementado como um Web Service. O objeto de conexão SOAP pode:

    - Estabelecer uma conexão inicial para servidor de aplicação remoto;
    - Obter uma interface para o servidor de aplicação;
    - Obter uma lista de fornecedores no servidor de aplicação;
    - Fechar a conexão com o servidor de aplicação remoto.

- HTTPSoapDispatcher – responde às mensagens SOAP. Atua como despachante, onde recebe as mensagens e as encaminha para outro componente que lida com a tarefa de interpretá-las e executá-las.
- WSDLHTMLPublish – publica uma lista de documentos WSDL que descreve uma aplicação Web Services.
- HTTPSoapPascalInvoker – interpreta uma mensagem de solicitação SOAP e executa a interface correspondente.

Consumindo o Web Service dos Correios

Vamos criar uma pequena aplicação onde iremos consumir o Web Service dos correios.

Crie uma aplicação no Delphi e salve o projeto em alguma pasta. Após isso clique em "File / New / Other". Selecione a aba "WebServices". Selecione o ícone "WSDL Importer" e clique no botão "OK".

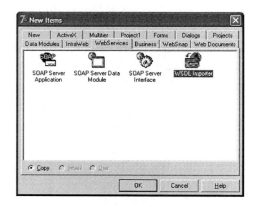

Com este procedimento nós vamos importar o WSDL dos correios e convertê-lo para Object Pascal. Na tela seguinte informe o endereço do WSDL dos correios: http://www.byjg.com.br/site/webservice.php/ws/cep?WSDL e clique no botão "Next".

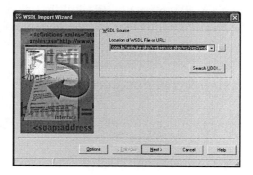

Na janela seguinte clique no botão "Finish" para que o Delphi possa criar a unit referente ao WSDL.

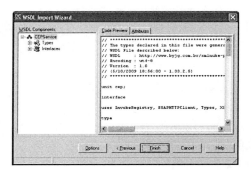

Foi dado o nome "cep" à unit criada. Salve essa unit na mesma pasta do projeto criado acima. Volte ao formulário principal para adicionar a unit "cep", clique em "File / Use Unit...". Selecione a unit "cep" e clique no botão "OK".

No formulário adicione os seguintes componentes: Edit, Button e Memo. O form deve ficar com a seguinte aparência:

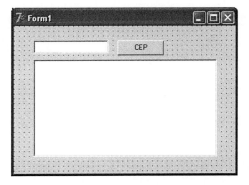

Adicione agora um componente HTTPPRIO da paleta WebServices.

O componente HTTPRIO representa um objeto remoto invocável através de uma conexão HTTP. Isso significa que nossa aplicação cliente utilizará esse componente para se comunicar com o Web Service através da Internet. O componente tem quatro propriedades principais:
- URL;
- WSDLLocation;

- Service;
- Port.

Você utiliza a propriedade URL ou então as outras três. Vamos preencher as outras três propriedades da seguinte forma:
- WSDLLocation: http://www.byjg.com.br/site/webservice.php/ws/cep?WSDL;
- Service: CEPService;
- Port: CEPServicePort;

Perceba que ao informar o WSDLLocation os itens para as outras propriedades já ficarão disponíveis.

O código do botão deverá ficar da seguinte forma:

```
procedure TForm1.CEPClick(Sender: TObject);
var
  ObjSoap : CEPServicePort;
  CEP : string;
begin
  ObjSoap := HTTPRIO1 as CEPServicePort;
  CEP := Edit1.text;
  memo1.Lines.Add(ObjSoap.obterLogradouro(CEP));
end;
```

Execute o sistema e preencha com um CEP qualquer para realizar o teste. Veja o resultado:

Observe que foi retornada uma mensagem sobre autenticação e logo depois foram apresentados o Bairro, Cidade e Estado.

A razão para a mensagem da autenticação é que para consumir esse Web Service o usuário deverá criar um usuário no seguinte site: http://www.byjg.com.br/. Após a criação do usuário, a aplicação deverá ser adaptada para enviar o usuário e a senha como parâmetros.

Como visto nas explicações e exemplo anteriores, a utilização de Web Services no Delphi é bem simples. A melhor maneira de aprender o funcionamento dos Web Services em relação ao Projeto NF-e é estudando o código fonte do componente ACBrNFe.

Conclusões

Construir uma solução para o Projeto NF-e com o Delphi partindo do zero parece desnecessário, pois existem soluções prontas que ajudam o desenvolvedor a desenvolver a aplicação para NF-e, a exemplo da biblioteca NFE_Util e do componente ACBrNFe. No entanto, se existir a necessidade de construir o projeto partindo do zero, as tecnologias abordadas neste capítulo deverão nortear a construção da solução.

Implementando NF-e em Java

Soluções prontas

Existem algumas iniciativas para ajudar o desenvolvedor Java a construir a solução da NF-e. Não são soluções completas como as que vimos em Delphi, mas ajudam bastante a quem vai implementar a NF-e. Um desenvolvedor Java poderia também utilizar uma DLL pronta, como a NFe_Util, mas essa não seria uma boa idéia, visto que a aplicação Java ficaria presa a um sistema operacional específico. Além disso, o Java oferece todas as tecnologias para a implementação da NF-e.

Projeto Stella NFe

O Stella NFe tem por objetivo facilitar o trabalho com os Web Services de Nota Fiscal Eletrônica.

O Stella NFe faz parte de um projeto maior: o Caelum Stella, que visa suprir as necessidades comumente encontradas em aplicações desenvolvidas para o mercado brasileiro. Atualmente, o Caelum Stella fornece uma biblioteca de validadores, formatadores e conversores para documentos brasileiros, tais como CPF, CNPJ e PIS/PASEP. Fornece ainda um gerador de boletos bancários.

O Caelum Stella ainda fornece adaptadores para JSF, JSP tag-libs e Hibernate Validator.

Site oficial do Caelum Stella: http://stella.caelum.com.br/.

Validadores

O Caelum Stella possui os seguintes validadores:

- CPFValidator
    - CPFError.INVALID_DIGITS
    - CPFError.INVALID_FORMAT
    - CPFError.INVALID_CHECK_DIGITS
    - CPFError.REPEATED_DIGITS

- CNPJValidator
    - CNPJError.INVALID_DIGITS
    - CNPJError.INVALID_FORMAT
    - CNPJError.INVALID_CHECK_DIGITS

- NITValidator
    - NITError.INVALID_DIGITS
    - NITError.INVALID_FORMAT
    - NITError.INVALID_CHECK_DIGITS

- InscricaoEstatudalDe...Validator (Para todos os estados)
    - IEError.INVALID_DIGITS
    - IEError.INVALID_FORMAT
    - IEError.INVALID_CHECK_DIGITS

- TituloEleitoralValidator
    - TituloEleitoralError.INVALID_DIGITS

Formatadores

O trabalho dos formatadores é inserir e retirar máscaras. Veja um exemplo de código:

```
/*
FORMATANDO
*/
Formatter formatter = new NITFormatter();
String unfotmatedValue = "17033259504";
String formatedValue = formatter.format(unfotmatedValue );
// formatedValue = "170.33259.50-4"
/*
DESFORMATANDO
*/
Formatter formatter = new NITFormatter();
String fotmatedValue = "170.33259.50-4";
String unformatedValue = formatter.unformat(fotmatedValue );
// unformatedValue = "17033259504"
```

Formatadores disponíveis:
- CPFFormatter
- CNPJFormatter
- NITFormatter

O Sub-Projeto Stella NFe

O Sub-Projeto Stella NFe ainda está em fase de desenvolvimento. A página do Stella NFe na Internet é a seguinte: http://stella.caelum.com.br/nfe-index.html.

Ainda há muito para ser feito. Existe uma lista de desenvolvimento onde você poderá tirar dúvidas e ajudar no desenvolvimento.

Segue um pequeno trecho que mostra como funciona a utilização do Stella NFe:

```
NFe nfe = new NFe().deCancelamento().deNota()
  .withCabecalho()
    .withVersao("versao")
    .withVersaoDados("versão dados")
    .build()
  .withCorpo()
    .withInfCanc()
      .withId("id infcad")
      .build()
    .build();
  System.out.println(nfe.toXml());
```

Vantagens
- Já existe uma infra-estrutura pronta;
- Código fonte disponível;
- Lista de discussão para tirar dúvidas e ajudar no projeto.

Desvantagens
- Falta de documentação;
- Em fase de desenvolvimento;
- Adaptação à lógica de desenvolvimento adotada no projeto.

Projeto Java NFe – jNFe

API Java da camada de serviços para NFe baseada em Spring e Hibernate (ou JPA).

Assim como o Stella NFe, o jNFe é um projeto em desenvolvimento. A página do projeto na Internet é a seguinte: http://sourceforge.net/projects/jnfe/

Existe ainda uma página com alguns artigos no seguinte endereço: http://sourceforge.net/apps/wordpress/jnfe/

Helianto

O projeto jNFe faz uso do projeto Helianto que tem por objetivo trazer produtividade para o desenvolvimento utilizando Spring e JPA. O autor do projeto jNFe cita algumas vantagens para adotar o Helianto:
- Infraestrutura pronta para rodar projetos Spring+Hibernate;
- Uso do Java config no contexto Spring em combinação com Hibernate e classes de filtro permite fácil extensão da camada de persistência;
- Modelo de domínio no módulo Partner do Helianto resolve vários problemas, como, por exemplo, o tratamento uniforme dado a clientes, fornecedores e filiais (usando polimorfismo).

Modularização

O código está modularizado da seguinte maneira:
- jnfe-base contém elementos que devem permanecer estáveis mesmo após a publicação de vários pacotes PLxxx no portal fiscal;
- Módulos utilizados pelo JAXB para *marshalling* e *unmarshalling* (parecido com o processo de serialização de objetos), um para cada PLXXX (a idéia é um módulo para cada novo PLXXX);
- jnfe-core é o núcleo, que contém as classes persistentes e a lógica do negócio;
- Existe ainda um módulo jnfe-danfe.

Gerenciando certificados X.509

Caso seja necessário apresentar um certificado durante o estabelecimento da conexão, este deve ser armazenado no formato "PKCS12", o mesmo dos arquivos *.pfx. Para carregar o arquivo e proteger sua senha, o jNFe oferece um *bean* chamado TransportKeyStoreBean, que já vem pré-configurado no arquivo "jnfe-core-context.xml".

É possível personalizar esse bean com o arquivo de configurações ws.properties com o seguinte conteúdo:

```
transportKeyStore.keyStoreUri=#{ systemProperties['user.home'] }/sender.pfx
transportKeyStore.keyStoreType=pkcs12
transportKeyStore.keyStorePassword=suaSenhaAqui
```

É possível configurar o sistema para trabalhar com vários clientes e com vários certificados, no caso de o certificado de assinatura ser diferente do certificado de transmissão.

Vantagens
- Já existe uma infraestrutura pronta;
- Código fonte disponível;

Desvantagens
- Falta de documentação;
- Em fase de desenvolvimento;
- Adaptação à lógica de desenvolvimento adotada no projeto.

Conclusões

Se o desenvolvedor tem pouco tempo para desenvolver a solução e tem o domínio da linguagem Java, talvez seja vantagem aproveitar a estrutura disponibilizada pelas soluções apresentadas. Se o desenvolvedor tiver tempo disponível e tem o domínio da linguagem Java, também é uma vantagem aproveitar a estrutura disponibilizada e, além disso, poderá ajudar nos projetos.

Em muitos casos, porém, a solução precisa ser desenvolvida partindo do zero. Por esta razão veremos algumas tecnologias disponíveis para a linguagem Java com o intuito de desenvolver o projeto NF-e.

Construindo a solução

Java e XML

Existem várias tecnologias disponíveis para a linguagem Java para a manipulação de arquivos XML. Vejamos algumas delas:

XStream

O XStream é uma biblioteca para serializar objetos para XML e vice-versa. Seguem os recursos do XStream:

- Facilidade de uso: Uma fachada de alto nível é fornecida para simplificar a utilização;
- Sem necessidade de mapeamento: A maioria dos objetos podem ser serializados sem a necessidade de mapeamentos;
- Performance: Velocidade e baixo consumo de memória são uma parte crucial do projeto, tornando-o adequado para objetos gráficos de grande porte ou sistemas com alta taxa de transferência de mensagens;
- XML limpo: Nenhuma informação é repetida. O XML resultante é de fácil leitura para um ser humano, e é mais compacto do que um XML gerado pela serialização nativa do Java;
- Não requer modificações para os objetos: Serializa campos internos, incluindo campos do tipo *private* e *final*. Suporta classes internas (*inner class*) e classe que não são públicas. Não é necessário criar um construtor padrão para as classes;
- Integração com outras APIs XML: Ao implementar uma interface, o XStream pode serializar diretamente de/para qualquer estrutura em árvore (e não apenas um arquivo XML);
- Mensagens de erro: Quando uma exceção ocorre devido a arquivos XML malformados, são fornecidos diagnósticos detalhados para ajudar a isolar e resolver o problema;

- Formato de saída alternativo: O design modular permite outros formatos de saída. Suporta JSON, por exemplo.

Vamos a um exemplo de utilização:

Primeiro vamos criar duas classes que serão serializadas depois: Pessoa.java e Telefone.java. Seguem os códigos:

Pessoa.java:

```java
public class Pessoa {
  private String nome;
  private String endereco;
  private Telefone fone;
  private Telefone celular;
  public Pessoa(String nome, String endereco, Telefone fone, Telefone celular) {
    this.nome = nome;
    this.endereco = endereco;
    this.fone = fone;
    this.celular = celular;
  }
}
```

Telefone.java:

```java
public class Telefone {
  private int codigo;
  private String numero;
  public Telefone(int cod, String num) {
    this.codigo = cod;
    this.numero = num;
  }
}
```

Perceba que os atributos são privados e não existem *Gets* e *Sets*. Ainda assim o XStream conseguirá gerar o XML sem problemas.

Vamos ao código da classe Main.java:

```java
public class Main {
  public static void main(String[] args) {
    XStream xstream = new XStream();
    xstream.alias("pessoa", Pessoa.class);
    xstream.alias("telefone", Telefone.class);
```

MANUAL DE IMPLANTAÇÃO DA NOTA FISCAL ELETRÔNICA **343**

```
Pessoa albert = new Pessoa("Albert", "Rua tal", new Telefone(1, "6666-7777"), new
Telefone(2, "9999-9999"));
  String xml = xstream.toXML(albert);
  System.out.println(xml);
 }
}
```

A saída no console será a seguinte:

```
<pessoa>
  <nome>Albert</nome>
  <endereco>Rua tal</endereco>
  <fone>
    <codigo>1</codigo>
    <numero>6666-7777</numero>
  </fone>
  <celular>
    <codigo>2</codigo>
    <numero>9999-9999</numero>
  </celular>
</pessoa>
```

O XStream facilita o trabalho de geração dos arquivos XML. Vamos observar agora um exemplo de geração de XML do projeto NF-e.

Veja a imagem abaixo, que mostra o diagrama simplificado dos grupos de informações da NF-e.

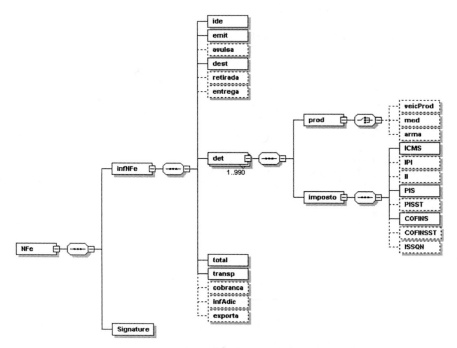

Fonte: Portal da Nota Fiscal Eletrônica - www.nfe.fazenda.gov.br

Nós vamos gerar o XML para o primeiro grupo: "NFe", para o grupo filho "infNFe" e para alguns atributos do grupo "ide".

Nosso objetivo é que nosso XML fique da seguinte forma:

```xml
<nfe xmlns="http://www.portalfiscal.inf.br/nfe">
  <infnfe versao="1.10" id="NFe35080599999090910270550010000000015180051273">
    <ide>
      <cUF>53</cUF>
      <cNF>518005127</cNF>
      <natOp>Venda a vista</natOp>
    </ide>
  </infnfe>
</nfe>
```

Esse XML retrata o seguinte layout definido no Manual de Integração do Contribuinte:

MANUAL DE IMPLANTAÇÃO DA NOTA FISCAL ELETRÔNICA   **345**

#	ID	Campo	Descrição	Ele	Pai	Tipo	Ocorrência	tamanho	Dec	Observação
-	-	NFe	TAG raiz da NF-e	G	-		1-1			TAG raiz da NF-e
A - Dados da Nota Fiscal eletrônica										
#	ID	Campo	Descrição	Ele	Pai	Tipo	Ocorrência	tamanho	Dec	Observação
1	A01	infNFe	TAG de grupo das informações da NF-e	G	Raiz	-	1-1	-		TAG de grupo que contém as informações da NF-e
2	A02	versao	Versão do leiaute	A	-	N	1-1	1-4	2	Versão do leiaute
3	A03	Id	Identificador da TAG a ser assinada	ID	-	C	1-1			informar a chave de acesso da NF-e precedida do literal 'NFe'
4	A04	pk_nitem	regra para que a numeração do item de detalhe da NF-e seja única.	RC	-	-	1-1			Regra de validação do item de detalhe da NF-e, campo de controle do Schema XML, o contribuinte não deve se preocupar com o preenchimento deste campo.
B - Identificação da Nota Fiscal eletrônica										
#	ID	Campo	Descrição	Ele	Pai	Tipo	Ocorrência	tamanho	Dec	Observação
5	B01	ide	TAG de grupo das informações de identificação da NF-e	G	A01		1-1			
6	B02	cUF	Código da UF do emitente do Documento Fiscal	E	B01	N	1-1	2		Código da UF do emitente do Documento Fiscal. Utilizar a Tabela do IBGE de código de unidades da federação (Anexo IV - Tabela de UF, Município e País).
7	B03	cNF	Código Numérico que compõe a Chave de Acesso	E	B01	N	1-1	9		Código numérico que compõe a Chave de Acesso. Número aleatório gerado pelo emitente para cada NF-e para evitar acessos indevidos da NF-e.
8	B04	natOp	Descrição da Natureza da Operação	E	B01	C	1-1	1-60		Informar a natureza da operação de que decorrer a saída ou a entrada, tais como: venda, compra, transferência, devolução, importação, consignação, remessa (para fins de demonstração, de industrialização ou outra), conforme

Fonte: Portal da Nota Fiscal Eletrônica – www.nfe.fazenda.gov.br

Vamos criar a TAG Raiz e duas TAGs internas, sendo que na TAG <ide> informaremos apenas 3 campos, aqueles que podemos ver na figura anterior.

Primeiramente vamos criar nossas classes de modelo.

NFe.java:

```java
public class NFe {
  private final String xmlns="http://www.portalfiscal.inf.br/nfe";
  private infNFe infnfe;
  public NFe(infNFe infnfe) {
    this.infnfe = infnfe;
  }
}
```

Um detalhe importante na classe acima é o atributo "final", que é uma constante. Inseri dessa forma apenas porque o *namespace* será sempre esse mesmo, é um dado fixo.

infNFe.java:

```java
public class infNFe {
  private String versao;
  private String id;
```

```
private transient String pk_nitem;
private ide ide;
public infNFe(String versao, String id, ide ide) {
  this.versao = versao;
  this.id = id;
  this.ide = ide;
 }
}
```

A classe acima também tem um detalhe interessante: veja que o campo "pk_nitem" está definido como *transient*. Isso faz com que esse atributo não seja inserido no XML.

`ide.java:`

```
public class ide {
  private String cUF;
  private String cNF;
  private String natOp;
  public ide(String uf, String nf, String natop) {
    this.cUF = uf;
    this.cNF = nf;
    this.natOp = natop;
  }
}
```

Agora vamos analisar o código da nossa classe principal:

`Main.java:`

```
public class Main {
  public static void main(String[] args) {
    //instancia o XStream
    XStream xstream = new XStream();
    //instancia um objeto ide
    ide ide = new ide("53", "518005127", "Venda a vista");
    //instancia um objeto infNFe
    infNFe infnfe = new infNFe("1.10", "NFe3508059999909091027055001000000001518005
1273", ide);
    //seta os campo versao e id de infNFe como um atributos do XML
    xstream.useAttributeFor(infNFe.class, "versao");
    xstream.useAttributeFor(infNFe.class, "id");
    //instancia um objeto NFe
    NFe nfe = new NFe(infnfe);
    //alias para a NFe
    xstream.alias("nfe", NFe.class);
    //seta o campo xmlns de NFe como um atributo do XML
```

MANUAL DE IMPLANTAÇÃO DA NOTA FISCAL ELETRÔNICA **347**

```
xstream.useAttributeFor(NFe.class, "xmlns");

String xml = xstream.toXML(nfe);
System.out.println(xml);
 }
}
```

O código é simples e está comentado. Deve-se chamar atenção apenas para o detalhe de inserir o atributo do Java como um atributo do XML. Se não for utilizado o comando "xstream.useAttributeFor", os atributos do Java aparecerão como TAGs separadas no XML gerado.

O XStream tem diversos outros recursos. Veja tudo sobre essa biblioteca no *site* oficial do produto: http://xstream.codehaus.org/.

Para trabalhar com os exemplos acima você deverá utilizar o seguinte JAR: "xstream-v.v.v.jar".

JAXB – Java Architecture for XML Binding

O JAXB permite o mapeamento de classes Java para representações em XML. O JAXB fornece duas características principais: a capacidade de empacotar objetos Java em XML (*marshal*) e o converter o XML de volta para objetos Java (*unmarshal*).

Observe na tabela abaixo os tipos de dados suportados para vinculação (*binding*) entre o Java e o XML:

Tipo no Schema XML	Tipo do Java
xsd:string	java.lang.String
xsd:positiveInteger	java.math.BigInteger
xsd:int	Int
xsd:long	Long
xsd:short	Short
xsd:decimal	java.math.BigDecimal
xsd:float	Float
xsd:doublé	Double

Tipo no Schema XML	Tipo do Java
xsd:boolean	Boolean
xsd:byte	Byte
xsd:QName	javax.xml.namespace.QName
xsd:dateTime	javax.xml.datatype.XMLGregorianCalendar
xsd:base64Binary	byte[]
xsd:hexBinary	byte[]
xsd:unsignedInt	Long
xsd:unsignedShort	Int
xsd:unsignedByte	Short
xsd:time	javax.xml.datatype.XMLGregorianCalendar
xsd:date	javax.xml.datatype.XMLGregorianCalendar
xsd:g	javax.xml.datatype.XMLGregorianCalendar
xsd:anySimpleType	java.lang.Object
xsd:anySimpleType	java.lang.String
xsd:duration	javax.xml.datatype.Duration
xsd:NOTATION	javax.xml.namespace.QName

Veja na imagem a seguir a arquitetura do JABX:

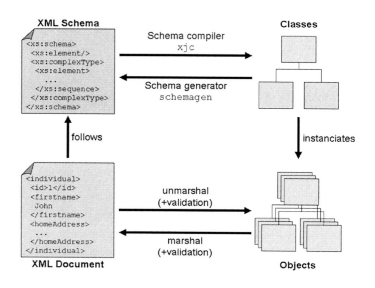

Existem duas formas principais de se trabalhar com o JAXB:

- Anotar manualmente os *beans* desejados, indicando quais propriedades correspondem a quais elementos;
- Gerar os *beans* já mapeados, seguindo as definições de validação escritas em um arquivo XSD (XML *Schema*).

Como o projeto NF-e fornece os arquivos XSD, vamos utilizar o segundo método para poupar tempo e esforço.

Baixe os arquivos de *Schema* do Portal da Nota Fiscal Eletrônica. Descompacte os arquivos numa pasta específica e insira essa pasta no seu projeto.

A geração dos Java Beans pelo JAXB é feita através da ferramenta "xjc", que é distribuída junto com o JDK. Ela está localizada na pasta bin do diretório de instalação do JDK.

Vou utilizar o NetBeans para os exemplos do JAXB. Veja na imagem a seguir como está a minha estrutura de pastas:

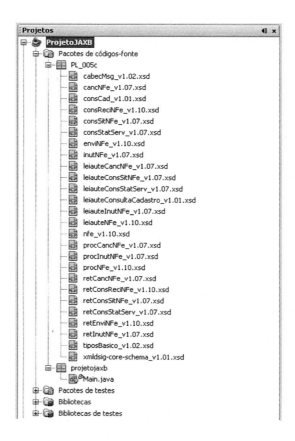

Abra um prompt de comando. Entre na pasta "src" do projeto e execute o seguinte comando:

xjc .\PL_005c\nfe_v1.10.xsd

Isso fará com que diversos arquivos sejam criados, cada um em seu devido pacote.

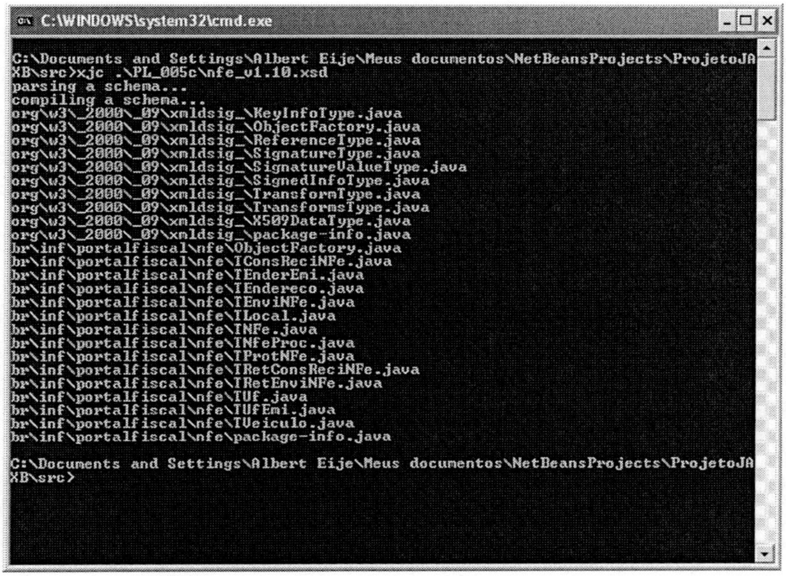

Observe agora a nova estrutura de pastas do projeto:

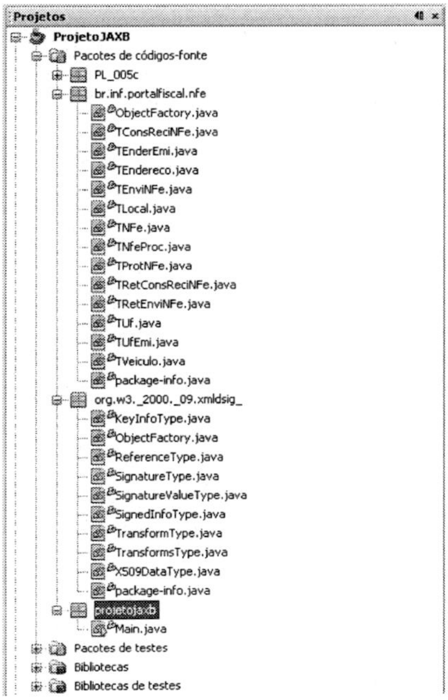

Se abrirmos o arquivo "nfe_v1.10.xsd" não fica logo claro de onde vieram todos esses arquivos gerados. Mas observe que o arquivo "nfe_v1.10.xsd" possui um *include* para outro *Schema*: "leiauteNFe_v1.10.xsd". Esse segundo arquivo possui todas as informações que foram geradas como arquivos Java vistos anteriormente.

Para o JABX em ação, vamos fazer um *marshall/unmarshal* de um arquivo XML de uma NF-e.

O arquivo NF-e tem a seguinte estrutura:

```xml
<?xml version="1.0" encoding="utf-8"?>
<NFe xmlns="http://www.portalfiscal.inf.br/nfe">
  <infNFe Id="NFe35080599999090910270550010000000015180051273" versao="1.10">
    <ide>
      <cUF>35</cUF>
      <cNF>518005127</cNF>
      <natOp>Venda a vista</natOp>
      <mod>55</mod>
      <serie>1</serie>
      <dEmi>2008-05-06</dEmi>
      <cMunFG>3550308</cMunFG>
    </ide>
    <det nitem="1">
      <prod>
        <cProd>1121231111</cProd>
        <cEan>1111111111111</cEan>
        <xProd>PRODUTO DE TESTE</xProd>
        <CFOP>6102</CFOP>
      </prod>
    </det>
    <det nitem="2">
      <prod>
        <cProd>2121231111</cProd>
        <cEan>1111111111111</cEan>
        <xProd>PRODUTO DE TESTE</xProd>
        <CFOP>6102</CFOP>
      </prod>
    </det>
  </infNFe>
</NFe>
```

Nosso objetivo é alterar a TAG <natOp> de "Venda a vista" para "Venda a prazo".

Antes de qualquer coisa, abra o arquivo gerado TNFe.java e insira a seguinte anotação @XmlRootElement logo acima da declaração do construtor da classe:

```
2030   @XmlAccessorType(XmlAccessType.FIELD)
2031   @XmlType(name = "TNFe", propOrder = {
2032       "infNFe",
2033       "signature"
2034   })
2035   @XmlRootElement
2036   public class TNFe {
2037
2038       @XmlElement(required = true)
2039       protected TNFe.InfNFe infNFe;
2040       @XmlElement(name = "Signature", namespace = "http://www.w3.org/2000/09/xmldsig#",
2041       protected SignatureType signature;
2042
```

Após isso implemente o seguinte código na classe principal:

```java
Main.java:
public class Main {
  public static void main(String[] args) {
    try {
      //instancia a classe JAXBContext que serve como um ponto de entrada
      //para as operações disponíveis na API: marshal, unmarshal e validate.
      //Ao invocar o método estático newInstance deve-se indicar qual pacote
      //contém as classes mapeadas
      JAXBContext context = JAXBContext.newInstance("br.inf.portalfiscal.nfe");
      //instancia a classe Unmarshaller, que cria objetos Java a partir de arquivos XML
      Unmarshaller unmarshaller = context.createUnmarshaller();
      //instancia a classe Marshaller, que cria de arquivos XML a partir de objetos
Java
      Marshaller marshaller = context.createMarshaller();
      File notaFile = new File("C:/TesteNFe.xml");
      //aqui ocorre o processo de conversão de XML para Java Beans.
      TNFe nfe = unmarshaller.unmarshal(new StreamSource(notaFile), TNFe.class).
getValue();
      //pode-se efetuar quaisquer alterações
      nfe.getInfNFe().getIde().setNatOp("Venda a prazo");
      //persiste o conteúdo novamente no arquivo XML
      marshaller.marshal(nfe, notaFile);
    } catch (Exception e) {
      e.printStackTrace();
    }
  }
}
```

Analise o código anterior e atente para os comentários.

A página do JABX na Internet fornece bastante documentação e exemplos para sua utilização.

Outras ferramentas Java para manipulação de XML

Existem várias outras ferramentas para efetuar esse trabalho. Apenas para citar mais duas:

- SAX – Simple API for XML (API simples para XML);
- JDOM – DOM para XML exclusivo para o Java. É integrado ao SAX, suporta XPath e XSLT. Usa *parsers* externos para construir documentos.

O desenvolvedor deverá adotar a que melhor de adaptar no seu caso.

Java e certificação digital

Os certificados digitais que utilizamos nos exemplos do Delphi estavam em um "armazém" de certificados do próprio Windows. Quando trabalhamos com Java nós precisamos criar o nosso próprio armazém (*KeyStore*). Veremos mais a frente como fazer isso.

Assinando e validando arquivos XML

Se você estiver trabalhando com certificados do tipo A1 deverá gerar um arquivo ".p12" ou ".pfx" para assinar os arquivos XML da NF-e. Se estiver usando um A3 deverá se comunicar com o certificado através do *driver* disponibilizado pelo fabricante.

Para assinar os arquivos XML trabalharemos com a API Java XML Digital Signature.

Essa API define os seguintes pacotes:

javax.xml.crypto – contém classes comuns que são usadas para executar operações criptográficas em arquivos XML, tais como a geração e verificação de assinaturas. Algumas interfaces importantes do pacote: KeySelector, URIDereferencer e Data.

A interface keySelector permite aos usuários localizar e, opcionalmente, validar chaves usando as informações contidas em um objeto KeyInfo.

A interface URIDereferencer permite criar e especificar implementações personalizadas de o URI-dereferencing (usar a URI para acessar determinado recurso).

A interface Data representa várias formas de dados segmentados por assinatura e é classificada como NodeSetData e OctetStreamData. NodeSetData é uma representação abstrata de DataType, representando o conjunto de nós. OctetStreamData representa os dados binários segmentados para assinatura.

javax.xml.crypto.dsig – inclui interfaces que representam os principais elementos definidos na especificação W3C XML para assinaturas digitais. Algumas das interfaces importantes são: XMLSignature, SignedInfo, CanonicalizationMethod, SignatureMethod, Reference e DigestMethod. A classe XMLSignatureFactory, fornecida no pacote, pode ser usada para criar e desempacotar objetos de assinatura.

A classe XMLSignature representa o elemento *Signature* definido pelo padrão W3C. Os métodos sign e validate podem ser usados para proteger e validar os dados, respectivamente.

A classe SignedInfo representa o elemento SignedInfo definido pelo padrão W3C. Essa classe contem os métodos CanonicalizationMethod e SignatureMethod. CanonicalizationMethod é o algoritmo de canonização aplicado sobre SignedInfo. SignatureMethod representa o algoritmo de assinatura usado executar as operações sign e validade. A classe SignedInfo pode ter uma ou mais referências. Cada referência identifica o alvo que deve ser protegido e também fornece uma lista de algoritmos de transformação aplicados ao alvo antes de calcular o *digest*.

javax.xml.crypto.dsig.keyinfo – contém interfaces que representam a maioria das estruturas KeyInfo definidas no W3C para assinatura digital em arquivos XML. Os usuários podem usar a classe KeyInfoFactory para criar objetos da classe KeyInfo.

javax.xml.crypto.dsig.spec – contém interfaces e classes que representam os parâmetros de entrada (input) para os algoritmos *digest, signature, transform e canonicalization* utilizados no processamento de assinatura do XML.

javax.xml.crypto.dom e javax.xml.crypto.dsig.dom – contém classes específicas para o Document Object Model (DOM) dos pacotes javax.xml.crypto e javax.xml.crypto.dsig, respectivamente. Apenas os desenvolvedores que estão criando ou usando uma implementação de XMLSignatureFactory ou KeyInfoFactory baseadas em DOM precisariam fazer uso direto desses pacotes.

O código a seguir mostra como criar uma assinatura do tipo *Enveloped*, exigida pelo projeto NF-e:

```
XMLSignatureFactory fac = XMLSignatureFactory.getInstance("DOM");
DigestMethod digestMethod =
  fac.newDigestMethod("http://www.w3.org/2000/09/xmldsig#sha1", null);
C14NMethodParameterSpec spec = null;
CanonicalizationMethod cm = fac.newCanonicalizationMethod(
  "http://www.w3.org/2001/10/xml-exc-c14n#",spec);
SignatureMethod sm = fac.newSignatureMethod(
  "http://www.w3.org/2000/09/xmldsig#rsa-sha1",null);
ArrayList transformList = new ArrayList();
TransformParameterSpec transformSpec = null;
Transform envTransform = fac.newTransform(
  "http://www.w3.org/2001/10/xml-exc-c14n#",transformSpec);
Transform exc14nTransform = fac.newTransform(
  "http://www.w3.org/2000/09/xmldsig#enveloped-signature",transformSpec);
transformList.add(envTransform);
transformList.add(exc14nTransform);
Reference ref = fac.newReference("",digestMethod,transformList,null,null);
ArrayList refList = new ArrayList();
refList.add(ref);
SignedInfo signedInfo = fac.newSignedInfo(cm,sm,refList);
```

Cria-se uma instância de XMLSignatureFactory e uma representação para o elemento DigestMethod do XML.

Para realizar a canonização do XML deve-se fornecer uma variável C14NMethodParameterSpec que será utilizada no CanonicalizationMethod, que junto com o SignatureMethod será utilizado para usar apropriadamente os métodos fornecidos por XMLSignatureFactory. CanonicalizationMethod representa o algoritmo de canonização e SignatureMethod o algoritmo de assinatura.

As próximas linhas tratam do algoritmo de transformação.

Deve-se criar um objeto Reference para definir o alvo que será assinado.

O próximo passo é criar um objeto SignedInfo. Para isso, é necessário passar como parâmetros o algoritmo de canonização, o algoritmo de assinatura e uma lista de referências.

O código a seguir mostra como validar uma assinatura:

```
public boolean validate(Element signature){
  DOMValidateContext validationContext =
    new DOMValidateContext(new KeySelectorImpl(), signature);
  XMLSignatureFactory signatureFactory =
    XMLSignatureFactory.getInstance("DOM");
  XMLSignature signature =
    signatureFactory.unmarshalXMLSignature(validationContext);
  validationContext.setURIDereferencer(new URIResolverImpl());
  boolean validMessage = signature.validate(validationContext);
  if(validMessage){
    System.out.println("Assinatura válida");
  }else{
    System.out.println("Assintura inválida");
  }
    return validMessage;
}
```

Para validar um elemento de assinatura, você pode começar criando um DOMValidateContext. Para isso, deve passar como parâmetros uma implementação de KeySelector e uma representação DOM da assinatura. A implementação KeySelector é usada para recuperar a chave que será utilizada para validar a assinatura. Para realizar a validação, é preciso recriar o XMLSignature fazendo um *unmarshall* (desempacotamento) do DOMValidateContext. O atributo URIDereferencer do objeto DOMValidateContext, será usado para recuperar os alvos assinados. Para validar a assinatura chama-se o método validate do objeto XMLSignature.

Observe a seguir um XML de uma NF-e assinada. Não serão exibidas todas as TAGs, para focarmos apenas nas TAGs de assinatura:

```xml
<?xml version="1.0" encoding="utf-8"?>
<NFe xmlns="http://www.portalfiscal.inf.br/nfe">
 <infNFe Id="NFe35080599999090910270550010000000015180051273" versao="1.10">
  <ide><cUF>53</cUF></ide>
  <emit><CNPJ>99999090910270</CNPJ></emit>
  <dest><CNPJ>00000000000191</CNPJ></dest>
  <det>
   <prod><cProd>00001</cProd><xProd>Agua Mineral</xProd></prod>
  </det>
 </infNFe>
 <Signature xmlns="http://www.w3.org/2000/09/xmldsig#">
  <SignedInfo>
   <CanonicalizationMethod Algorithm=
    "http://www.w3.org/TR/2001/REC-xml-c14n-20010315" />
   <SignatureMethod Algorithm=
    "http://www.w3.org/2000/09/xmldsig#rsa-sha1" />
   <Reference URI="#NFe35080599999090910270550010000000015180051273">
    <Transforms>
     <Transform Algorithm=
      "http://www.w3.org/2000/09/xmldsig#enveloped-signature" />
     <Transform Algorithm=
      "http://www.w3.org/TR/2001/REC-xml-c14n-20010315" />
    </Transforms>
    <DigestMethod Algorithm=
     "http://www.w3.org/2000/09/xmldsig#sha1" />
    <DigestValue>xhTSDMH61e9uqe04lnoHT4ZzLSY=</DigestValue>
   </Reference>
  </SignedInfo>
  <SignatureValue>
   Iz5Z3PLQbzZt9jnBtr6xsmHZMOu/3plXG9xxfFjRCQYGnD1rjlhzBGrqt02
   6Ca2VHHM/bHNepi6FuFkAi595GScKVuHREUotzifE2OIjgavvTOrMwbXG7+
   0LYgkwPFiPCao2S33UpZe7MneaxcmKQGKQZw1fP8fsWmaQ4cczZT8=
  </SignatureValue>
  <KeyInfo>
   <X509Data>
    <X509Certificate>
     MIIEuzCCA6OgAwIBAgIDMTMxMA0GCSqGSIb3DQEBBQUAMIGSMQswCQYDVQQGEw
```

MANUAL DE IMPLANTAÇÃO DA NOTA FISCAL ELETRÔNICA   **359**

```
JCUjELMAkGA1UECBMCU1MxFTATBgNVBAcTDFBvcnRvIEFsZWdyZTEdMBsGA1UE
    ChMUVGVzdGUgUHJvamV0byB0RmUgU1MxHTAbBgNVBAsTFFR1c3R1IFByb2p1dG
    8gTkZ1IFJTMSEwHwYDVQQDExhORmUgLSBBQyBJbnR1cm11ZG1hcm1hIDEwHhcN
    MDgwNDI4MDkwMTAyWhcNMDkwNDMwMjM1OTU5WjCBnjELMAkGA1UECBMCU1MxHT
    AbBgNVBAsTFFR1c3R1IFByb2p1dG8gTkZ1IFJTMR0wGwYDVQQKExRUZXN0ZSBQ
    cm9qZXRvIE5GZSBSUzEVMBMGA1UEBxMMUE9SVE8gQUxFR1JFMQswCQYDVQQGEw
    JCUjEtMCsGA1UEAxMkTkZ1IC0gQXNzb2NpYWNhbyB0Ri11Ojk5OTk5MDkwOTEw
    MjcwMIGfMA0GCSqGSIb3DQEBAQUAA4GNADCBiQKBgQDDh6RRv0bj4RYX+tDQrZ
    Rb5opa77LBVVs+6LphIfSF3TSWPfnKh0+xL1BFdmnB5YGgbbW9Uon6pZQTfaC8
    jZhRhI5eFRRofY/Ugoeo0NGt6PcIQNZQd61LQ/ASd1qWwjqJoEa7udriKjy3h3
    51Mf1bng1VxS1urqC3Dn39ZWIEwQIDAQABo4IBjjCCAYowIgYDVR0jAQEABBgw
    FoAUPT5TqhNWAm+ZpcVsvB7ma1DBjEQwDwYDVR0TAQH/BAUwAwEBADAPBgNVHQ
    8BAf8EBQMDAOAAMAwGA1UdIAEBAAQCMAAwgbwGA1UdEQEBAASBsTCBrqA4BgVg
    TAEDBKAvBC0wNzA4MTk1MTE1MTk0NTMxMDg3MDAwMDAwMDAwMDAwMDAwMDAwMD
    AwMDAwMDCgHQYFYEwBAwKgFAQSRmVybmFuZG8gQ2FudG8gQWx0oBkGBWBMAQMD
    oBAEDjk5OTk5MDkwOTEwMjcwBcCGBWBMAQMHoA4EDDAwMDAwMDAwMDAwMIEfZm
    VybmFuZG8tYWx0QHByb2N1cmdzLnJzLmdvdi5icjAgBgNVHSUBAf8EFjAUBggr
    BgEFBQcDAgYIKwYBBQUHAwQwUwYDVR0fAQEABEkwRzBFoE0gQYY/aHR0cDovL2
    5mZWN1cnRpZm1jYWRvLnN1ZmF6LnJzLnJzLmdvdi5ici9MQ1IvQUNJbnR1cm11ZG1h
    cm1hMzguY3JsMA0GCSqGSIb3DQEBBQUAA4IBAQCNPpaZ3Byu3/70nObXE8NiM5
    3j1ddIFXsb+v2ghCVd4ffExv3hYc+/a31fgV8H/WfQsdSCTzS2cHrd4Aasr/eX
    fc1VDmf2hcWz+R7iysOHuT6B6r+DvV3JcMdJJCDdynR5REa+zViMnVZo1G3Kuc
    eQ7/y5X3WFNVq4kwHvonJ9oExsWyw8rTwUK5bsjz0A2yEwXkmkJIngnF41sP31
    +9jCImiqkXcmsesFhxzX7iurAQAQCZOm7iwMWxQKcAjXCZrgSZWRQy6mU224sX
    3HTArHahmLJ9Iw+WYAua5qBJsiN6PC7v5tfhrEQFpcG39yMn0ecxvkkPolDUyB
    a7d7xwgm
    </X509Certificate>
    </X509Data>
  </KeyInfo>
 </Signature>
</NFe>
```

Perceba no exemplo anterior que a TAG <Signature> está contida dentro do documento. Ela é filha da TAG <NFe>. Isso se dá porque estamos trabalhando com uma assinatura XML do tipo *Enveloped*, que é o padrão exigido pelo projeto NF-e.

A TAG <CanonicalizationMethod> define como URI o algoritmo usado para canonizar o elemento <SignedInfo> antes de ele ser assinado ou validado. A canonização é o processo de converter o conteúdo do XML para uma representação física, chamada de forma canônica, a fim de eliminar as mudanças sutis que podem invalidar uma assinatura sobre esses dados. A canonização é necessária devido à natureza do XML e da forma como é analisado por processadores diferentes e intermediários, o que pode alterar os dados de tal forma que a assinatura não seja mais válida, mas os dados assinados ainda sejam logicamente equivalentes. A canonização elimina estas variações sintáticas convertendo o XML para uma forma canônica antes de gerar ou validar a assinatura.

A TAG <SignatureMethod> define como URI o algoritmo de assinatura digital usado para gerar a assinatura. No caso da NF-e o algoritmo utilizado é o *"PKCS#1 RSA-SHA1"*. Um ou mais elementos Reference identificam os dados que estão assinados. Cada elemento Reference identifica os dados por meio de um URI. No nosso exemplo, a TAG <NFe> tem um atributo *id* com o seguinte valor: "NFe35080599999090910270755001000 0000015180051273". Observe que esse é o mesmo valor do URI do elemento Reference. Se você deixar o URI vazio, isso indicará que todo do documento deverá ser assinado.

A TAG <Transforms> é opcional no contexto de assinaturas de XML. No caso do projeto NF-e ela é obrigatória. Essa TAG contém uma lista de um ou mais elementos de transformação, cada um dos quais descreve um algoritmo de transformação utilizado para transformar os dados antes do *digest* e da assinatura, ou validação. No projeto NF-e são exigidos dois algoritmos de transformação: *Enveloped* e C14N.

A TAG <DigestMethod> define como URI o algoritmo usado para o *digest* (impressão digital). No caso da NF-e, o algoritmo definido é o SHA-1. A TAG <DigestValue> contém o *digest* codificado em Base64.

A TAG <SignatureValue> contém a assinatura codificada em Base64.

A TAG <KeyInfo> é opcional e contém informações sobre a chave que é necessária para validar a assinatura. No caso do projeto NF-e essa TAG é obrigatória e deve conter a chave pública do certificado do usuário final. Essa chave é codificada em Base64 e fica contida dentro da TAG <X509Certificate>.

Com base nas informações acima, vamos criar um assinador para o projeto NF-e:

Assinador.java

```java
import java.io.File;
import java.io.FileInputStream;
import java.io.FileOutputStream;
import java.io.OutputStream;
import java.security.KeyStore;
import java.security.Provider;
import java.security.cert.X509Certificate;
import java.util.ArrayList;
import java.util.Collections;
import java.util.Enumeration;
import java.util.List;
import javax.xml.crypto.dsig.CanonicalizationMethod;
import javax.xml.crypto.dsig.DigestMethod;
import javax.xml.crypto.dsig.Reference;
import javax.xml.crypto.dsig.SignatureMethod;
import javax.xml.crypto.dsig.SignedInfo;
import javax.xml.crypto.dsig.Transform;
import javax.xml.crypto.dsig.XMLSignature;
import javax.xml.crypto.dsig.XMLSignatureFactory;
import javax.xml.crypto.dsig.dom.DOMSignContext;
import javax.xml.crypto.dsig.dom.DOMValidateContext;
import javax.xml.crypto.dsig.keyinfo.KeyInfo;
import javax.xml.crypto.dsig.keyinfo.KeyInfoFactory;
import javax.xml.crypto.dsig.keyinfo.X509Data;
import javax.xml.crypto.dsig.spec.C14NMethodParameterSpec;
import javax.xml.crypto.dsig.spec.TransformParameterSpec;
import javax.xml.parsers.DocumentBuilder;
import javax.xml.parsers.DocumentBuilderFactory;
import javax.xml.transform.Transformer;
import javax.xml.transform.TransformerFactory;
import javax.xml.transform.dom.DOMSource;
import javax.xml.transform.stream.StreamResult;
import org.w3c.dom.Document;
import org.w3c.dom.Element;
import org.w3c.dom.NodeList;
public class Assinador {
  private static final String C14N_TRANSFORM_METHOD = "http://www.w3.org/TR/2001/
REC-xml-c14n-20010315";
  private static final String PROVIDER_CLASS_NAME = "org.jcp.xml.dsig.internal.dom.
XMLDSigRI";
  private static final String PROVIDER_NAME = "jsr105Provider";
  public void assinar(String arquivoXML, String arquivoCertificado,
      String password, String arquivoXMLNovo, String operacao) throws Exception {
    /*
    operacao
```

```java
'1' - NFE
'2' - CANCELAMENTO
'3' - INUTILIZACAO
*/
String tag = "";
if (operacao.equals("1")) {
  tag = "infNFe";
} else if (operacao.equals("2")) {
  tag = "infCanc";
} else if (operacao.equals("3")) {
  tag = "infInut";
}
DocumentBuilderFactory factory = DocumentBuilderFactory.newInstance();
factory.setNamespaceAware(false);
DocumentBuilder builder = factory.newDocumentBuilder();
Document docs = builder.parse(new File(arquivoXML));
NodeList elements = docs.getElementsByTagName(tag);
Element el = (Element) elements.item(0);
String id = el.getAttribute("Id");
// Cria um DOM do tipo XMLSignatureFactory que será utilizado
// para gerar a assinatura envelopada (enveloped signature)
String providerName = System.getProperty(PROVIDER_NAME,
      PROVIDER_CLASS_NAME);
XMLSignatureFactory fac = XMLSignatureFactory.getInstance("DOM",
      (Provider) Class.forName(providerName).newInstance());
// Define os algoritmos de transformação
ArrayList transformList = new ArrayList();
TransformParameterSpec tps = null;
Transform envelopedTransform = fac.newTransform(Transform.ENVELOPED,
      tps);
Transform c14NTransform = fac.newTransform(C14N_TRANSFORM_METHOD, tps);
transformList.add(envelopedTransform);
transformList.add(c14NTransform);
// Cria o objeto Reference
Reference ref = fac.newReference("#" + id, fac.newDigestMethod(
      DigestMethod.SHA1, null), transformList, null, null);
// Cria o elemento SignedInfo
SignedInfo si = fac.newSignedInfo(fac.newCanonicalizationMethod(
      CanonicalizationMethod.INCLUSIVE,
      (C14NMethodParameterSpec) null), fac.newSignatureMethod(SignatureMethod.
RSA_SHA1, null),
      Collections.singletonList(ref));
// Carrega o KeyStore e obtem a chave do certificado
KeyStore ks = KeyStore.getInstance("PKCS12");
ks.load(new FileInputStream(arquivoCertificado), password.toCharArray());
Enumeration aliasesEnum = ks.aliases();
```

MANUAL DE IMPLANTAÇÃO DA NOTA FISCAL ELETRÔNICA   **363**

```java
String alias = "";
while (aliasesEnum.hasMoreElements()) {
  alias = (String) aliasesEnum.nextElement();
  if (ks.isKeyEntry(alias)) {
    break;
  }
}
KeyStore.PrivateKeyEntry keyEntry = (KeyStore.PrivateKeyEntry)
ks.getEntry(alias, new KeyStore.PasswordProtection(password.toCharArray()));
// Instancia um certificado do tipo X509
X509Certificate cert = (X509Certificate) keyEntry.getCertificate();
// Cria o elemento KeyInfo contendo a X509Data.
KeyInfoFactory kif = fac.getKeyInfoFactory();
List x509Content = new ArrayList();
x509Content.add(cert);
X509Data xd = kif.newX509Data(x509Content);
KeyInfo ki = kif.newKeyInfo(Collections.singletonList(xd));
// Instancia o documento que será assinado
DocumentBuilderFactory dbf = DocumentBuilderFactory.newInstance();
dbf.setNamespaceAware(true);
Document doc = dbf.newDocumentBuilder().parse(
      new FileInputStream(arquivoXML));
// Cria o DOMSignContext especificando a chave e o nó pai
DOMSignContext dsc = new DOMSignContext(keyEntry.getPrivateKey(), doc.getDocu-
mentElement());
// Cria a XMLSignature, mas não assina ainda
XMLSignature signature = fac.newXMLSignature(si, ki);
// Empacota (marshal), gera e assina
signature.sign(dsc);
// Arquivo novo assinado
OutputStream os = new FileOutputStream(arquivoXMLNovo);
TransformerFactory tf = TransformerFactory.newInstance();
Transformer trans = tf.newTransformer();
trans.transform(new DOMSource(doc), new StreamResult(os));
// Encontra o elemento Signature
NodeList nl = doc.getElementsByTagNameNS(XMLSignature.XMLNS,
      "Signature");
if (nl.getLength() == 0) {
  throw new Exception("Não foi possível encontrar o elemento Signature");
}
// Cria um DOMValidateContext
DOMValidateContext valContext = new DOMValidateContext(
      new X509KeySelector(ks), nl.item(0));
// Dsempacota (unmarshal) a XMLSignature
XMLSignature signatures = fac.unmarshalXMLSignature(valContext);
// Valida a XMLSignature.
```

```java
boolean coreValidity = signatures.validate(valContext);
// Checa o status da validação
if (coreValidity == false) {
  System.err.println("Falha na Assinatura!");
} else {
  System.out.println("Assinatura Correta!");
}
}
public static void main(String[] args) throws Exception {
  if (args.length != 5) {
  System.out.println("Passe os cinco parâmetros necessários");
  return;
}
  String caminhoXml = args[0];
  String caminhoCertificado = args[1];
  String senha = args[2];
  String arquivoXmlNovo = args[3];
  String tipo = args[4];
  File file = new File(caminhoXml);
  if (!file.exists()) {
  System.out.println("Arquivo " + caminhoXml + " não encontrado!");
  return;
}
  file = new File(caminhoCertificado);
  if (!file.exists()) {
  System.out.println("Arquivo " + caminhoCertificado + " não encontrado!");
  return;
}
  try {
  Assinador t = new Assinador();
  t.assinar(caminhoXml, caminhoCertificado, senha, arquivoXmlNovo,
      tipo);
  System.out.println("Arquivo XML assinado com sucesso" + caminhoXml + "!");
} catch (Exception e) {
  System.out.println("Erro ao tentar assinar arquivo XML! \n\n" + e.toString());
  }
 }
}
```

Analise o código acima e as informações já passadas e verá como o processo é simples. Um detalhe importante no código acima é que em determinado momento é instanciado um objeto do tipo X509KeySelector e é passado como parâmetro um KeyStore.

KeySelector é uma classe abstrata responsável por encontrar e retornar uma chave usando os dados contidos num objeto KeyInfo. No exemplo acima o KeyStore é instanciado passando-se como parâmetros um certificado do tipo PKCS12 e uma senha. Para instanciar corretamente o KeySelector precisamos de uma implementação de KeySelector. Como estamos trabalhando com um certificado do tipo X.509, devemos criar uma implementação de KeySelector para esse certificado. Existem várias implementações desse tipo na Internet. Aproveitei uma fornecida pela própria SUN, cujo código fonte segue logo abaixo:

X509KeySelector.java

```java
import java.security.Key;
import java.security.KeyStore;
import java.security.KeyStoreException;
import java.security.PublicKey;
import java.security.cert.X509Certificate;
import java.util.Iterator;
import javax.xml.crypto.*;
import javax.xml.crypto.dsig.*;
import javax.xml.crypto.dsig.keyinfo.*;
public class X509KeySelector extends KeySelector {
  private KeyStore ks;
  public X509KeySelector(KeyStore keyStore) throws KeyStoreException {
    if (keyStore == null) {
      throw new NullPointerException("keyStore is null");
    }
    this.ks = keyStore;
    this.ks.size();
  }
  public KeySelectorResult select(KeyInfo keyInfo,
        KeySelector.Purpose purpose,
        AlgorithmMethod method,
        XMLCryptoContext context)
        throws KeySelectorException {
    Iterator ki = keyInfo.getContent().iterator();
    while (ki.hasNext()) {
      XMLStructure info = (XMLStructure) ki.next();
      if (!(info instanceof X509Data)) {
        continue;
      }
      X509Data x509Data = (X509Data) info;
      Iterator xi = x509Data.getContent().iterator();
      while (xi.hasNext()) {
        Object o = xi.next();
```

```java
      if (!(o instanceof X509Certificate)) {
        continue;
      }
      final PublicKey key = ((X509Certificate) o).getPublicKey();
      if (algEquals(method.getAlgorithm(), key.getAlgorithm())) {
        return new KeySelectorResult() {
          public Key getKey() {
            return key;
          }
        };
      }
    }
  }
  throw new KeySelectorException("No key found!");
}
static boolean algEquals(String algURI, String algName) {
  if ((algName.equalsIgnoreCase("DSA") &&
       algURI.equalsIgnoreCase(SignatureMethod.DSA_SHA1)) ||
      (algName.equalsIgnoreCase("RSA") &&
       algURI.equalsIgnoreCase(SignatureMethod.RSA_SHA1))) {
    return true;
  } else {
    return false;
  }
}
}
```

A classe Assinador.java tem um método *main* que espera 5 parâmetros. Para facilitar o teste vamos criar outra classe principal, com um método *main* também para chamar o método principal de Assinador.java passando os parâmetros necessários.

Main.java

```java
public class Main {
  public static void main(String[] args) {
    String vetor[] = {"c:/TesteNFe.xml","E:\\keystoreDF\\t2ti.p12","teste","c:/Tes-
teNFeAssinado.xml","1"};
    try {
      Assinador.main(vetor);
    }catch(Exception e) {
      e.printStackTrace();
    }
  }
}
```

Perceba que estou passando o certificado "t2ti.p12" como parâmetro. Trata-se de um certificado A1 válido.

O resultado do código acima será um XML de NF-e assinado, conforme vimos anteriormente.

Java e Web Services

Arquivos WSDL

O primeiro passo para consumir os Web Services disponibilizados é baixar os arquivos WSDL. Além disso, será necessário baixar a cadeia de certificados.

Alguns Estados trabalham com a SEFAZ Virtual do RS. Faremos os testes seguintes no ambiente de homologação dessa SEFAZ.

O endereço para o ambiente de homologação da SEFAZ Virtual é o seguinte: https://homologacao.nfe.sefazvirtual.rs.gov.br/. Ao acessar o endereço aparecem as seguintes informações:

O usuário deverá baixar e instalar a cadeia de certificados. O desenvolvedor deverá baixar os arquivos WSDL. Após baixar e descompactar o arquivo com os WSDL, você terá acesso aos seguintes arquivos:

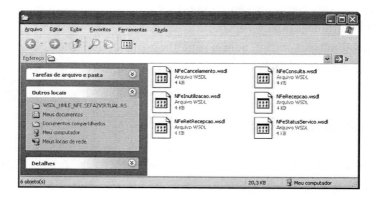

Crie um projeto no Eclipse ou no NetBeans e copie a pasta com os WSDL para dentro do projeto, conforme imagens abaixo:

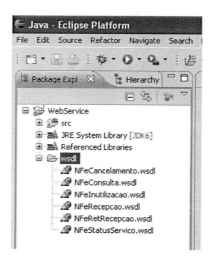

Projeto no Eclipse

Projeto no NetBeans

Tanto o Eclipse quanto o NetBeans fornecem ferramentas para "importar" o WSDL de tal forma que toda uma estrutura de classes já seja formada.

Faremos o processo primeiramente no Eclipse. Clique com o botão direito do mouse em cima do nome do projeto (WebService) e escolha a opção "New/Other". Na janela que vai surgir selecione a opção "Web Services / Web Service Client", conforme exibido na imagem abaixo:

Clique no botão "Next". Na janela seguinte você deve informar a definição do serviço, ou seja, um arquivo WSDL.

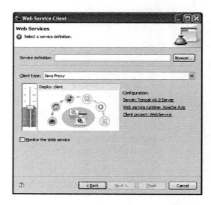

Clique no botão "Browse..." e na janela seguinte clique novamente no botão "Browse...". Na janela "Resource browser", selecione o arquivo "NFeStatusServico.wsdl".

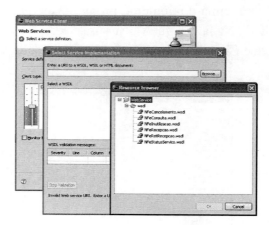

Clique no botão "OK" das duas últimas janelas e no botão "Finish" da primeira janela para finalizar o processo.

Será criado o seguinte pacote: br.inf.portalfiscal.www.nfe.wsdl.NfeStatusServico. Dentro desse pacote serão criadas 6 classes, conforme observado na imagem abaixo:

Essas classes fornecem uma estrutura pronta para o consumo do Web Service Status do Serviço.

O processo no NetBeans deve ser feito da seguinte maneira: clique com o botão direito em cima do nome do projeto e selecione a opção "Novo / Outro". Na janela que vai surgir selecione a opção "Serviços Web / Cliente para serviço Web", conforme exibido na imagem a seguir:

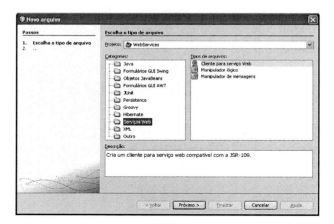

Clique no botão "Próximo". Na janela seguinte, selecione o botão de rádio "Arquivo local:", clique no botão "Procurar..." correspondente e selecione o arquivo "NFeStatusServico.wsdl".

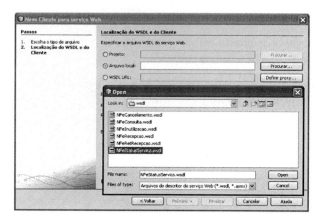

Após selecionar o arquivo clique no botão "Finalizar". Não esqueça de marcar a caixa "Gerar código de distribuição".

Clique na guia "Arquivos" do NetBeans para verificar os arquivos gerados pelo procedimento anterior.

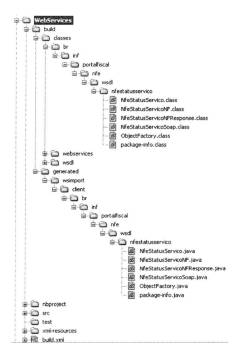

Assim como no Eclipse, foi criada toda uma estrutura para o consumo do Web Service Status do Serviço.

Consumindo o Web Service

Neste ponto muitos desenvolvedores ficam confusos e gastam muito tempo para compreender o processo e consumir corretamente os Web Services do projeto NF-e.

Para consumir os Web Services da NF-e serão necessários:
- O certificado do usuário final;
- O certificado ou cadeia de certificados utilizados pelo servidor do Web Service.

Se o contribuinte estiver trabalhando com um certificado do tipo A1, deverá exportar esse certificado, utilizando um *browser* ou outra ferramenta, para um arquivo do tipo ".pfx" ou ".p12".

Existe um banco de dados conhecido como KeyStore onde os certificados deverão ser armazenados. Para inserir os certificados nesse banco de dados deve-se utilizar uma ferramenta que já vem com o JDK e encontra-se na pasta bin: o keytool.

No Java, o SSL é suportado através do uso das classes da JSSE (Java Secure Socket Extension). A JSSE faz uso de arquivos chamados KeyStores e TrustStores. O KeyStore é utilizado para a autenticação do cliente e o TrustStore para autenticar um servidor.

Um KeyStore é um banco de dados que contem a chave privada e um certificado associado, ou uma cadeia de certificados com suas chaves públicas correspondentes. A cadeia de certificação é formada pelo certificado do cliente e um ou mais certificados das ACs.

Um TrustStore contém apenas os certificados de confiança do cliente. No caso do projeto NF-e, os certificados utilizados nos Web Services. No caso específico do nosso exemplo, a cadeia de certificados do servidor de homologação da SEFAZ Virtual do RS.

Para consumir os Web Services da SEFAZ Virtual do RS vamos criar um KeyStore com o certificado utilizado naquele servidor.

O comando a ser utilizado é o seguinte:

```
keytool -importcert -trustcacerts -alias nfers -file C:\keystore\
RS.CER -keystore E:\keystore\rs.jks
```

- keytool – ferramenta para criação do KeyStore;
- importcert – importa um certificado ou uma cadeia de certificados para a lista de certificados confiáveis;
- alias – as entradas do KeyStore são acessadas atrabés de *aliases* (apelidos) únicos;
- file – arquivo do certificado;
- keystore – arquivo onde o TrustStore será armazenado, caso não exista será criado.

MANUAL DE IMPLANTAÇÃO DA NOTA FISCAL ELETRÔNICA **375**

O comando anterior já é suficiente para criar o KeyStore com o TrustStore.

Um erro que costuma acontecer quando se tenta acessar os Web Services da SEFAZ é o seguinte: *"unable to find valid certification path to requested target"*. Este erro costuma acontecer quando o certificado do servidor não foi propriamente setado dentro do KeyStore.

Existe uma solução para o problema acima postada em um blog da SUN, onde o autor fornece um arquivo Java que se conecta ao Web Service e permite ao usuário criar um KeyStore a partir dos certificados do URL informado.

O arquivo disponibilizado é listado logo a seguir:

InstallCert.java

```
package webservices;
/*
 * Copyright 2006 Sun Microsystems, Inc. All Rights Reserved.
 *
 * Redistribution and use in source and binary forms, with or without
 * modification, are permitted provided that the following conditions
 * are met:
 *
 *  - Redistributions of source code must retain the above copyright
 *    notice, this list of conditions and the following disclaimer.
 *
 *  - Redistributions in binary form must reproduce the above copyright
 *    notice, this list of conditions and the following disclaimer in the
 *    documentation and/or other materials provided with the distribution.
 *
 *  - Neither the name of Sun Microsystems nor the names of its
 *    contributors may be used to endorse or promote products derived
 *    from this software without specific prior written permission.
 *
 * THIS SOFTWARE IS PROVIDED BY THE COPYRIGHT HOLDERS AND CONTRIBUTORS "AS
 * IS" AND ANY EXPRESS OR IMPLIED WARRANTIES, INCLUDING, BUT NOT LIMITED TO,
 * THE IMPLIED WARRANTIES OF MERCHANTABILITY AND FITNESS FOR A PARTICULAR
 * PURPOSE ARE DISCLAIMED. IN NO EVENT SHALL THE COPYRIGHT OWNER OR
 * CONTRIBUTORS BE LIABLE FOR ANY DIRECT, INDIRECT, INCIDENTAL, SPECIAL,
 * EXEMPLARY, OR CONSEQUENTIAL DAMAGES (INCLUDING, BUT NOT LIMITED TO,
 * PROCUREMENT OF SUBSTITUTE GOODS OR SERVICES; LOSS OF USE, DATA, OR
 * PROFITS; OR BUSINESS INTERRUPTION) HOWEVER CAUSED AND ON ANY THEORY OF
 * LIABILITY, WHETHER IN CONTRACT, STRICT LIABILITY, OR TORT (INCLUDING
```

376

ALBERT EIJE BARRETO MOUTA

```
* NEGLIGENCE OR OTHERWISE) ARISING IN ANY WAY OUT OF THE USE OF THIS
* SOFTWARE, EVEN IF ADVISED OF THE POSSIBILITY OF SUCH DAMAGE.
*/
import java.io.*;
import java.security.*;
import java.security.cert.*;
import javax.net.ssl.*;
public class InstallCert {
  public static void main(String[] args) throws Exception {
    String host;
    int port;
    char[] passphrase;
    if ((args.length == 1) || (args.length == 2)) {
      String[] c = args[0].split(":");
      host = c[0];
      port = (c.length == 1) ? 443 : Integer.parseInt(c[1]);
      String p = (args.length == 1) ? "changeit" : args[1];
      passphrase = p.toCharArray();
    } else {
      System.out.println("Usage: java InstallCert <host>[:port] [passphrase]");
      return;
    }
    File file = new File("jssecacerts");
    if (file.isFile() == false) {
      char SEP = File.separatorChar;
      File dir = new File(System.getProperty("java.home") + SEP + "lib" + SEP + "secu-
rity");
      file = new File(dir, "jssecacerts");
      if (file.isFile() == false) {
        file = new File(dir, "cacerts");
      }
    }
    System.out.println("Loading KeyStore " + file + "...");
    InputStream in = new FileInputStream(file);
    KeyStore ks = KeyStore.getInstance(KeyStore.getDefaultType());
    ks.load(in, passphrase);
    in.close();
    SSLContext context = SSLContext.getInstance("TLS");
    TrustManagerFactory tmf =
         TrustManagerFactory.getInstance(TrustManagerFactory.getDefaultAlgo-
rithm());
    tmf.init(ks);
    X509TrustManager defaultTrustManager = (X509TrustManager) tmf.getTrustMan-
agers()[0];
    SavingTrustManager tm = new SavingTrustManager(defaultTrustManager);
    context.init(null, new TrustManager[]{tm}, null);
```

MANUAL DE IMPLANTAÇÃO DA NOTA FISCAL ELETRÔNICA

```java
SSLSocketFactory factory = context.getSocketFactory();
System.out.println("Opening connection to " + host + ":" + port + "...");
SSLSocket socket = (SSLSocket) factory.createSocket(host, port);
socket.setSoTimeout(10000);
try {
  System.out.println("Starting SSL handshake...");
  socket.startHandshake();
  socket.close();
  System.out.println();
  System.out.println("No errors, certificate is already trusted");
} catch (SSLException e) {
  System.out.println();
  e.printStackTrace(System.out);
}
X509Certificate[] chain = tm.chain;
if (chain == null) {
  System.out.println("Could not obtain server certificate chain");
  return;
}
BufferedReader reader =
      new BufferedReader(new InputStreamReader(System.in));
System.out.println();
System.out.println("Server sent " + chain.length + " certificate(s):");
System.out.println();
MessageDigest sha1 = MessageDigest.getInstance("SHA1");
MessageDigest md5 = MessageDigest.getInstance("MD5");
for (int i = 0; i < chain.length; i++) {
  X509Certificate cert = chain[i];
  System.out.println(" " + (i + 1) + " Subject " + cert.getSubjectDN());
  System.out.println(" Issuer " + cert.getIssuerDN());
  sha1.update(cert.getEncoded());
  System.out.println(" sha1 " + toHexString(sha1.digest()));
  md5.update(cert.getEncoded());
  System.out.println(" md5  " + toHexString(md5.digest()));
  System.out.println();
}
System.out.println("Enter certificate to add to trusted keystore or 'q' to quit: [1]");
  String line = reader.readLine().trim();
  int k;
  try {
  k = (line.length() == 0) ? 0 : Integer.parseInt(line) - 1;
} catch (NumberFormatException e) {
  System.out.println("KeyStore not changed");
  return;
}
```

```java
    X509Certificate cert = chain[k];
    String alias = host + "-" + (k + 1);
    ks.setCertificateEntry(alias, cert);
    OutputStream out = new FileOutputStream("jssecacerts");
    ks.store(out, passphrase);
    out.close();
    System.out.println();
    System.out.println(cert);
    System.out.println();
    System.out.println("Added certificate to keystore 'jssecacerts' using alias '" +
alias + "'");
  }
  private static final char[] HEXDIGITS = "0123456789abcdef".toCharArray();
  private static String toHexString(byte[] bytes) {
    StringBuilder sb = new StringBuilder(bytes.length * 3);
    for (int b : bytes) {
      b &= 0xff;
      sb.append(HEXDIGITS[b >> 4]);
      sb.append(HEXDIGITS[b & 15]);
      sb.append(' ');
    }
    return sb.toString();
  }
  private static class SavingTrustManager implements X509TrustManager {
    private final X509TrustManager tm;
    private X509Certificate[] chain;
    SavingTrustManager(X509TrustManager tm) {
      this.tm = tm;
    }
    public X509Certificate[] getAcceptedIssuers() {
      throw new UnsupportedOperationException();
    }
    public void checkClientTrusted(X509Certificate[] chain, String authType)
        throws CertificateException {
      throw new UnsupportedOperationException();
    }
    public void checkServerTrusted(X509Certificate[] chain, String authType)
        throws CertificateException {
      this.chain = chain;
      tm.checkServerTrusted(chain, authType);
    }
  }
}
```

MANUAL DE IMPLANTAÇÃO DA NOTA FISCAL ELETRÔNICA   **379**

Você deve compilar o arquivo acima e executá-lo no prompt de comando passando como parâmetro o URL do certificado desejado. Execute o seguinte comando no prompt:

```
java InstallCert homologacao.nfe.sefazvirtual.rs.gov.br
```

Conforme figura anterior, serão listados os certificados da URL informada. No caso da SEFAZ Virtual são exibidos 3 certificados. Escolha um deles e o arquivo KeyStore será criado com o certificado escolhido como TrustStore. Por padrão, a classe acima define uma senha para o KeyStore: "changeit".

Com tudo definido, podemos consumir os Web Services da SEFAZ. Vamos criar uma classe principal e consultar o Status do Serviço para a UF 53 – Distrito Federal.

Main.java

```
import br.inf.portalfiscal.nfe.wsdl.nfestatusservico.NfeStatusServico;
import br.inf.portalfiscal.nfe.wsdl.nfestatusservico.NfeStatusServicoSoap;
import java.security.Security;
public class Main {
  public static void main(String[] args) {
  String nfeCabecMsg =
    "<?xml version=\"1.0\" encoding=\"UTF-8\" standalone=\"no\" ?>"
  + "<cabecMsg xmlns=\"http://www.portalfiscal.inf.br/nfe\" "
  + "versao=\"1.02\">" + "<versaoDados>1.07</versaoDados>"
  + "</cabecMsg>";
```

```
String nfeDadosMsg =
  "<?xml version=\"1.0\" encoding=\"UTF-8\"?>"
  + "<consStatServ " + " versao=\"1.07\""
  + " xmlns=\"http://www.portalfiscal.inf.br/nfe\">"
  + "<tpAmb>2</tpAmb>" + "<cUF>53</cUF>"
  + "<xServ>STATUS</xServ>" + "</consStatServ>";
  System.setProperty("java.protocol.handler.pkgs", "com.sun.net.ssl.internal.
www.protocol");
  Security.addProvider(new com.sun.net.ssl.internal.ssl.Provider());
  System.setProperty("javax.net.ssl.keyStoreType", "PKCS12");
  System.setProperty("javax.net.ssl.keyStore", "C:\\keystore\\t2ti.p12");
  System.setProperty("javax.net.ssl.keyStorePassword", "teste");
  System.setProperty("javax.net.ssl.trustStoreType", "JKS");
  System.setProperty("javax.net.ssl.trustStore", "C:\\keystore\\rs.jks");
  System.setProperty("javax.net.ssl.trustStorePassword", "changeit");
  NfeStatusServico service = new NfeStatusServico();
  try {
    NfeStatusServicoSoap nfeStatus = service.getNfeStatusServicoSoap();
    System.out.println(nfeStatus.nfeStatusServicoNF(nfeCabecMsg,
        nfeDadosMsg));
  } catch (Throwable e1) {
    e1.printStackTrace();
  }
 }
}
```

A classe acima foi definida no NetBeans. No Eclipse existe uma diferença no momento de instanciar o objeto NfeStatusServico, que deverá ficar da seguinte forma:

NfeStatusServico service = new NfeStatusServicoLocator();

A resposta da execução do programa acima é o seguinte XML, retornado pelo Web Service:

```
<?xml version="1.0" encoding="utf-8"?>
<retConsStatServ versao="1.07" xmlns="http://www.portalfiscal.inf.br/nfe">
  <tpAmb>2</tpAmb>
  <verAplic>SVRS20090908084241</verAplic>
  <cStat>107</cStat>
  <xMotivo>Servico em Operacao</xMotivo>
  <cUF>53</cUF>
  <dhRecbto>2009-XX-XXT14:46:53</dhRecbto>
  <tMed>1</tMed>
</retConsStatServ>
```

Conclusões

Como vimos, o Java disponibiliza todas as tecnologias necessárias para a implementação da NF-e. São tecnologias de relativa facilidade e existe muita documentação disponível para cada uma delas. Enquanto no Delphi é melhor partir das soluções prontas, no Java talvez seja melhor construir a solução do zero e adaptá-la aos aplicativos e tecnologias já disponíveis na empresa do contribuinte.

Anexo A

Contatos com as Secretarias de Fazenda

Acre
Internet: http://www.sefaz.ac.gov.br | nfe@ac.gov.br

Alagoas
Internet: http://www.sefaz.al.gov.br
Telefones: (82) 3315-9000 | 0800 284 1060

Amapá
Internet: http://www.sefaz.ap.gov.br
Telefones: (96) 3212-3122

Amazonas
Internet: http://www.sefaz.am.gov.br | http://nfe.sefaz.am.gov.br | legislacaonfe@sefaz.am.gov.br | suportenfe@sefaz.am.gov.br | nfe@sefaz.am.gov.br
Telefones: (92) 2121-1803 | (92) 2121-1672 | (92) 2121-1670 | (92) 2121-1882

Bahia
Internet: http://www.sefaz.ba.gov.br | suportenfe@sefaz.ba.gov.br
Telefones: 0800 710 071

Ceará
Internet: http://www.ceara.gov.br

Distrito Federal
Internet: http://www.fazenda.df.gov.br | webmaster@fazenda.df.gov.br
Telefones: 0800 644 0156

Espírito Santo
Internet: http://www.sefaz.es.gov.br | http://internet.sefaz.es.gov.br/informacoes/nfe

Goiás
Internet: http://www.sefaz.go.gov.br | http://nfe.sefaz.go.gov.br | http://www.projetos.goias.gov.br/sped | suportenfe@sefaz.go.gov.br
Telefones: 0300-2101994

Maranhão
Internet: http://www.sefaz.ma.gov.br | nfe@SEFAZ.ma.gov.br
Telefones: (98) 3219-9099 | 0800 280 6008

Mato Grosso
Internet: http://www.sefaz.mt.gov.br | callcenter@sefaz.mt.gov.br
Telefones: (65) 3617-2340

Mato Grosso do Sul
Internet: http://www.sefaz.ms.gov.br | http://www1.nfe.ms.gov.br | nfe@fazenda.ms.gov.br
Telefones : (67)3318-3603

Minas Gerais
Internet: http://portalnfe.fazenda.mg.gov.br | http://www.fazenda.mg.gov.br/empresas/sped | faleconosco@fazenda.mg.gov.br

Pará
Internet: http://www.sefa.pa.gov.br
Telefones: (91) 3323-4200 | (91) 3366-8000

Paraíba
Internet: http://www.receita.pb.gov.br
Telefones: (83) 3218-4717 | 3218-4718

Paraná
Internet: http://www.fazenda.pr.gov.br
Telefones: (41) 3321-9518 | (41) 3321-9365 | (41) 3332-9266 /
0800 411 528

Pernambuco
Internet: http://www.sefaz.pe.gov.br | nfe@sefaz.pe.gov.br
Telefones: 0800 285 1244

Piauí
Internet: http://www.sefaz.pi.gov.br | nfe@sefaz.pi.gov.br

Rio de Janeiro
Internet: http://www.fazenda.rj.gov.br
Telefones: (21) 2334-4300

Rio Grande do Norte
Internet: http://www.set.rn.gov.br
Telefones: (84) 3232-2004

Rio Grande do Sul
Internet: http://www.sefaz.rs.gov.br | sefaz virtual@sefaz.rs.gov.br |
nfe@sefaz.rs.gov.br
Telefones: 0800 978 2338

Rondônia

Internet: http://www.portal.sefin.ro.gov.br/site/

Telefones: (69) 3211-6100

Roraima

Internet: http://www.sefaz.rr.gov.br

Santa Catarina

Internet: http://www.sef.sc.gov.br I http://nfe.sef.sc.gov.br I suporten-

fe@sefaz.sc.gov.br

Telefones: (48) 3215-1610 I (47) 3382-2831 I (47) 3231-2300

São Paulo

Internet: http://www.fazenda.sp.gov.br/nfe

Telefones: 0800 170 110

Sergipe

Internet: http://www.sefaz.se.gov.br I http://nfe.sefaz.se.gov.br

Telefones: (79) 3216-7000

Tocantins

Internet: http://www.sefaz.to.gov.br

Telefones: 0800 631 144

Anexo B

PROTOCOLO DE COOPERAÇÃO Nº 03 / 2005 – II ENAT

> *Protocolo de Cooperação que entre si celebram a União, por intermédio da Receita Federal do Brasil, os Estados e o Distrito Federal, por intermédio de suas Secretarias de Fazenda, Finanças, Receita ou Tributação, e os Municípios, objetivando a implantação da Nota Fiscal Eletrônica, integrante do Sistema Público de Escrituração Digital.*

A **UNIÃO,** por intermédio da **RECEITA FEDERAL DO BRASIL,** doravante denominada RFB, neste ato representada pelo Secretário-Geral da Receita Federal do Brasil, os **ESTADOS** e o **DISTRITO FEDERAL,** por intermédio de suas **SECRETARIAS DE FAZENDA, FINANÇAS, RECEITA ou TRIBUTAÇÃO,** representadas pelos seus respectivos titulares, e os **MUNICÍPIOS,** representados pela Associação Brasileira das Secretarias de Finanças dos Municípios das Capitais (Abrasf), tendo em vista a necessidade de implantação da Nota Fiscal Eletrônica, que atenda aos interesses das administrações tributárias e que facilite o cumprimento das obrigações acessórias pelos contribuintes;

considerando o disposto no inciso XXII do art. 37 da Constituição Federal, incluído pela Emenda Constitucional nº 42, de 19 de dezembro de 2003, segundo o qual as administrações tributárias da União, dos Estados, do Distrito Federal e dos Municípios, atividades essenciais ao funcionamento do Estado, atuarão de forma integrada, inclusive com o compartilhamento de cadastros e de informações fiscais, na forma da Lei ou Convênio;

considerando as vantagens que a adoção da Nota Fiscal Eletrônica propiciará aos contribuintes e às administrações tributárias, que podem ser assim sintetizadas:

em benefício dos contribuintes

aumento da competitividade das empresas brasileiras pela racionalização das obrigações acessórias (redução do "custo Brasil"), em especial a dispensa da emissão e guarda de documentos em papel;

em benefício das administrações tributárias:

padronização e melhoria na qualidade das informações, racionalização de custos e maior eficácia da fiscalização;

***RESOLVEM* celebrar o presente Protocolo de Cooperação, nos seguintes termos:**

CLÁUSULA PRIMEIRA – Os partícipes se comprometem a promover reuniões e discussões e a adotar demais providências com vistas ao desenvolvimento da Nota Fiscal Eletrônica, doravante denominada NF-*e*, que atenda aos interesses das respectivas administrações tributárias.

CLÁUSULA SEGUNDA – No desenvolvimento da NF-*e*, serão observados os seguintes pressupostos, entre outros que vierem a ser definidos de comum acordo pelos partícipes:

I – substituição das notas fiscais em papel por documento eletrônico;

II – validade jurídica dos documentos digitais;

III – padronização nacional da NF-*e*;

IV – mínima interferência no ambiente operacional do contribuinte;

MANUAL DE IMPLANTAÇÃO DA NOTA FISCAL ELETRÔNICA **389**

V – compartilhamento da NF-*e* entre as administrações tributárias;

VI – preservação do sigilo fiscal, nos termos do Código Tributário Nacional.

Parágrafo único. A primeira versão da NF-*e* abrangerá a nota fiscal modelo 1 e 1A, podendo, no futuro, ser ampliado para outros modelos e documentos fiscais.

CLÁUSULA TERCEIRA – Os Estados se comprometem, por intermédio do Encontro Nacional de Coordenadores e Administradores Tributários Estaduais – ENCAT, reconhecido pelo Protocolo ICMS 54/04, a coordenar o desenvolvimento e a implantação da NF-e.

CLÁUSULA QUARTA – Os signatários se comprometem a designar servidores que possuam perfil compatível com as atividades a serem desenvolvidas, e garantir a sua participação nas reuniões e demais atividades necessárias à consecução dos objetivos estabelecidos neste Protocolo.

CLÁUSULA QUINTA – A RFB será responsável pelos custos de desenvolvimento do SPED, inclusive em relação à infra-estrutura para o acesso à base de dados a ser disponibilizada até unidade da RFB nas capitais dos Estados e no Distrito Federal.

CLÁUSULA SEXTA – As unidades federadas signatárias serão responsáveis pelos custos da sua própria infra-estrutura de tecnologia da informação e comunicação, inclusive as necessidades relativas às interações com unidade local da RFB e, via *Internet*, com os contribuintes.

CLÁUSULA SÉTIMA – Dúvidas sobre a aplicação das disposições deste Protocolo serão dirimidas em comum acordo pelos partícipes.

E, por estarem de acordo, os partícipes firmam o presente Protocolo de Cooperação.

São Paulo, 27 de agosto de 2005.

Anexo C

ATO COTEPE Nº 72, DE 20 DE DEZEMBRO DE 2005

Dispõe sobre as especificações técnicas da Nota Fiscal Eletrônica – NF-e, do Documento Auxiliar da Nota Fiscal Eletrônica – DANFE e dos Pedidos de Concessão de Uso, Cancelamento e Inutilização de NF-e, conforme disposto no Ajuste SINIEF 07/05.

O Secretário Executivo do Conselho Nacional de Política Fazendária – CONFAZ, no uso de suas atribuições que lhe confere o art. 12, XIII, do Regimento da COTEPE/ICMS, de 12 de dezembro de 1997, por este ato, torna público que a Comissão Técnica Permanente do ICMS – COTEPE/ICMS, na sua 123ª reunião ordinária, realizada nos dias 29 de novembro de 2005 a 1º de dezembro de 2005, em Brasília, DF, decidiu instituir normas técnicas correspondentes a emissão da Nota Fiscal Eletrônica, do Documento Auxiliar da Nota Fiscal Eletrônica – DANFE e dos Pedidos de Concessão de Uso, Cancelamento e Inutilização de NF-e, nos termos a seguir:

Art. 1º Ficam instituídos:

I – o leiaute que descreve o conteúdo do arquivo da Nota Fiscal Eletrônica – NF-e, a que se refere a cláusula terceira do Ajuste SINIEF 07/05, de 30 de setembro de 2005, Anexo I;

II – o leiaute do Documento Auxiliar da Nota Fiscal Eletrônica – DANFE, a que se refere a cláusula nona do Ajuste SINIEF 07/05, Anexo II;

III – os leiautes que descrevem o conteúdo dos arquivos do Pedido de Concessão de Autorização de Uso, do Pedido de Cancelamento e do Pedido de Inutilização de NF-e, a que se referem o parágrafo único da cláusula quinta, o § 1º da cláusula décima terceira e a cláusula décima quarta, respectivamente, do Ajuste SINIEF 07/05, Anexo III.

Art. 2º A documentação técnica complementar e o esquema de validação dos arquivos no formato XML serão publicados e atualizados, no sítio do CONFAZ (www.fazenda.gov.br/confaz).

Art. 3º Este ato entra em vigor na data de sua publicação no Diário Oficial da União.

MANUEL DOS ANJOS MARQUES TEIXEIRA

Anexo I
Leiaute Fiscal da Nota Fiscal Eletrônica – NF-e

Versão	Data
1.0	20.12.05

1 Dados da Nota Fiscal Eletrônica

#	Campo	Descrição	Tam Max	Tipo	Obrig	Observação
A01	inf	Tipo de leiaute			S	"NF-e"
A02	versão	Versão do leiaute	3	N	S	1 – 999

Manual de Implantação da Nota Fiscal Eletrônica

393

1.1 Subgrupo Identificação da NF-e

1.1.1 Identificação da NF-e

#	Campo	Descrição	Tam Max	Tipo	Obrig	Observação
B01	Id				S	
B02	cNF	Código Numérico que compõe a Chave de Acesso	9	N	S	Número Aleatório gerado pelo Emitente da NF-e
B03	natOp	Descrição da Natureza da Operação		C	S	
B04	mod	Código do Modelo do Documento Fiscal	2	C	S	Utilizar o código 55 para identificação da NF-e, emitida em substituição ao modelo 1 ou 1A.
B05	serie	Série do Documento Fiscal	3	N		
B06	nNF	Número do Documento Fiscal	9	N	S	1 – 999999999
B07	dEmi	Data de emissão do Documento Fiscal		D	S	Formato "AAAA-MM-DD"
B08	dSaiEnt	Data de Saída ou da Entrada da Mercadoria/ Produto		D		Formato "AAAA-MM-DD"
B09	tpNF	Tipo do Documento Fiscal	1	N	S	0-entrada / 1-saída
B10	cMunFG	Código do Município de Ocorrência do Fato Gerador Chaves de acesso da NF-e	7	N	S	Utilizar a Tabela do IBGE
B11	refNF	Chaves de acesso das NF-e referenciadas	39	N		Chaves de acesso compostas por Sigla da UF e CNPJ do Emitente + modelo, série e número da NF-e Referenciada + Código Numérico (campo pode ocorrer mais de uma vez)
B12	tpImp	Formato de Impressão do DANFE	1	N	S	1-Retrato/ 2-Paisagem
B13	tpEmis	Forma de Emissão da NF-e	1	C	S	N-Normal/ C-Contingência

1.1.2 Identificação do Emitente

#	Campo	Descrição	Tam Max	Tipo	Obrig	Observação
C01	emit	Emitente			S	
C02	CNPJ	CNPJ do Emitente	14	N	S	
C03	xNome	Razão Social ou Nome do Emitente		C	S	
C04	xFant	Nome fantasia		C		
C05	end	Endereço do Emitente			S	
C06	xLgr	Logradouro		C	S	
C07	nro	Número		C	S	
C08	xCpl	Complemento		C		
C09	xBairro	Bairro		C	S	
C10	cMun	Código do município	7	N	S	Utilizar a Tabela do IBGE
C11	xMun	Nome do município		C	S	
C12	UF	Sigla da UF	2	C	S	
C13	CEP	Código do CEP	8	N		
C14	cPais	Código do País	4	N		
C15	xPais	Nome do País		C		
C16	fone	Telefone	13	N		
C17	IE	IE	14	C	S	
C18	IEST	IE do Substituto Tributário	14	C		
C19	IM	Inscrição Municipal	15	C		

1.1.3 Identificação do Fisco Emitente da NF-e

#	Campo	Descrição	Tam Max	Tipo	Obrig	Observação
D01	avulsa					
D02	CNPJ	CNPJ do Órgão emitente	14	N		
D03	xOrgao	Órgão emitente		C		
D04	matr	Matrícula do agente		C		
D05	xAgente	Nome do agente		C		
D06	fone	Telefone	10			
D07	UF	Sigla da UF	2	C		

MANUAL DE IMPLANTAÇÃO DA NOTA FISCAL ELETRÔNICA 395

#	Campo	Descrição	Tam Max	Tipo	Obrig	Observação
D08	nDAR	Número do Documento de Arrecadação de Receita		C		
D09	dEmi	Data de emissão do DAR		D		AAAA-MM-DD
D10	vDAR	Valor Total constante no Documento de arrecadação de Receita	15	N		13.2
D11	repEmi	Repartição Fiscal emitente		C		

Observação: Quadro para uso exclusivo do Fisco

1.1.4 Identificação do Destinatário/Remetente

#	Campo	Descrição	Tam Max	Tipo	Obrig	Observação
E01	dest	Destinatário/Remetente			S	
E02	CNPJ	CNPJ do destinatário/ remetente	14	N	S	Obrigatório se pessoa Jurídica
E03	CPF	CPF do destinatário/ remetente			S	Obrigatório se pessoa Física
E04	xNome	Razão Social ou nome do destinatário		C	S	
E05	ender	Endereço			S	
E06	xLgr	Logradouro		C	S	
E07	nro	Número		C	S	
E08	xCpl	Complemento		C		
E09	xBairro	Bairro		C	S	
E10	cMun	Código do município	7	N	S	Utilizar a Tabela do IBGE
E11	xMun	Nome do município		C	S	
E12	UF	Sigla da UF	2	C	S	
E13	CEP	Código do CEP	8	N		
E14	cPais	Código do País	4	N		
E15	xPais	Nome do País		C	S	Obrigatório nas operações com o exterior
E16	fone	Telefone	13	N		

#	Campo	Descrição	Tam Max	Tipo	Obrig	Observação
E17	IE	IE	14	C	S	Obrigatório nas operações com contribuintes do ICMS
E18	ISUF	Inscrição na SUFRAMA	9	C	S	Obrigatório nas operações com a Zona Franca de Manaus

1.1.5 Identificação do Local de Retirada

#	Campo	Descrição	Tam Max	Tipo	Obrig	Observação
F01	retirada	Local de Entrega			S	
F02	CNPJ	CNPJ	14	N	S	
F03	xLgr	Logradouro		C	S	
F04	nro	Número		C	S	
F05	xCpl	Complemento		C		
F06	xBairro	Bairro		C	S	
F07	cMun	Código do município	7	N	S	Utilizar a Tabela do IBGE
F08	xMun	Nome do município		C	S	
F09	UF	Sigla da UF	2	C	S	

Observação: Informar apenas quando for diferente do endereço do remetente.

1.1.6 Identificação do Local de Entrega

#	Campo	Descrição	Tam Max	Tipo	Obrig	Observação
G01	entrega	Local de Entrega			S	
G02	CNPJ	CNPJ	14	N	S	
G03	xLgr	Logradouro		C	S	
G04	nro	Número		C	S	
G05	xCpl	Complemento		C		
G06	xBairro	Bairro		C	S	

MANUAL DE IMPLANTAÇÃO DA NOTA FISCAL ELETRÔNICA 397

#	Campo	Descrição	Tam Max	Tipo	Obrig	Observação
G07	cMun	Código do município	7	N	S	Utilizar a Tabela do IBGE
G08	xMun	Nome do município		C	S	
G09	UF	Sigla da UF	2	C	S	

Observação: Informar apenas quando for diferente do endereço do destinatário.

1.2 Subgrupo de Detalhamento de Produtos e Serviços da NF-e

1.2.1 Produtos e serviços da NF-e

#	Campo	Descrição	Tam Max	Tipo	Obrig	Observação
H01	det				S	
H02	nItem	Número do item	3	N	S	1-990
H03	prod				S	
H04	cProd	Código do produto ou serviço		C	S	Preencher com CFOP caso se trate de itens não relacionados com mercadorias/produto e que o contribuinte não possua codificação própria Formato "CFOP9999"
H04	cEAN	Código EAN	13	C		Preencher com código EAN.
H05	xProd	Descrição do produto ou serviço	120	C	S	
H06	NCM	Código NCM (8) + Código EX TIPI(3)	11	N		
H07	genero	Gênero do Produto ou Serviço	2	N		Preencher de acordo com a Tabela de Capítulos da NCM. Em caso de serviço, preencher com zero.
H08	CST	Código da Situação Tributária ICMS	3	N	S	
H09	CFOP	Código Fiscal de Operações e Prestações	4	N	S	
H10	uTrib	Unidade	6	C	S	

#	Campo	Descrição	Tam Max	Tipo	Obrig	Observação
H11	uCom	Unidade Comercial	6	C		
H12	qTrib	Quantidade	11	N	S	8.3
H13	qCom	Quantidade Comercial	11	N		8.3
H14	vProd	Valor Bruto do Produto ou Serviços	15	N	S	13.2
H15	vFrete	Valor Total do Frete	15	N	S	13.2
H16	vSeg	Valor Total do Seguro	15	N	S	13.2
H17	vDesc	Valor do Desconto	15	N	S	13.2
H18	nDIAdi	Número do Documento de Importação DI/DSI/DA e do Número da Adição (DI/DSI/DA + Adição)	13	C		

Informações específicas de produtos e serviços

1.2.1.1 Veículos novos

#	Campo	Descrição	Tam Max	Tipo	Obrig	Observação
I01	veic	Veículo			S	
I02	tpOp	Tipo da operação	1	N	S	1 – Venda concessionária, 2 – Faturamento direto 3 – Venda direta 0 – Outros
I03	chassi	Chassi do veículo	17	C	S	
I06	cor	Cor	4	C	S	Código de cada montadora
I07	xCor	Descrição da Cor	40	C	S	
I08	pot	Potência Motor	4	C	S	
I09	CM3	CM3 (Potência)	4	C	S	
I10	pesoL	Peso Líquido	9	C	S	
I11	pesoB	Peso Bruto	9	C	S	
I12	nSerie	Serial (série)	9	C	S	
I13	tpComb	Tipo de combustível	8	C	S	
I14	nMotor	Número de Motor	21	C	S	
I15	CMKG	CMKG	9	C	S	
I16	dist	Distância entre eixos	4	C	S	

MANUAL DE IMPLANTAÇÃO DA NOTA FISCAL ELETRÔNICA   **399**

#	Campo	Descrição	Tam Max	Tipo	Obrig	Observação
I17	RENAVAM	RENAVAM	9	C	S	
I18	anoMod	Ano Modelo de Fabricação	4	C	S	
I19	anoFab	Ano de Fabricação	4	C	S	
I20	tpPint	Tipo de Pintura	1	C	S	
I21	tpVeic	Tipo de Veículo	2	N	S	Utilizar Tabela RENAVAN
I22	espVeic	Espécie de Veículo	1		S	Utilizar Tabela RENAVAN
I23	VIN	Condição do VIN	1	C	S	VIN (Vehicle Identification Number)
I24	condVeic	Condição do Veículo	1	N	S	1-Acabado; 2-Inacabado; 3-Semi-acabado
I25	cMod	Código Marca Modelo	6		S	Utilizar Tabela RENAVAN

1.2.1.2 Medicamentos

#	Campo	Descrição	Tam Max	Tipo	Obrig	Observação
J01	med	Medicamento			S	
J02	lote	Número do Lote do medicamento		N	S	
J03	dVal	Data de validade		D	S	AAAA-MM-DD
J04	vPMC	Preço máximo consumidor		N	S	

1.2.1.3 Armamentos

#	Campo	Descrição	Tam Max	Tipo	Obrig	Observação
K01	arma	Armamento			S	
K02	tpArma	Indicador do tipo de arma de fogo	1	N	S	0 – Uso permitido 1 – Uso restrito
K03	nSerie	Número de série da arma	9	N	S	
K04	nCano	Número de série do cano	9	N	S	
K05	descr	Descrição completa da arma, compreendendo: calibre, marca, capacidade, tipo de funcionamento, comprimento e demais elementos que permitam a sua perfeita identificação.	256	C	S	

Tributos Incidentes no Produto ou Serviço

1.2.2 ICMS da Operação Própria

#	Campo	Descrição	Tam Max	Tipo	Obrig	Observação
L01	imposto	Impostos			S	
L02	ICMS	ICMS			S	
L03	modBC	Modalidade de determinação da BC do ICMS	1	N	S	0 – Margem Valor Agregado (%); 1 – Pauta (Valor); 2 – Preço Tabelado Máx. (valor); 3 – valor da operação
L04	pRedBC	% da Redução de BC	5	N		3.2
L05	vBC	Valor da BC do ICMS	15	N	S	13.2
L06	pICMS	Alíquota do imposto	5	N	S	3.2
L07	vICMS	Valor do ICMS	15	N	S	13.2

1.2.3 ICMS da Substituição Tributária

#	Campo	Descrição	Tam Max	Tipo	Obrig	Observação
M01	ICMSST	ICMS Substituição Tributária			S	
M02	modBC	Modalidade de determinação da BC do ICMS	1	N	S	0 – Preço tabelado ou máx. sugerido; 1 – Lista Negativa (valor); 2 – Lista Positiva (valor); 3 – Lista Neutra (valor); 4 – Margem Valor Agregado (%); 5 – Pauta (valor);
M03	pMVA	Percentual da margem de valor Adicionado	5	N		3.2
M04	pRedBC	Percentual da Redução de BC	5	N		3.2
M05	vBC	Valor da BC do ICMS ST	15	N	S	13.2
M06	pICMS	Alíquota do imposto	5	N	S	3.2
M07	vICMS	Valor do ICMS ST	15	N	S	13.2

Manual de Implantação da Nota Fiscal Eletrônica

401

1.2.4 IPI – Imposto sobre Produtos Industrializados

#	Campo	Descrição	Tam Max	Tipo	Obrig	Observação
N01	IPI	IPI			S	
N02	mod	Modalidade de determinação da BC do IPI	1	N	S	1 – alíquota 2 – Valor por unidade
N03	clEnq	Classe de enquadramento do IPI para Cigarros e Bebidas	5	C		
N04	CNPJProd	CNPJ do produtor da mercadoria, quando diferente do emitente. Somente para os casos de exportação direta ou indireta.	14	N		
N05	cSelo	Código do selo de controle IPI		C		Tabela fornecida pela RFB
N06	qSelo	Quantidade de selo de controle	12	N		
N07	CSTIPI	Código da situação tributária do IPI	2	C	S	Tabela a ser criada pela RFB;
N08	cEnq	Código de Enquadramento Legal do IPI	3	C	S	Tabela a ser criada pela RFB;
N09	vBC	Valor da BC do IPI	15	N	S	13.2
N10	vUnid	Valor por Unidade	15	N	S	13.2 Informar o valor do imposto Pauta por unidade de medida. Informar zero para os casos ad valorem.
N11	qUnid	Quantidade total na unidade padrão para tributação (somente para os produtos tributados por unidade)	15	N	S	12.3
N12	pIPI	Alíquota do IPI	5	N	S	3.2
N13	vIPI	Valor do IPI	15	N	S	13.2

1.2.5 Imposto de Importação

#	Campo	Descrição	Tam Max	Tipo	Obrig	Observação
O01	II	Imposto importação			S	

402   ALBERT EIJE BARRETO MOUTA

#	Campo	Descrição	Tam Max	Tipo	Obrig	Observação
O02	vBC	Valor da BC do Imposto de Importação	15	N	S	13.2
O03	vDespAdu	Valor das despesas aduaneiras	15	N	S	13.2
O04	vII	Valor do Imposto de Importação	15	N	S	13.2
O05	vIOF	Valor do Imposto sobre Operações Financeiras	15	N	S	13.2

1.2.6 PIS

#	Campo	Descrição	Tam Max	Tipo	Obrig	Observação
P01	PIS	PIS			S	
P02	CST	Código de Situação Tributária do PIS	2	N	S	01 – Operação Tributável (base de cálculo = valor da operação alíquota normal (cumulativo/não cumulativo)); 02 – Operação Tributável (base de cálculo = valor da operação (alíquota diferenciada)); 03 – Operação Tributável (base de cálculo = quantidade vendida x alíquota por unidade de produto); 04 – Operação Tributável (tributação monofásica (alíquota zero)); 05 – Operação Tributável (substituição tributária); 06 – Operação Tributável (alíquota zero); 07 – Operação Isenta da Contribuição; 08 – Operação Sem Incidência da Contribuição; 09 – Operação com Suspensão da Contribuição; 99 – Outras Operações;
P03	vBC	Valor da Base de Cálculo do PIS	15	N	S	13.2
P04	pPIS	Alíquota do PIS (em percentual)	5	N	S	3.2
P05	qBCProd	Quantidade Vendida	15	N	S	12.3
P06	vAliqProd	Alíquota do PIS (em reais)	15	N	S	11.4
P07	vPIS	Valor do PIS	15	N	S	13.2

MANUAL DE IMPLANTAÇÃO DA NOTA FISCAL ELETRÔNICA 403

1.2.7 COFINS

#	Campo	Descrição	Tam Max	Tipo	Obrig	Observação
Q01	COFINS	COFINS			S	
Q02	CST	Código da Situação Tributária da COFINS	2	N	S	01 – Operação Tributável (base de cálculo = valor da operação alíquota normal (cumulativo/não cumulativo)); 02 – Operação Tributável (base de cálculo = valor da operação (alíquota diferenciada)); 03 – Operação Tributável (base de cálculo = quantidade vendida x alíquota por unidade de produto); 04 – Operação Tributável (tributação monofásica (alíquota zero)); 05 – Operação Tributável (substituição tributária); 06 – Operação Tributável (alíquota zero); 07 – Operação Isenta da Contribuição; 08 – Operação Sem Incidência da Contribuição; 09 – Operação com Suspensão da Contribuição; 99 – Outras Operações;
Q03	vBC	Valor da Base de Cálculo da COFINS	15	N	S	13.2
Q04	pCOFINS	Alíquota da COFINS (em percentual)	5	N	S	3.2
Q05	qBCProd	Quantidade Vendida	15	N	S	12.3
Q06	vAliqProd	Alíquota do COFINS (em reais)	15	N	S	11.4
Q07	vCOFINS	Valor do COFINS	15	N	S	13.2

1.2.8 Informações Adicionais

#	Campo	Descrição	Tam Max	Tipo	Obrig	Observação
R01	inAdic	Informações Adicionais do Produto	500	C		Norma referenciada, informações complementares, etc

1.3   Subgrupo de Valores Totais da NF-e

#	Campo	Descrição	Tam Max	Tipo	Obrig	Observação
S01	total	Totais			S	
S02	ICMS	ICMS			S	
S03	vBC	Base de Cálculo do ICMS	15	N	S	13.2
S04	vICMS	Valor Total do ICMS	15	N	S	13.2
S05	vBCST	Base de Cálculo do ICMS ST	15	N		13.2
S06	vST	Valor Total do ICMS ST	15	N		13.2
S07	vProd	Valor Total dos produtos e serviços	15	N	S	13.2
S08	vFrete	Valor Total do Frete	15	N	S	13.2
S09	vSeg	Valor Total do Seguro	15	N	S	13.2
S10	vDesc	Valor Total do Desconto	15	N	S	13.2
S11	vII	Valor Total do II	15	N	S	13.2
S12	vIPI	Valor Total do IPI	15	N	S	13.2
S13	vPIS	Valor do PIS	15	N	S	13.2
S14	vCOFINS	Valor do COFINS	15	N	S	13.2
S15	vOutro	Outras Despesas acessórias	15	N	S	13.2
S16	vtNF	Valor Total da NF-e	15	N	S	13.2
S17	ISSQN	ISSQN				
S18	vServ	Valor Total dos Serviços sob não-incidência ou não tributados pelo ICMS	15	N		13.2
S19	vBC	Base de Cálculo do ISS	15	N		13.2
S20	vISS	Valor Total do ISS	15	N		13.2
S21	vPIS	Valor do PIS sobre serviços	15	N		13.2
S22	vCOFINS	Valor do COFINS sobre serviços	15	N		13.2

1.4 Subgrupo de Informações do Transportador

#	Campo	Descrição	Tam Max	Tipo	Obrig	Observação
T01	transp	Transporte			S	
T02	modFrete	Modalidade do frete	1	N	S	0 – por conta do emitente; 1 – por conta do destinatário;
T03	transporta	Transportador				
T04	CNPJ	CNPJ	14	N		
T05	CPF	CPF				
T06	xNome	Razão Social ou nome		C		
T07	IE	Inscrição Estadual	14	C		
T08	xEnd	Endereço Completo		C		
T09	xMun	Nome do município		C		
T10	UF	Sigla da UF	2	C		
T11	veic	Veículo				
T12	placa	Placa do Veículo	8	C		
T13	UF	Sigla da UF	2	C		
T14	RNTC	Registro Nacional de Transportador de Carga (ANTT)	20	C		
T15	reboque	Reboque				
T16	placa	Placa do Veículo	8	C		
T17	UF	Sigla da UF	2	C		
T18	RNTC	Registro Nacional de Transportador de Carga (ANTT)	20	C		
T19	vol	Volumes				
T20	qVol	Quantidade de volumes transportados	15	N		
T21	esp	Espécie dos volumes transportados		C		
T22	marca	Marca dos volumes transportados		C		
T23	nVol	Numeração dos volumes transportados		C		
T24	pesoL	Peso Líquido (em Kg)	15	N		12.3
T25	pesoB	Peso Bruto (em Kg)	15	N		12.3
T26	nLacre	Número dos Lacres		C		

1.5 Subgrupo de Dados da Cobrança

#	Campo	Descrição	Tam Max	Tipo	Obrig	Observação
U01	cobr	Cobrança				
U02	fat	Fatura				
U03	nFat	Número da Fatura		C		
U04	vOrig	Valor Original da Fatura	15	N		13.2
U05	vDesc	Valor do desconto	15	N		13.2
U06	vLiq	Valor Líquido da Fatura	15	N		13.2
U07	dup	Duplicata				
U08	nDup	Número da Duplicata		N		
U09	dVenc	Data de vencimento		D		AAAA-MM-DD
U10	vDup	Valor da duplicata	15	N		13.2

1.6 Subgrupo de Informações Adicionais

#	Campo	Descrição	Tam Max	Tipo	Obrig	Observação
V01	infAdic	Informações Adicionais				
V02	infAdic	Informações Adicionais de Interesse do Fisco	256	C		
V03	infComp	Informações Complementares de interesse do Contribuinte	5000	C		

1.7 Subgrupo de Comércio Exterior

#	Campo	Descrição	Tam Max	Tipo	Obrig	Observação
W01	COMEX	Comércio exterior			S	
W02	Importa	Importação			S	
W03	dDi	Data de Registro da DI/DSI/DA		D	S	AAAA-MM-DD
W04	xLocDesemb	Local de desembaraço		C	S	
W05	UFDesemb	Sigla da UF onde ocorreu o Desembaraço Aduaneiro	2	C	S	
W06	dDesemb	Data do Desembaraço Aduaneiro		D	S	AAAA-MM-DD
W07	exporta	Exportação			S	
W08	UFEmbarq	Sigla da UF onde ocorrerá o Embarque dos produtos	2	C	S	
W09	xLocEmbarq	Local onde ocorrerá o Embarque dos produtos		C	S	

MANUAL DE IMPLANTAÇÃO DA NOTA FISCAL ELETRÔNICA **407**

2 Grupo da Assinatura Digital

#	Campo	Descrição	Tipo	Observação
Informação da Assinatura				
1	Signature	Assinatura XML da NF-e Segundo o Padrão XML Digital Signature	XML	

OBSERVAÇÕES:

- O tamanho máximo dos campos Tipo "C", quando não especificado, é 60 posições;
- Os campos que se referem a códigos de municípios devem utilizar a Tabela de Municípios mantida pelo IBGE;
- Os campos que se referem a códigos de países devem utilizar a Tabela de Países mantida pelo Banco Central do Brasil;
- Se o campo for opcional e a informação for zero ou vazio, a TAG deste campo não deverá constar no arquivo da NF-e;
- A Chave de acesso da NFe tem o seguinte leiaute:

#	Campo	Descrição	Tam Max	Tipo	Observação
1	UF	Código da UF do emitente do Documento Fiscal	2	N	Utilizar a Tabela do IBGE
2	CNPJ	CNPJ do emitente	14	N	
3	mod	Modelo do Documento Fiscal	2	C	Utilizar o código 55 para identificação da NF-e, emitida em substituição ao modelo 1 ou 1A.
4	serie	Série do Documento Fiscal	3	N	
5	nNF	Número do Documento Fiscal	9	N	1 – 999999999
6	cNF	Código Numérico que compõe a Chave de Acesso	9	N	Número Aleatório gerado pelo Emitente da NF-e

- A regra de formação do nome do arquivo da NF-e será a chave de acesso completa com extensão ".nfe".

Anexo II

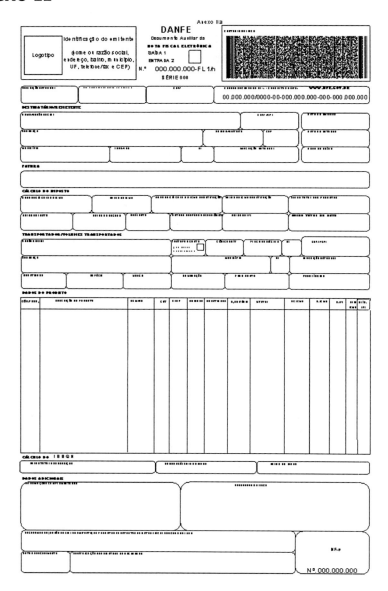

Manual de Implantação da Nota Fiscal Eletrônica

Anexo II a

DADOS DO PRODUTO

CÓD.PRODUTO	DESCRIÇÃO DO PRODUTO	NCM/SH	CST	CFOP	UNIDADE	QUANTIDADE	V.UNITÁRIO	V. TOTAL	B.CICMS	V.ICMS	V.IPI	ALIQ. ICMS	ALIQ. IPI

Anexo II b

DANFE

Documento Auxiliar da
NOTA FISCAL ELETRÔNICA

| Logotipo | Identificação do emitente

(nome ou razão social,
endereço, bairro,
município,
UF, telefone/fax e CEP) | SAÍDA 1
ENTRADA 2 ☐
N.º 000.000.000-F Ln/n
SÉRIE 000 | |

| INSCRIÇÕES TADUAL | INSC.EST.DOS UBS T.TRIBUTÁRIO | CNPJ | CHAVE DE ACESSO DA NP·- CONSULTA NO SITE: www.nf-e.gov.br
00.000.000/0000-00-000.000.000-000-000.000.000 |

DESTINATÁRIO REMETENTE

DADOS DO PRODUTO

CÓD.PRODUTO	DESCRIÇÃO DO PRODUTO	HDMS N	CST	CFOP	UNIDADE	QUANTIDADE	V.UNITÁRIO	V.TOTAL	B.CICMS	V.ICMS	V.IPI	ALIQ ICMS	ALIQ IPI

Anexo III
Leiaute dos Pedidos de Concessão de Autorização de Uso, Cancelamento, Consulta e Inutilização da Nota Fiscal Eletrônica – NF-e

1   Transmissão de NF-e

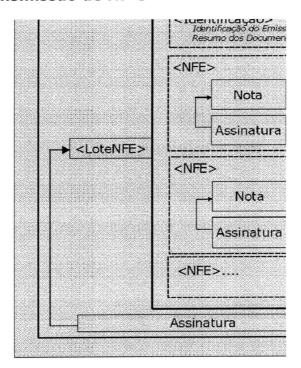

1.1 Mensagem de Pedido de Concessão de Autorização de Uso da NF-e

#	Campo	Descrição	Tam Max	Tipo	Observação
Tipo de Leiaute					
1	versão	Versão do leiaute	3	N	1 – 999
Identificação do transmissor					
2	CNPJ	CNPJ do solicitante	14	N	
Resumo de NF-e transmitidas					
3	TipoDcto	Tipo de Documento		N	
4	Qtde	Quantidade de documentos		N	
5	DHTrans	Data e hora de transmissão		D	AAAA-MM-DD HH:MM:SS
NF-e transmitidas					
6	NF-e	NF-e		XML	
7	AssinaturaXML	Assinatura XML		XML	Assinatura da NF-e
8 Assinatura da Mensagem					
8	AssinaturaXML	Assinatura XML		XML	Assinatura digital da mensagem

1.2 Resultado de Transmissão do Pedido de Concessão de Autorização de Uso da NF-e

#	Campo	Descrição	Tam Max	Tipo	Observação
Tipo de Leiaute					
1	versão	Versão do leiaute	3	N	1 – 999
Identificação do transmissor					
2	CNPJ	CNPJ do transmissor	14	N	
3					
3	ChvAcessoNFe	Chave de Acesso da NF-e	39	N	Chaves de acesso compostas por Sigla da UF e CNPJ do Emitente + Modelo, Série e Número da NF-e + Código Numérico

MANUAL DE IMPLANTAÇÃO DA NOTA FISCAL ELETRÔNICA **413**

#	Campo	Descrição	Tam Max	Tipo	Observação
4	DHRecbto	Data e hora de recebimento		D	AAAA-MM-DD HH:MM:SS Deve ser preenchido com data e hora da gravação no Banco em caso de Autorização de uso e Denegação de uso. Em caso de Rejeição, com data e hora do recebimento do Pedido de Concessão
5	NroProtocolo	Número do Protocolo	13	N	1 posição (1 – Estado 2 – Receita); 2 posições ano; 10 sequencial no ano
6	AssinaturaXML	Assinatura XML		XML	Assinatura da NF-e
7	Situação	Situação da NF-e transmitida	03	N	100 – uso autorizado 2XX – documento rejeitado 3XX – uso denegado
8	Motivo	Motivo da rejeição ou da denegação		C	
	Assinatura Digital da Mensagem				
9	AssinaturaXML	Assinatura XML		XML	Assinatura digital da mensagem

O nome do arquivo do Resultado de Transmissão do Pedido de Concessão de Autorização de Uso da NF-e será a chave de acesso completa com extensão ".aut".

2 Cancelamento de NF-e

2.1 Pedido de Cancelamento de NF-e

#	Campo	Descrição	Tam Max	Tipo	Observação
	Tipo de Leiaute				
1	versão	Versão do leiaute	3	N	1 – 999
	Identificação do solicitante				
2	CNPJ	CNPJ do solicitante	14	N	
	Serviço solicitado				
3	Serviço	Serviço solicitado	1	N	1 – Pedido de cancelamento de NF-e

414 ALBERT EIJE BARRETO MOUTA

#	Campo	Descrição	Tam Max	Tipo	Observação
NF-e cancelada					
4	ChvAcessoNFe	Chave de Acesso da NF-e	39	N	Chaves de acesso compostas por Sigla da UF e CNPJ do Emitente + Modelo, Série e Número da NF-e + Código Numérico
Assinatura da Mensagem					
5	AssinaturaXML	Assinatura XML		XML	Assinatura digital da mensagem

2.2 Resultado de Cancelamento de NF-e

#	Campo	Descrição	Tam Max	Tipo	Observação
Tipo de Leiaute					
1	versão	Versão do leiaute	3	N	1 – 999
Identificação do solicitante					
2	CNPJ	CNPJ do solicitante	14	N	
Situação do serviço solicitado					
3	ChvAcessoNFe	Chave de Acesso da NF-e	39	N	Chaves de acesso compostas por Sigla da UF e CNPJ do Emitente + Modelo, Série e Número da NF-e + Código Numérico
4	DHRecbto	Data e hora de recebimento		D	AAAA-MM-DD HH:MM:SS Deve ser preenchida com data e hora da gravação no Banco em caso de Confirmação. Em caso de Rejeição, com data e hora do recebimento do Pedido de Cancelamento.
5	NroProtocolo	Número do Protocolo	13	N	1 posição (1 – Estado 2 – Receita); 2 posições ano; 10 sequencial no ano
6	Situação	Situação do Pedido de Cancelamento	3	N	100 – homologado 2XX – rejeitado
7	Motivo	motivo da rejeição		C	
Assinatura Digital da Mensagem					
8	AssinaturaXML	Assinatura XML		XML	Assinatura digital da mensagem

O nome do arquivo do Resultado de Cancelamento de NF-e será a chave de acesso completa com extensão ".can".

3 Inutilização de Numeração de NF-e

3.1 Pedido de Inutilização de Numeração NF-e

#	Campo	Descrição	Tam Max	Tipo	Observação
Tipo de Leiaute					
1	versão	Versão do leiaute	3	N	1 – 999
Identificação do solicitante					
2	CNPJ	CNPJ do solicitante	14	N	
Serviço solicitado					
3	Serviço	Serviço solicitado		N	2 – Pedido de inutilização de numeração de NF-e
Faixa de numeração de NF-e inutilizada					
4	Modelo	Modelo da NF-e	2	C	
5	Serie	Série da NF-e	3	N	
6	NFeInicial	Número da NF-e inicial	9	N	Limitado à 1000
7	NFeFinal	Número da NF-e final	9	N	
Assinatura da Mensagem					
8	AssinaturaXML	Assinatura XML		XML	Assinatura digital da mensagem

3.2 Resultado de Inutilização de Numeração de NF-e

#	Campo	Descrição	Tam Max	Tipo	Observação
Tipo de Leiaute					
1	versão	Versão do leiaute	3	N	1 – 999
Identificação do solicitante					
2	CNPJ	CNPJ do Solicitante	14	N	
Situação do serviço solicitado					
3	Modelo	Modelo da NF-e	2	C	
4	Serie	Série da NF-e	3	N	
5	NFeInicial	Número da NF-e inicial	9	N	

6	NFeFinal	Número da NF-e final	9	N	
7	DHRecbto	Data e hora de recebimento		D	AAAA-MM-DD HH:MM:SS Deve ser preenchida com data e hora da gravação no Banco em caso de confirmação. Em caso de Rejeição, com data e hora do recebimento do Pedido de Inutilização.
8	NroProtocolo	Número do Protocolo	13	N	1 posição (1 – Estado 2 – Receita); 2 posições ano; 10 sequencial no ano
9	Situação	Situação do Pedido de Inutilzação	03	N	100 – inutilizado 2XX – rejeitado
10	Motivo	motivo da rejeição		C	
Assinatura Digital da Mensagem					
11	AssinaturaXML	Assinatura XML		XML	Assinatura digital da mensagem

O nome do arquivo do Resultado de Inutilização de Numeração de NF-e será composto pelos campos Modelo+Série+NFeInicial+NFeFinal com extensão ".inu".

4 Consulta Protocolo de Transação

4.1 Pedido de Consulta Protocolo de Transação

#	Campo	Descrição	Tam Max	Tipo	Observação
Tipo de Leiaute					
1	versão	Versão do leiaute	3	N	1 – 999
Identificação do solicitante					
2	CNPJ	CNPJ do solicitante	14	N	
Serviço solicitado					
3	Serviço	Serviço solicitado	1	N	3 – Pedido de Consulta Protocolo de Transação
Numeração de NF-e					
4	ChvAcessoNFe	Chave de Acesso da NF-e	39	N	Chaves de acesso compostas por Sigla da UF e CNPJ do Emitente + Modelo, Série e Número da NF-e + Código Numérico

4.2 Resultado do Pedido de Consulta Protocolo de Transação

#	Campo	Descrição	Tam Max	Tipo	Observação
Tipo de Leiaute					
1	versão	Versão do leiaute	3	N	1 – 999
Identificação do solicitante					
2	CNPJ	CNPJ do Solicitante	14	N	
Protocolos de transações existentes					
3	DHRecbto	Data e hora de recebimento		D	AAAA-MM-DD HH:MM:SS Deve ser preenchido com data e hora do recebimento do Pedido de Consulta.
4	NroProtocolo	Número do Protocolo	13	N	1 posição (1 – Estado 2 – Receita); 2 posições ano; 10 sequencial no ano Corresponde ao último protocolo constante do histórico da NF-e No caso da NF-e não constar da base de dados campo retorna preenchido com zeros
5	SitNFe	Situação da NF-e no Banco de Dados		N	1 – uso autorizado 2 – uso denegado 3 – documento cancelado 4 – documento inutilizado 5 – NF-e não consta na base
6	SitConsulta	Situação do Pedido de Consulta Protocolo de Transação	3	N	100 – atendido 2XX – rejeitado
7	Motivo	Motivo da rejeição		C	
Assinatura Digital da Mensagem					
8	AssinaturaXML	Assinatura XML		XML	Assinatura digital da mensagem

O nome do arquivo do Resultado do Pedido de Consulta Protocolo de Transação será a chave de acesso completa com extensão ".sit".

4.3 Tabela A – Motivos de Rejeição ou Denegação

SITUAÇÃO	MOTIVOS POSSÍVEIS
100 – Solicitação Atendida	
200 – Documento Rejeitado	201 Falha na recepção do arquivo 202 Falha no reconhecimento da autoria ou da integridade do arquivo digital 203 Remetente não habilitado para emissão da NF-e 204 Duplicidade de número da NF-e 205 Falha na leitura do número da NF-e 206 Número da NF-e inutilizado 207 CNPJ do emitente inválido 208 CNPJ do destinatário inválido 209 IE do emitente inválida 210 IE do destinatário inválida 211 IE do substituto inválida 212 Data de emissão NF-e posterior a data de recebimento 213 CNPJ do Emitente não confere com CNPJ do Certificado Digital 214 CPF do Certificado Digital não vinculado ao CNPJ do Emitente 215 Qualquer outra falha no preenchimento ou no leiaute da NF-e 216 Não consta na Base 217 NF-e inexistente 218 NF-e já cancelada 219 Circulação da NF-e verificada 220 NF-e emitida há mais de 12 horas 221 NF-e já confirmada pelo destinatário 222 CNPJ do solicitante inválido 223 CNPJ do solicitante não confere com CNPJ do Certificado Digital 224 CPF do Certificado Digital não vinculado ao CNPJ do solicitante 225 NF-e não possui Autorização de Uso; 226 Número da NF-e inutilizado 227 CNPJ do solicitante não confere com CNPJ do Certificado Digital 228 CPF do Certificado Digital não vinculado ao CNPJ do solicitante 299 Qualquer outra falha no preenchimento ou no leiaute
300 – Uso Denegado	301 Irregularidade fiscal do emitente 302 Irregularidade fiscal do destinatário

Anexo D

AJUSTE SINIEF 07/05

- Publicado no DOU de 05.10.05.
- Republicado no DOU de 07.12.05.
- Alterado pelos Ajustes SINIEF 11/05, 02/06, 04/06, 05/07, 08/07, 11/08, 01/09, 08/09, 09/09, 10/09.
- Manual de Integração da Nota Fiscal Eletrônica – NF-e: Ato CO-TEPE/ICMS 72/05, 14/07, 22/08, 33/08.
- Ato COTEPE/ICMS 34/08, aprova o Manual de Contingência Eletrônica (DPEC)

Institui a Nota Fiscal Eletrônica e o Documento Auxiliar da Nota Fiscal Eletrônica.

O Conselho Nacional de Política Fazendária – CONFAZ e o Secretário Geral da Receita Federal do Brasil, na 119ª reunião ordinária do Conselho Nacional de Política Fazendária, realizada em Manaus, AM, no dia 30 de setembro de 2005, tendo em vista o disposto no art. 199 do Código Tributário Nacional (Lei nº 5.172, de 25 de outubro de 1966), resolvem celebrar o seguinte

AJUSTE

Cláusula primeira Fica instituída a Nota Fiscal Eletrônica – NF-e que poderá ser utilizada em substituição a Nota Fiscal modelo 1 ou 1-A, pelos contribuintes do Imposto sobre Produtos Industrializados – IPI ou Imposto sobre Operações Relativas à Circulação de Mercadorias e sobre a Prestação de Serviços de Transporte Interestadual e Intermunicipal e de Comunicação – ICMS.

Renumerado o parágrafo único para § 1º da cláusula primeira, pelo Ajuste SINIEF 05/07, efeitos a partir de 04.04.07.

§ 1º Considera-se Nota Fiscal Eletrônica – NF-e o documento emitido e armazenado eletronicamente, de existência apenas digital, com o intuito de documentar operações e prestações, cuja validade jurídica é garantida pela assinatura digital do emitente e autorização de uso pela administração tributária da unidade federada do contribuinte, antes da ocorrência do fato gerador.

Nova redação dada ao § 2º da cláusula primeira pelo Ajuste SINIEF 09/09, efeitos a partir de 09.07.09.

§ 2º Ficam as unidades federadas autorizadas a estabelecer a obrigatoriedade da utilização da NF-e, a qual será fixada por intermédio de Protocolo ICMS, o qual será dispensado:

I – na hipótese de contribuinte inscrito no cadastro do ICMS de uma única unidade federada;

II – a partir de 1º de dezembro de 2010.

Redação anterior dada ao § 2º da cláusula primeira pelo Ajuste SINIEF 08/07, efeitos de 01.11.07 a 08.07.09.

§ 2º Ficam as unidades federadas autorizadas a estabelecer a obrigatoriedade da utilização da NF-e, a qual será fixada por intermédio de Protocolo ICMS, o qual será dispensado na hipótese de contribuinte inscrito no cadastro do ICMS de uma única unidade federada.

Acrescido o § 2º à cláusula primeira pelo Ajuste SINIEF 05/07, efeitos de 04.04.07 a 31.10.07.

MANUAL DE IMPLANTAÇÃO DA NOTA FISCAL ELETRÔNICA 421

§ 2º Ficam as unidades federadas autorizadas a estabelecer a obrigatoriedade da utilização da NF-e, a qual será fixada por intermédio de Protocolo ICMS.

Nova redação dada ao § 3º da cláusula primeira pelo Ajuste SI-NIEF 08/07, efeitos a partir de 01.11.07.

§ 3º Para fixação da obrigatoriedade de que trata o protocolo previsto no § 2º, as unidades federadas poderão utilizar critérios relacionados à receita de vendas e serviços dos contribuintes, atividade econômica ou natureza da operação por eles exercida.

Acrescido o § 3º à cláusula primeira pelo Ajuste SINIEF 05/07, efeitos de 04.04.07 a 31.10.07.

§ 3º Para fixação da obrigatoriedade de que trata o § 1º, as unidades federadas poderão utilizar critérios relacionados à receita de vendas e serviços dos contribuintes ou atividade econômica por eles exercida.

Cláusula segunda Para emissão da NF-e, o contribuinte deverá solicitar, previamente, seu credenciamento na unidade federada em cujo cadastro de contribuinte do ICMS estiver inscrito.

Nova redação dada ao § 1º da cláusula segunda pelo Ajuste SI-NIEF 11/08, efeitos a partir de 01.10.08.

§ 1º O contribuinte credenciado para emissão de NF-e deverá observar, no que couber, as disposições relativas à emissão de documentos fiscais por sistema eletrônico de processamento de dados, constantes dos Convênios 57/95 e 58/95, ambos de 28 de junho de 1995 e legislação superveniente.

Redação anterior dada ao § 1º da cláusula segunda pelo Ajuste SINIEF 08/07, efeitos de 01.11.07 a 30.09.08.

§ 1º É vedado o credenciamento para a emissão de NF-e de contribuinte que não utilize sistema eletrônico de processamento

de dados nos termos dos Convênios ICMS 57/95 e 58/95, ambos de 28 de junho de 1995, ressalvado o disposto no § 2º.
Acrescido o § 1º à cláusula segunda pelo Ajuste SINIEF 05/07, efeitos de 04.04.07 a 31.10.07.

§ 1º É vedado o credenciamento para a emissão de NF-e de contribuinte que não utilize sistema eletrônico de processamento de dados nos termos dos Convênios ICMS 57/95 e 58/95, ambos de 28 de junho de 1995.

Revogada o § 2º da cláusula segunda pelo Ajuste SINIEF 11/08, efeitos a partir de 01.10.08.

§ 2º REVOGADO

Redação anterior dada ao § 2º da cláusula segunda pelo Ajuste SINIEF 08/07, efeitos de 01.11.07 a 30.09.08.

§ 2º O contribuinte que for obrigado à emissão de NF-e será credenciado pela administração tributária da unidade federada a qual estiver jurisdicionado, ainda que não atenda ao disposto no Convênio ICMS 57/95.
Redação anterior dada ao § 2º da cláusula segunda pelo Ajuste SINIEF 04/06, efeitos de 12.07.06 até 31.10.07.

§ 2º É vedada a emissão de nota fiscal modelo 1 ou 1-A por contribuinte credenciado à emissão de NF-e, exceto nas hipóteses previstas neste Ajuste ou quando a legislação estadual assim permitir.
Redação original, efeitos até 11.07.06.

§ 2º É vedada a emissão de nota fiscal modelo 1 ou 1-A por contribuinte credenciado à emissão de NF-e, exceto na hipótese prevista na cláusula décima primeira, quando será emitido o Documento Auxiliar da NF-e – DANFE, ou mediante prévia autorização da administração tributária.

Acrescido o § 3º à cláusula segunda pelo Ajuste SINIEF 08/07, efeitos a partir de 01.11.07.

MANUAL DE IMPLANTAÇÃO DA NOTA FISCAL ELETRÔNICA **423**

§ 3º É vedada a emissão de nota fiscal modelo 1 ou 1-A por contribuinte credenciado à emissão de NF-e, exceto quando a legislação estadual assim permitir.

Cláusula terceira A NF-e deverá ser emitida com base em leiaute estabelecido em Ato COTEPE, por meio de software desenvolvido ou adquirido pelo contribuinte ou disponibilizado pela administração tributária, observadas as seguintes formalidades:

I – o arquivo digital da NF-e deverá ser elaborado no padrão XML (Extended Markup Language);

> *Nova redação dada ao inciso II da cláusula terceira pelo Ajuste SINIEF 08/07, efeitos a partir de 01.11.07.*

II – a numeração da NF-e será sequencial de 1 a 999.999.999, por estabelecimento e por série, devendo ser reiniciada quando atingido esse limite;

> *Redação original, efeitos até 31.10.07.*
>
> *II – a numeração da NF-e será sequencial de 1 a 999.999.999, por estabelecimento, devendo ser reiniciada quando atingido esse limite ou, anualmente, a critério da unidade federada do emitente;*

> *Nova redação dada ao inciso III da cláusula terceira pelo Ajuste SINIEF 04/06, efeitos a partir de 12.07.06.*

III – a NF-e deverá conter um "código numérico", gerado pelo emitente, que comporá a "chave de acesso" de identificação da NF-e, juntamente com o CNPJ do emitente, número e série da NF-e;

> *Redação original, efeitos até 11.07.06.*
>
> *III – a NF-e deverá conter um "código numérico", obtido por meio de algoritmo fornecido pela administração tributária, que comporá a "chave de acesso" de identificação da NF-e, juntamente com o CNPJ do emitente, número e série da NF-e;*

424   ALBERT EIJE BARRETO MOUTA

Nova redação dada ao inciso IV da cláusula terceira pelo Ajuste SINIEF 11/08, efeitos a partir de 01.10.08.

IV – a NF-e deverá ser assinada pelo emitente, com assinatura digital, certificada por entidade credenciada pela Infraestrutura de Chaves Públicas Brasileira – ICP-Brasil, contendo o nº do CNPJ de qualquer dos estabelecimentos do contribuinte, a fim de garantir a autoria do documento digital.

Redação anterior dada ao inciso IV da cláusula terceira pelo Ajuste SINIEF 04/06, efeitos de 12.07.06 a 30.09.08.

IV – a NF-e deverá ser assinada pelo emitente, com assinatura digital, certificada por entidade credenciada pela Infraestrutura de Chaves Públicas Brasileira – ICP-Brasil, contendo o CNPJ do estabelecimento emitente ou da matriz, a fim de garantir a autoria do documento digital.

Redação original, efeitos até 11.07.06.

IV – a NF-e deverá ser assinada pelo emitente com assinatura digital, certificada por entidade credenciada pela Infraestrutura de Chaves Públicas Brasileira – ICP-Brasil, contendo o CNPJ do emitente, a fim de garantir a autoria do documento digital.

Nova redação dada ao § 1º da cláusula terceira pelo Ajuste SINIEF 08/09, efeitos a partir de 09.07.09.

§ 1º As séries serão designadas por algarismos arábicos, em ordem crescente, vedada a utilização do algarismo zero e de subsérie.

Renumerado, com nova redação, o parágrafo único para § 1º da cláusula terceira pelo Ajuste SINIEF 08/07, efeitos de 01.11.07 a 08.07.09.

§ 1º As séries serão designadas por algarismos arábicos, em ordem crescente, a partir de 1, vedada a utilização de subsérie.

Redação anterior dada ao parágrafo único da cláusula terceira pelo Ajuste SINIEF 04/06, efeitos de 12.07.06 a 31.10.07.

Parágrafo único. O contribuinte poderá adotar séries distintas para a emissão da NF-e.

MANUAL DE IMPLANTAÇÃO DA NOTA FISCAL ELETRÔNICA **425**

Redação original, efeitos até 11.07.06.

Parágrafo único. O contribuinte poderá adotar séries para a emissão da NF-e, mediante prévia autorização da administração tributária.

Acrescido o § 2º à cláusula terceira pelo Ajuste SINIEF 08/07, efeitos a partir de 01.11.07.

§ 2º O Fisco poderá restringir a quantidade de séries.

Acrescido o § 3º à cláusula terceira pelo Ajuste SINIEF 08/09, efeitos a partir de 09.07.09.

§ 3º Para efeitos da geração do código numérico a que se refere o inciso III, na hipótese de a NF-e não possuir série, o campo correspondente deverá ser preenchido com zeros.

Cláusula quarta O arquivo digital da NF-e só poderá ser utilizado como documento fiscal, após:

I – ser transmitido eletronicamente à administração tributária, nos termos da cláusula quinta;

II – ter seu uso autorizado por meio de Autorização de Uso da NF-e, nos termos da cláusula sexta.

§ 1º Ainda que formalmente regular, não será considerado documento fiscal idôneo a NF-e que tiver sido emitida ou utilizada com dolo, fraude, simulação ou erro, que possibilite, mesmo que a terceiro, o não-pagamento do imposto ou qualquer outra vantagem indevida.

Nova redação dada ao § 2º da cláusula quarta pelo Ajuste SINIEF 08/07, efeitos a partir de 01.11.07.

2º Para os efeitos fiscais, os vícios de que trata o § 1º atingem também o respectivo DANFE, impresso nos termos da cláusula nona ou décima primeira, que também não será considerado documento fiscal idôneo.

426 ALBERT EIJE BARRETO MOUTA

Redação anterior dada ao § 2° da cláusula quarta pelo Ajuste SI-NIEF 04/06, efeitos de 12.07.06 a 31.10.07.

§ 2° Para os efeitos fiscais, os vícios de que trata o § 1° atingem também o respectivo DANFE, emitido nos termos da cláusula nona ou décima primeira, que também não será considerado documento fiscal idôneo.

Redação original, efeitos até 11.07.06.

§ 2° Para os efeitos fiscais, os vícios de que trata o § 1° conta-minam também o respectivo – gerado pela NF-e não considerada documento idôneo.

§ 3° A autorização de uso da NF-e concedida pela administração tributária não implica validação das informações nela contidas.

Cláusula quinta A transmissão do arquivo digital da NF-e deverá ser efetuada via Internet, por meio de protocolo de segurança ou criptografia, com utilização de software desenvolvido ou adquirido pelo contribuinte ou disponibilizado pela administração tributária.

Parágrafo único. A transmissão referida no "caput" implica solicitação de concessão de Autorização de Uso da NF-e.

Cláusula sexta Previamente à concessão da Autorização de Uso da NF-e, a administração tributária da unidade federada do contribuinte analisará, no mínimo, os seguintes elementos:

I – a regularidade fiscal do emitente;

II – o credenciamento do emitente, para emissão de NF-e;

III – a autoria da assinatura do arquivo digital da NF-e;

IV – a integridade do arquivo digital da NF-e;

V – a observância ao leiaute do arquivo estabelecido em Ato COTEPE;

VI – a numeração do documento.

Acrescido o § 1° à cláusula sexta pelo Ajuste SINIEF 08/07, efeitos a partir de 01.11.07.

§ 1° A autorização de uso poderá ser concedida pela administração tributária da unidade federada emitente através da infra-estrutura tecnológica

MANUAL DE IMPLANTAÇÃO DA NOTA FISCAL ELETRÔNICA **427**

da Receita Federal do Brasil ou de outra unidade federada, na condição de contingência prevista no inciso I da cláusula décima primeira.

Acrescido o § 2º à cláusula sexta pelo Ajuste SINIEF 08/07, efeitos a partir de 01.11.07.

§ 2º A unidade federada que tiver interesse poderá, mediante protocolo, estabelecer que a autorização de uso será concedida pela mesma, mediante a utilização da infra-estrutura tecnológica da Receita Federal do Brasil ou de outra unidade federada.

Acrescido o § 3º à cláusula sexta pelo Ajuste SINIEF 08/07, efeitos a partir de 01.11.07.

§ 3º Nas situações constante dos §§ 1º e 2º, a administração tributária que autorizar o uso da NF-e deverá observar as disposições constantes deste Ajuste estabelecidas para a administração tributária da unidade federada do contribuinte emitente.

Nova redação dada à cláusula sétima pelo Ajuste SINIEF 04/06, efeitos a partir de 12.07.06.

Cláusula sétima Do resultado da análise referida na cláusula sexta, a administração tributária cientificará o emitente:

I – da rejeição do arquivo da NF-e, em virtude de:

a) falha na recepção ou no processamento do arquivo;

b) falha no reconhecimento da autoria ou da integridade do arquivo digital;

c) remetente não credenciado para emissão da NF-e;

d) duplicidade de número da NF-e;

e) falha na leitura do número da NF-e;

f) outras falhas no preenchimento ou no leiaute do arquivo da NF-e;

II – da denegação da Autorização de Uso da NF-e, em virtude da irregularidade fiscal do emitente;

III – da concessão da Autorização de Uso da NF-e;.

§ 1º Após a concessão da Autorização de Uso da NF-e, a NF-e não poderá ser alterada.

§ 2º Em caso de rejeição do arquivo digital, o mesmo não será arquivado na administração tributária para consulta, sendo permitido ao interessado nova transmissão do arquivo da NF-e nas hipóteses das alíneas "a", "b" e "e" do inciso I do "caput".

§ 3º Em caso de denegação da Autorização de Uso da NF-e, o arquivo digital transmitido ficará arquivado na administração tributária para consulta, nos termos da cláusula décima quinta, identificado como "Denegada a Autorização de Uso".

§ 4º No caso do § 3º, não será possível sanar a irregularidade e solicitar nova Autorização de Uso da NF-e que contenha a mesma numeração.

§ 5º A cientificação de que trata o "caput" será efetuada mediante protocolo disponibilizado ao emitente ou a terceiro autorizado pelo emitente, via internet, contendo, conforme o caso, a "chave de acesso", o número da NF-e, a data e a hora do recebimento da solicitação pela administração tributária e o número do protocolo, podendo ser autenticado mediante assinatura digital gerada com certificação digital da administração tributária ou outro mecanismo de confirmação de recebimento.

§ 6º Nos casos dos incisos I ou II do "caput", o protocolo de que trata o § 5º conterá informações que justifiquem de forma clara e precisa o motivo pelo qual a Autorização de Uso não foi concedida.

> *Acrescida o § 7º à cláusula sétima pelo Ajuste SINIEF 11/08, efeitos a partir de 01.10.08.*

§ 7º O emitente da NF-e deverá, obrigatoriamente, encaminhar ou disponibilizar download do arquivo eletrônico da NF-e e seu respectivo protocolo de autorização ao destinatário, observado leiaute e padrões técnicos definidos em Ato COTEPE.

MANUAL DE IMPLANTAÇÃO DA NOTA FISCAL ELETRÔNICA **429**

Redação original, efeitos até 11.07.06.

Cláusula sétima Do resultado da análise referida na cláusula sexta, a administração tributária cientificará o emitente:

I – da rejeição do arquivo da NF-e, em virtude de:

a) falha na recepção do arquivo;

b) falha no reconhecimento da autoria ou da integridade do arquivo digital;

c) remetente não credenciado para emissão da NFe;

d) duplicidade de número da NF-e;

e) falha na leitura do número da NF-e;

f) outras falhas no preenchimento ou no leiaute do arquivo da NF-e;

II – da denegação da Autorização de Uso da NF-e, em virtude:

a) irregularidade fiscal do emitente;

b) irregularidade fiscal do destinatário, a critério de cada unidade federada;

III – da concessão da Autorização de Uso da NF-e.

§ 1º Após a concessão da Autorização de Uso da NF-e, a NF-e não poderá ser alterada.

§ 2º Em caso de rejeição do arquivo digital, o interessado poderá sanar a falha e transmitir novamente o arquivo digital da NFe.

§ 3º Em caso de denegação da Autorização de Uso da NF-e, o arquivo digital transmitido ficará arquivado na administração tributária para consulta, nos termos da cláusula décima quinta, identificado como "Denegada a Autorização de Uso".

§ 4º No caso do § 3º, não será possível sanar a irregularidade e solicitar nova Autorização de Uso da NF-e que contenha a mesma numeração.

§ 5º A cientificação de que trata o "caput" será efetuada mediante protocolo transmitido ao emitente, via internet, contendo, conforme o caso, a "chave de acesso", o número da NF-e, a data e a hora do recebimento da solicitação pela administração tributária e o número do protocolo, podendo ser autenticado mediante assinatura digital gerada com certificação digital da administração tributária ou outro mecanismo de confirmação de recebimento.

§ 6º Nos casos dos incisos I ou II do "caput", o protocolo conterá informações que justifiquem o motivo que impediu a concessão da Autorização de Uso da NF-e.

Cláusula oitava Concedida a Autorização de Uso da NF-e, a administração tributária da unidade federada do emitente deverá transmitir a NF-e para a Receita Federal do Brasil.

Nova redação dada ao § 1º da cláusula oitava pelo Ajuste SINIEF 08/07, efeitos a partir de 01.11.07.

§ 1º A administração tributária da unidade federada do emitente também deverá transmitir a NF-e para:

I – a unidade federada de destino das mercadorias, no caso de operação interestadual;

II – a unidade federada onde deva se processar o embarque de mercadoria na saída para o exterior;

III – a unidade federada de desembaraço aduaneiro, tratando-se de operação de importação de mercadoria ou bem do exterior;

IV – a Superintendência da Zona Franca de Manaus – SUFRAMA, quando a NF-e tiver como destinatário pessoa localizada nas áreas incentivadas.

Redação anterior dada ao § 1º da cláusula oitava pelo Ajuste SI-NIEF 04/06, efeitos de 12.07.06 a 31.10.07.

§ 1º A administração tributária da unidade federada do emitente também deverá transmitir a NF-e para a unidade federada:

I – de destino das mercadorias, no caso de operação interestadual;

II – onde deva se processar o embarque de mercadoria na saída para o exterior;

III – de desembaraço aduaneiro, tratando-se de operação de importação de mercadoria ou bem do exterior.

Nova redação dada ao § 2º da cláusula oitava pelo Ajuste SINIEF 08/07, efeitos a partir de 01.11.07.

§ 2º A administração tributária da unidade federada do emitente ou a Receita Federal do Brasil também poderão transmitir a NF-e ou fornecer informações parciais para:

I – administrações tributárias municipais, nos casos em que a NF-e envolva serviços sujeitos ao ISSQN, mediante prévio convênio ou protocolo;

II – outros órgãos da administração direta, indireta, fundações e autarquias, que necessitem de informações da NF-e para desempenho de suas atividades, mediante prévio convênio ou protocolo de cooperação, respeitado o sigilo fiscal.

> *Acrescido o § 2º à cláusula oitava pelo Ajuste SINIEF 04/06, efeitos de 12.07.06 a 31.10.07.*
>
> *§ 2º A administração tributária da unidade federada do emitente também poderá transmitir a NF-e para:*
>
> *I – Superintendência da Zona Franca de Manaus – SUFRAMA quando a NF-e se referir a operações nas áreas beneficiadas;*
>
> *II – administrações tributárias municipais, nos casos em que a NF-e envolva serviços, mediante prévio convênio ou protocolo de cooperação;*
>
> *III – outros órgãos da administração direta, indireta, fundações e autarquias, que necessitem de informações da NF-e para desempenho de suas atividades, mediante prévio convênio ou protocolo de cooperação, respeitado o sigilo fiscal.*

> *Acrescido o § 3º à cláusula oitava pelo Ajuste SINIEF 11/08, efeitos a partir de 01.10.08.*

§ 3º Na hipótese da administração tributária da unidade federada do emitente realizar a transmissão prevista no caput por intermédio de Web-Service, ficará a Receita Federal do Brasil responsável pelo procedimento de que trata o §1º ou pela disponibilização do acesso a NF-e para as administrações tributárias que adotarem esta tecnologia;

Nova redação dada à cláusula nona pelo Ajuste SINIEF 04/06, efeitos a partir de 12.07.06.

Cláusula nona Fica instituído o Documento Auxiliar da NF-e – DAN-FE, conforme leiaute estabelecido em Ato COTEPE , para uso no trânsito das mercadorias ou para facilitar a consulta da NF-e, prevista na cláusula décima quinta.

§ 1º O DANFE somente poderá ser utilizado para transitar com as mercadorias após a concessão da Autorização de Uso da NF-e, de que trata o inciso III da cláusula sétima, ou na hipótese prevista na cláusula décima primeira.

§ 2º No caso de destinatário não credenciado para emitir NF-e, a escrituração da NF-e poderá ser efetuada com base nas informações contidas no DANFE, observado o disposto na cláusula décima.

Nova redação dada ao § 3º da cláusula nona pelo Ajuste SINIEF 08/07, efeitos a partir de 01.11.07.

§ 3º Quando a legislação tributária exigir a utilização específica de vias adicionais para as notas fiscais, o contribuinte que utilizar NF-e deverá imprimir o DANFE com o número de cópias necessárias para cumprir a respectiva norma.

Redação anterior dada pelo Ajuste SINIEF 04/06, efeitos de 12.07.06 a 31.10.07.

§ 3º Quando a legislação tributária exigir a utilização de vias adicionais ou prever utilização específica para as vias das notas fiscais, o contribuinte que utilizar NF-e deverá emitir o DANFE com o número de cópias necessárias para cumprir a respectiva norma.

Nova redação dada ao § 4º da cláusula nona pelo Ajuste SINIEF 11/08, efeitos a partir de 01.10.08.

MANUAL DE IMPLANTAÇÃO DA NOTA FISCAL ELETRÔNICA **433**

§ 4º O DANFE deverá ser impresso em papel, exceto papel jornal, no tamanho mínimo A4 (210 x 297 mm) e máximo ofício 2 (230 x 330 mm), podendo ser utilizadas folhas soltas, formulário de segurança, Formulário de Segurança para Impressão de Documento Auxiliar de Documento Fiscal Eletrônico (FS-DA), formulário contínuo ou formulário pré-impresso."

> *Redação anterior dada ao § 4º da cláusula nona pelo Ajuste SINIEF 08/07, efeitos de 01.11.07 a 30.09.08.*
> *§ 4º O DANFE deverá ser impresso em papel, exceto papel jornal, no tamanho A4 (210 x 297 mm), podendo ser utilizadas folhas soltas, formulário de segurança, formulário contínuo ou formulário pré-impresso.*
> *Redação anterior dada pelo Ajuste SINIEF 04/06, efeitos de 12.07.06 a 31.10.07.*
> *§ 4º O DANFE deverá ser impresso em papel, exceto papel jornal, no tamanho A4 (210 x 297 mm), podendo ser utilizadas folhas soltas ou formulário contínuo, bem como ser pré-impresso.*

§ 5º O DANFE deverá conter código de barras, conforme padrão estabelecido em Ato COTEPE.

> *Acrescida o § 5º-A à cláusula oitava pelo Ajuste SINIEF 11/08, efeitos a partir de 01.10.08.*

§ 5º-A Na hipótese de venda ocorrida fora do estabelecimento, o DANFE poderá ser impresso em qualquer tipo de papel, exceto papel jornal, em tamanho inferior ao A4 (210 x 297 mm), caso em que será denominado "DANFE Simplificado", devendo ser observado leiaute definido em Ato COTEPE;

§ 6º O DANFE poderá conter outros elementos gráficos, desde que não prejudiquem a leitura do seu conteúdo ou do código de barras por leitor óptico.

> *Nova redação dada ao § 7º da cláusula nona pelo Ajuste SINIEF 08/07, efeitos a partir de 01.11.07.*

434 ALBERT EIJE BARRETO MOUTA

§ 7º Os contribuintes, mediante autorização de cada unidade da Federação, poderão solicitar alteração do leiaute do DANFE, previsto em Ato COTEPE, para adequá-lo às suas operações, desde que mantidos os campos obrigatórios da NF-e constantes do DANFE.

> *Acrescido o § 8º à cláusula nona pelo Ajuste SINIEF 04/06, efeitos de 12.07.06 a 31.10.07.*
>
> *§ 7º Os contribuintes, mediante autorização de cada Unidade da Federação, poderão solicitar alteração do leiaute do DANFE, previsto em Ato COTEPE, para adequá-lo às suas operações, desde que mantidos os campos obrigatórios.*

> *Acrescido o § 8º à cláusula nona pelo Ajuste SINIEF 08/07, efeitos a partir de 01.11.07.*

§ 8º Os títulos e informações dos campos constantes no DANFE devem ser grafados de modo que seus dizeres e indicações estejam bem legíveis.

> *Acrescido o § 9º à cláusula nona pelo Ajuste SINIEF 08/07, efeitos a partir de 01.11.07.*

§ 9º A aposição de carimbos no DANFE, quando do trânsito da mercadoria, deve ser feita em seu verso.

> *Acrescido o § 10 à cláusula nona pelo Ajuste SINIEF 08/07, efeitos a partir de 01.11.07.*

§ 10 É permitida a indicação de informações complementares de interesse do emitente, impressas no verso do DANFE, hipótese em que sempre será reservado espaço, com a dimensão mínima de 10x15 cm, em qualquer sentido, para atendimento ao disposto no § 9º.

> *Redação original, efeitos até 11.07.06.*

MANUAL DE IMPLANTAÇÃO DA NOTA FISCAL ELETRÔNICA **435**

Cláusula nona Fica instituído o Documento Auxiliar da NFe – DANFE, conforme leiaute estabelecido em Ato COTEPE, para uso no trânsito das mercadorias ou para facilitar a consulta da NF-e, prevista na cláusula décima quinta.

§ 1º O DANFE deverá ser impresso em papel comum, exceto papel jornal, no tamanho A4 (210 x 297 mm).

§ 2º O DANFE deverá conter código de barras bidimensional, conforme padrão definido pela administração tributária.

§ 3º O DANFE poderá conter outros elementos gráficos, desde que não prejudiquem a leitura do seu conteúdo ou do código de barras bidimensional por leitor óptico.

§ 4º O DANFE somente poderá ser utilizado para transitar com as mercadorias após a concessão da Autorização de Uso da NFe, de que trata o inciso III da cláusula sétima.

§ 5º No caso de destinatário não credenciado para emitir NFe, o DANFE deverá ser escriturado no livro Registro de Entrada em substituição à escrituração da NF-e.

Nova redação dada à cláusula décima pelo Ajuste SINIEF 04/06, efeitos a partir de 12.07.06.

Cláusula décima O emitente e o destinatário deverão manter em arquivo digital as NF-es pelo prazo estabelecido na legislação tributária para a guarda dos documentos fiscais, devendo ser apresentadas à administração tributária, quando solicitado.

§ 1º O destinatário deverá verificar a validade e autenticidade da NF-e e a existência de Autorização de Uso da NF-e.

§ 2º Caso o destinatário não seja contribuinte credenciado para a emissão de NF-e, alternativamente ao disposto no "caput", o destinatário deverá manter em arquivo o DANFE relativo a NF-e da operação, devendo ser apresentado à administração tributária, quando solicitado.

Redação original, efeitos até 11.07.06.

Cláusula décima O remetente e o destinatário das mercadorias deverão manter em arquivo as NF-es pelo prazo estabelecido na

436 ALBERT EIJE BARRETO MOUTA

legislação tributária para a guarda dos documentos fiscais, devendo ser apresentadas à administração tributária, quando solicitado.
Parágrafo único. Caso o destinatário não seja contribuinte credenciado para a emissão de NF-e, deverá conservar o DANFE e o número da Autorização de Uso da NF-e em substituição à manutenção do arquivo de que trata o "caput".

Nova redação dada à cláusula décima primeira pelo Ajuste SINIEF 11/08, efeitos a partir de 01.10.08.

Cláusula décima primeira Quando em decorrência de problemas técnicos não for possível transmitir a NF-e para a unidade federada do emitente, ou obter resposta à solicitação de Autorização de Uso da NF-e, o contribuinte deverá gerar novo arquivo, conforme definido em Ato CO-TEPE, informando que a respectiva NF-e foi emitida em contingência e adotar uma das seguintes alternativas:

I – transmitir a NF-e para o Sistema de Contingência do Ambiente Nacional (SCAN) – Receita Federal do Brasil, nos termos das cláusulas quarta, quinta e sexta deste Ajuste;

II – transmitir Declaração Prévia de Emissão em Contingência – DPEC (NF-e), para a Receita Federal do Brasil, nos termos da cláusula décima sétima-D;

III – imprimir o DANFE em Formulário de Segurança (FS), observado o disposto na Cláusula décima sétima-A;

IV – imprimir o DANFE em Formulário de Segurança para Impressão de Documento Auxiliar de Documento Fiscal Eletrônico (FS-DA), observado o disposto em Convênio ICMS.

§ 1º Na hipótese prevista no inciso I, a administração tributária da unidade federada emitente poderá autorizar a NF-e utilizando-se da infraestrutura tecnológica da Receita Federal do Brasil ou de outra unidade federada.

§ 2º Após a concessão da Autorização de Uso da NF-e, conforme disposto no § 1º, a Receita Federal do Brasil deverá transmitir a NF-e para a unidade federada do emitente, sem prejuízo do disposto no § 3º da cláusula sexta.

MANUAL DE IMPLANTAÇÃO DA NOTA FISCAL ELETRÔNICA **437**

§ 3º Na hipótese do inciso II do caput, o DANFE deverá ser impresso em no mínimo duas vias, constando no corpo a expressão "DANFE impresso em contingência – DPEC regularmente recebido pela Receita Federal do Brasil", tendo as vias à seguinte destinação:

I – uma das vias permitirá o trânsito das mercadorias e deverá ser mantida em arquivo pelo destinatário pelo prazo estabelecido na legislação tributária para a guarda de documentos fiscais;

II – outra via deverá ser mantida em arquivo pelo emitente pelo prazo estabelecido na legislação tributária para a guarda dos documentos fiscais.

§ 4º Presume-se inábil o DANFE impresso nos termos do § 3º, quando não houver a regular recepção da DPEC pela Receita Federal do Brasil, nos termos da Cláusula Décima sétima-D.

§ 5º Na hipótese dos incisos III ou IV do caput, o Formulário de Segurança ou Formulário de Segurança para Impressão de Documento Auxiliar de Documento Fiscal Eletrônico (FS-DA) deverá ser utilizado para impressão de no mínimo duas vias do DANFE, constando no corpo a expressão "DANFE em Contingência – impresso em decorrência de problemas técnicos", tendo as vias a seguinte destinação:

I – uma das vias permitirá o trânsito das mercadorias e deverá ser mantida em arquivo pelo destinatário pelo prazo estabelecido na legislação tributária para a guarda de documentos fiscais;

II – outra via deverá ser mantida em arquivo pelo emitente pelo prazo estabelecido na legislação tributária para a guarda dos documentos fiscais.

§ 6º Na hipótese dos incisos III ou IV do capu, existindo a necessidade de impressão de vias adicionais do DANFE previstas no § 3º da cláusula nona, dispensa-se a exigência do uso do Formulário de Segurança ou Formulário de Segurança para Impressão de Documento Auxiliar de Documento Fiscal Eletrônico (FS-DA).

§ 7º Na hipótese dos incisos II, III e IV do caput, imediatamente após a cessação dos problemas técnicos que impediram a transmissão ou recepção do retorno da autorização da NF-e, e até o prazo limite definido em Ato COTEPE, contado a partir da emissão da NF-e de que trata o § 12, o emitente deverá transmitir à administração tributária de sua jurisdição as NF-e geradas em contingência.

§ 8° Se a NF-e transmitida nos termos do § 7° vier a ser rejeitada pela administração tributária, o contribuinte deverá:

I – gerar novamente o arquivo com a mesma numeração e série, sanando a irregularidade desde que não se altere:

a) as variáveis que determinam o valor do imposto tais como: base de cálculo, alíquota, diferença de preço, quantidade, valor da operação ou da prestação;

b) a correção de dados cadastrais que implique mudança do remetente ou do destinatário;

c) a data de emissão ou de saída;

II – solicitar Autorização de Uso da NF-e;

III – imprimir o DANFE correspondente à NF-e autorizada, no mesmo tipo de papel utilizado para imprimir o DANFE original;

IV – providenciar, junto ao destinatário, a entrega da NF-e autorizada bem como do novo DANFE impresso nos termos do inciso III, caso a geração saneadora da irregularidade da NF-e tenha promovido alguma alteração no DANFE.

§ 9° O destinatário deverá manter em arquivo pelo prazo decadencial estabelecido pela legislação tributária junto à via mencionada no inciso I do § 3° ou no inciso I do § 5°, a via do DANFE recebida nos termos do inciso IV do § 8°.

§ 10 Se após decorrido o prazo limite previsto no § 7°, o destinatário não puder confirmar a existência da Autorização de Uso da NF-e correspondente, deverá comunicar imediatamente o fato à unidade fazendária do seu domicílio.

§ 11 O contribuinte deverá lavrar termo no livro Registro de Documentos Fiscais e Termos de Ocorrência, modelo 6, informando:

I – o motivo da entrada em contingência;

II – a data, hora com minutos e segundos do seu início e seu término;

III – a numeração e série da primeira e da última NF-e geradas neste período;

MANUAL DE IMPLANTAÇÃO DA NOTA FISCAL ELETRÔNICA **439**

IV – identificar, dentre as alternativas do caput, qual foi a utilizada.

§ 12 Considera-se emitida a NF-e:

I – na hipótese do inciso II do caput, no momento da regular recepção da DPEC pela Receita Federal do Brasil, conforme previsto na cláusula décima sétima – D;

II – na hipótese dos incisos III e IV do caput, no momento da impressão do respectivo DANFE em contingência.

§ 13 Na hipótese do § 5º-A da cláusula nona, havendo problemas técnicos de que trata o caput, o contribuinte deverá emitir, em no mínimo duas vias, o DANFE Simplificado em contingência, com a expressão "DANFE Simplificado em Contingência", sendo dispensada a utilização de formulário de segurança, devendo ser observadas as destinações da cada via conforme o disposto nos incisos I e II do § 5º.

> *Redação anterior dada à cláusula décima primeira pelo Ajuste SI-NIEF 08/07, efeitos de 01.11.07 a 30.09.08.*
>
> *Cláusula décima primeira Quando em decorrência de problemas técnicos não for possível transmitir a NF-e para a unidade federada do emitente, ou obter resposta à solicitação de Autorização de Uso da NF-e, o contribuinte deverá gerar novo arquivo, conforme definido em Ato COTEPE, informando que a respectiva NF-e foi emitida em contingência e adotar uma das seguintes alternativas:*
>
> *I – transmitir a NF-e para a Receita Federal do Brasil nos termos das cláusulas quarta, quinta e sexta deste Ajuste;*
>
> *II – imprimir o DANFE em formulário de segurança, observado o disposto na Cláusula décima sétima-A.*
>
> *1º Na hipótese prevista no inciso I do "caput", a administração tributária da unidade federada emitente poderá autorizar a NF-e utilizando-se da infraestrutura tecnológica da Receita Federal do Brasil ou de outra unidade federada.*
>
> *§ 2º Após a concessão da Autorização de Uso da NF-e, conforme disposto no parágrafo anterior, a Receita Federal do Brasil deverá transmitir a NF-e para a unidade federada do emitente, sem prejuízo do disposto no § 3º da cláusula sexta.*

§ 3º Na hipótese do inciso II do "caput", o DANFE deverá ser impresso em no mínimo duas vias, constando no corpo a expressão "DANFE em Contingência. Impresso em decorrência de problemas técnicos", tendo as vias a seguinte destinação:

I – uma das vias permitirá o trânsito das mercadorias e deverá ser mantida em arquivo pelo destinatário pelo prazo estabelecido na legislação tributária para a guarda de documentos fiscais;

II – outra via deverá ser mantida em arquivo pelo emitente pelo prazo estabelecido na legislação tributária para a guarda dos documentos fiscais.

§ 4º Dispensa-se a exigência de formulário de segurança para a impressão das vias adicionais previstas no § 3º da cláusula nona.

§ 5º Na hipótese do inciso II do "caput", imediatamente após a cessação dos problemas técnicos que impediram a transmissão ou recepção do retorno da autorização da NF-e, o emitente deverá transmitir à administração tributária de sua jurisdição as NF-e geradas em contingência.

§ 6º Se a NF-e transmitida nos termos do § 5º vier a ser rejeitada pela administração tributária, o contribuinte deverá:

I – gerar novamente o arquivo com a mesma numeração e série, sanando a irregularidade;

II – solicitar nova Autorização de Uso da NF-e;

III – imprimir em formulário de segurança o DANFE correspondente à NF-e autorizada;

IV – providenciar, junto ao destinatário, a entrega da NF-e autorizada bem como do novo DANFE impresso nos termos do inciso III, caso a geração saneadora da irregularidade da NF-e tenha promovido alguma alteração no DANFE.

§ 7º O destinatário deverá manter em arquivo pelo prazo decadencial estabelecido pela legislação tributária, junto à via mencionada no inciso I do § 3º, a via do DANFE recebida nos termos do inciso IV do § 6º.

§ 8º Se após decorrido o prazo de 30 dias do recebimento de mercadoria acompanhada de DANFE impresso nos termos do inciso II do "caput", o destinatário não puder confirmar a existência da Autorização de Uso da NF-e, deverá comunicar o fato à unidade fazendária do seu domicílio;

MANUAL DE IMPLANTAÇÃO DA NOTA FISCAL ELETRÔNICA 441

§ 9° O contribuinte deverá, na hipótese do inciso II do "caput", lavrar termo no livro Registro de Documentos Fiscais e Termos de Ocorrência, modelo 6, informando o motivo da entrada em contingência, número dos formulários de segurança utilizados, a data e hora do seu início e seu término, bem como a numeração e série das NF-e geradas neste período.

Redação anterior dada a cláusula décima primeira pelo Ajuste SINIEF 04/06, efeitos de 12.07.06 a 31.10.07.

Cláusula décima primeira Quando em decorrência de problemas técnicos não for possível gerar o arquivo da NF-e, transmitir ou obter a resposta da autorização de uso da NF-e, o interessado deverá emitir o DANFE nos termos do § 1° ou, a critério da unidade federada, a nota fiscal modelo 1 ou 1-A em substituição a NF-e.

§ 1° Ocorrendo à emissão do DANFE nos termos do "caput", deverá ser utilizado formulário de segurança que atenda às disposições do Convênio ICMS 58/95, de 28 de junho de 1995, e consignado no campo de observações a expressão "DANFE emitido em decorrência de problemas técnicos", em no mínimo duas vias, tendo as vias a seguinte destinação:

I – uma das vias permitirá o trânsito das mercadorias até que sejam sanados os problemas técnicos, e deverá ser mantida em arquivo pelo destinatário, pelo prazo estabelecido na legislação tributária para a guarda de documentos fiscais;

II – outra via deverá ser mantida em arquivo pelo emitente pelo prazo estabelecido na legislação tributária para a guarda dos documentos fiscais.

§ 2° No caso do § 1°:

I – o emitente deverá efetuar a transmissão da NF-e imediatamente após a cessação dos problemas técnicos que impediram a sua transmissão;

II – o destinatário deverá comunicar o fato à unidade fazendária do seu domicílio se no prazo de 30 dias do recebimento da mercadoria não puder confirmar a existência da Autorização de Uso da NF-e.

§ 3° No caso de ter havido a transmissão do arquivo da NF-e e, por problemas técnicos, o contribuinte tenha optado pela emissão

de nota fiscal modelo 1 ou 1-A, deverá providenciar, assim que superado o problema técnico, o cancelamento da NF-e, caso esta tenha sido autorizada.

Redação original, efeitos até 11.07.06.

Cláusula décima primeira Quando não for possível a transmissão da NF-e, em decorrência de problemas técnicos, o interessado deverá emitir o DANFE em duas vias, utilizando formulário de segurança que atenda às disposições do Convênio ICMS 58/95, de 28 de junho de 1995.

Parágrafo único. Ocorrendo a emissão do DANFE nos termos do "caput":

I – uma das vias permitirá o trânsito das mercadorias até que sejam sanados os problemas técnicos da transmissão da NF-e;

II – o emitente deverá manter uma de suas vias pelo prazo estabelecido na legislação tributária para a guarda dos documentos fiscais, devendo o destinatário das mercadorias manter a outra via pelo mesmo prazo;

III – o emitente deverá efetuar a transmissão da NF-e imediatamente após a cessação dos problemas técnicos que impediram a sua transmissão, informando inclusive o número dos formulários de segurança utilizados.

Acrescida a cláusula décima primeira-A pelo Ajuste SINIEF 08/07, efeitos a partir de 01.11.07.

Cláusula décima primeira-A Em relação às NF-e que foram transmitidas antes da contingência e ficaram pendentes de retorno, o emitente deverá, após a cessação das falhas:

I – solicitar o cancelamento, nos termos da cláusula décima segunda, das NF-e que retornaram com Autorização de Uso e cujas operações não se efetivaram ou foram acobertadas por NF-e emitidas em contingência;

II – solicitar a inutilização, nos termos da cláusula décima quarta, da numeração das NF-e que não foram autorizadas nem denegadas.

Nova redação dada a cláusula décima segunda pelo Ajuste SINIEF 11/08, efeitos a partir de 01.10.08.

Cláusula décima segunda Após a concessão de Autorização de Uso da NF-e, de que trata o inciso III da cláusula sétima, o emitente poderá solicitar o cancelamento da NF-e, em prazo não superior ao máximo definido em Ato COTEPE, contado do momento em que foi concedida a respectiva Autorização de Uso da NF-e, desde que não tenha havido a circulação da mercadoria ou a prestação de serviço e observadas às normas constantes na cláusula décima terceira.

> *Redação anterior dada à cláusula décima segunda pelo Ajuste SI-NIEF 04/06, efeitos de 12.07.06 a 30.09.08.*
> *Cláusula décima segunda Após a concessão de Autorização de Uso da NF-e, de que trata o inciso III da cláusula sétima, o emitente poderá solicitar o cancelamento da NF-e, desde que não tenha havido a circulação da respectiva mercadoria e prestação de serviço, observadas as demais normas da legislação pertinente.*
> *Redação original, efeitos até 11.07.06.*
> *Cláusula décima segunda Após a concessão de Autorização de Uso da NF-e, de que trata o inciso III da cláusula sétima, o emitente poderá solicitar o cancelamento da NF-e no prazo de até 12(doze) horas, desde que não tenha havido a circulação da respectiva mercadoria e prestação de serviço.*

> *Nova redação dada ao caput da cláusula décima terceira pelo Ajuste SINIEF 08/07, efeitos a partir de 01.11.07.*

Cláusula décima terceira O cancelamento de que trata a cláusula décima segunda somente poderá ser efetuado mediante Pedido de Cancelamento de NF-e, transmitido pelo emitente, à administração tributária que a autorizou.

> *Redação original do caput, efeitos até 31.10.07.*
> *Cláusula décima terceira O cancelamento de que trata a cláusula décima segunda somente poderá ser efetuado mediante Pedido de Cancelamento de NF-e, transmitido pelo emitente, à administração tributária de sua unidade federada.*

§ 1º O Pedido de Cancelamento de NF-e deverá atender ao leiaute estabelecido em Ato COTEPE.

§ 2º A transmissão do Pedido de Cancelamento de NF-e será efetivada via Internet, por meio de protocolo de segurança ou criptografia.

> *Nova redação dada ao § 3º da cláusula décima terceira pelo Ajuste SINIEF 11/08, efeitos a partir de 01.10.08.*

§ 3º O Pedido de Cancelamento de NF-e deverá ser assinado pelo emitente com assinatura digital certificada por entidade credenciada pela Infraestrutura de Chaves Públicas Brasileira – ICP-Brasil, contendo o nº do CNPJ de qualquer dos estabelecimentos do contribuinte, a fim de garantir a autoria do documento digital.

> *Redação anterior dada ao § 3º da cláusula décima terceira pelo Ajuste SINIEF 04/06, efeitos de 12.07.06 a 30.09.08.*
>
> *§ 3º O Pedido de Cancelamento de NF-e deverá ser assinado pelo emitente com assinatura digital certificada por entidade credenciada pela Infraestrutura de Chaves Públicas Brasileira – ICP-Brasil, contendo o CNPJ do estabelecimento emitente ou da matriz, a fim de garantir a autoria do documento digital.*
>
> *Redação original, efeitos até 11.07.06.*
>
> *§ 3º O Pedido de Cancelamento de NF-e deverá ser assinado pelo emitente com assinatura digital certificada por entidade credenciada pela Infraestrutura de Chaves Públicas Brasileira – ICP-Brasil, contendo o CNPJ do emitente, a fim de garantir a autoria do documento digital.*

§ 4º A transmissão poderá ser realizada por meio de software desenvolvido ou adquirido pelo contribuinte ou disponibilizado pela administração tributária.

> *Nova redação dada ao § 5º da cláusula décima terceira pelo Ajuste SINIEF 08/07, efeitos a partir de 01.11.07.*

MANUAL DE IMPLANTAÇÃO DA NOTA FISCAL ELETRÔNICA **445**

§ 5º A cientificação do resultado do Pedido de Cancelamento de NF-e será feita mediante protocolo de que trata o § 2º disponibilizado ao emitente, via Internet, contendo, conforme o caso, a "chave de acesso", o número da NF-e, a data e a hora do recebimento da solicitação pela administração tributária e o número do protocolo, podendo ser autenticado mediante assinatura digital gerada com certificação digital da administração tributária ou outro mecanismo de confirmação de recebimento.

> *Redação anterior dada ao § 5º da cláusula décima terceira pelo Ajuste SINIEF 04/06, efeitos de 12.07.06 a 31.10.07.*
>
> *§ 5º A cientificação do resultado do Pedido de Cancelamento de NF-e será feita mediante protocolo de que trata o § 2º disponibilizado ao emitente, via Internet, contendo, conforme o caso, a "chave de acesso", o número da NF-e, a data e a hora do recebimento da solicitação pela administração tributária da unidade federada do contribuinte e o número do protocolo, podendo ser autenticado mediante assinatura digital gerada com certificação digital da administração tributária ou outro mecanismo de confirmação de recebimento.*
>
> *Redação original, efeitos até 11.07.06.*
>
> *§ 5º A cientificação do resultado do Pedido de Cancelamento de NF-e será feita mediante protocolo transmitido ao emitente, via Internet, contendo, conforme o caso, a "chave de acesso", o número da NF-e, a data e a hora do recebimento da solicitação pela administração tributária da unidade federada do contribuinte e o número do protocolo, podendo ser autenticado mediante assinatura digital gerada com certificação digital da administração tributária ou outro mecanismo de confirmação de recebimento.*
>
> *Nova redação dada ao § 6º da cláusula décima terceira pelo Ajuste SINIEF 08/07, efeitos a partir de 01.11.07.*

§ 6º A administração tributária da unidade federada do emitente deverá transmitir para as administrações tributárias e entidades previstas na cláusula oitava, os Cancelamentos de NF-e.

446 ALBERT EIJE BARRETO MOUTA

Redação anterior dada ao § 6° da cláusula décima terceira pelo Ajuste SINIEF 04/06, efeitos de 12.07.06 a 31.10.07.

§ 6° Caso a administração tributária da unidade federada do emitente já tenha efetuado a transmissão da NF-e para as administrações tributárias e entidades previstas na cláusula oitava, deverá transmitir-lhes os respectivos documentos de Cancelamento de NF-e.

Redação original, efeitos até 11.07.06.

§ 6° Caso a administração tributária da unidade federada do emitente já tenha efetuado a transmissão da NF-e objeto do cancelamento à Secretaria da Receita Federal do Brasil ou à administração tributária de outra unidade federada, deverá transmitir-lhes os respectivos documentos de Cancelamento de NF-e.

Nova redação dada ao caput da cláusula décima quarta pelo Ajuste SINIEF 08/07, efeitos a partir de 01.11.07.

Cláusula décima quarta O contribuinte deverá solicitar, mediante Pedido de Inutilização de Número da NF-e, até o 10 (décimo) dia do mês subsequente, a inutilização de números de NF-e não utilizados, na eventualidade de quebra de sequência da numeração da NF-e.

Redação anterior dada ao caput da cláusula décima quarta pelo Ajuste SINIEF 04/06, efeitos de 12.07.06 a 31.10.07.

Cláusula décima quarta O contribuinte deverá solicitar, mediante Pedido de Inutilização de Número da NF-e, até o 10 (décimo) dia do mês subsequente, a inutilização de números de NF-es não utilizados, na eventualidade de quebra de sequência da numeração da NF-e.

Nova redação dada ao § 1° da cláusula décima quarta pelo Ajuste SINIEF 11/08, efeitos a partir de 01.10.08.

§ 1° O Pedido de Inutilização de Número da NF-e deverá ser assinado pelo emitente com assinatura digital certificada por entidade credenciada pela Infraestrutura de Chaves Públicas Brasileira – ICP-Brasil, contendo

MANUAL DE IMPLANTAÇÃO DA NOTA FISCAL ELETRÔNICA **447**

o nº do CNPJ de qualquer dos estabelecimentos do contribuinte, a fim de garantir a autoria do documento digital.

> *Redação original, efeitos até 30.09.08.*
>
> *§ 1º O Pedido de Inutilização de Número da NF-e deverá ser assinado pelo emitente com assinatura digital certificada por entidade credenciada pela Infraestrutura de Chaves Públicas Brasileira – ICP-Brasil, contendo o CNPJ do estabelecimento emitente ou da matriz, a fim de garantir a autoria do documento digital.*

§ 2º A transmissão do Pedido de Inutilização de Número da NF-e, será efetivada via Internet, por meio de protocolo de segurança ou criptografia.

> *Nova redação dada ao § 3º da cláusula décima quarta pelo Ajuste SINIEF 08/07, efeitos a partir de 01.11.07.*

§ 3º A cientificação do resultado do Pedido de Inutilização de Número da NF-e será feita mediante protocolo de que trata o § 2º disponibilizado ao emitente, via Internet, contendo, conforme o caso, os números das NF-e, a data e a hora do recebimento da solicitação pela administração tributária da unidade federada do emitente e o número do protocolo, podendo ser autenticado mediante assinatura digital gerada com certificação digital da administração tributária ou outro mecanismo de confirmação de recebimento.

> *Redação anterior dada ao § 3º da cláusula décima quarta pelo Ajuste SINIEF 04/06, efeitos de 12.07.06 a 31.10.07.*
>
> *§ 3º A cientificação do resultado do Pedido de Inutilização de Número da NF-e será feita mediante protocolo de que trata o § 2º disponibilizado ao emitente, via Internet, contendo, conforme o caso, a "chave de acesso", o número da NF-e, a data e a hora do recebimento da solicitação pela administração tributária da unidade federada do contribuinte e o número do protocolo, podendo ser autenticado mediante assinatura digital gerada com certificação digital da administração tributária ou outro mecanismo de confirmação de recebimento.*

448   Albert Eije Barreto Mouta

> *Acrescido o § 4° à cláusula décima quarta pelo Ajuste SINIEF 08/07, efeitos a partir de 01.11.07.*

§ 4° A administração tributária da unidade federada do emitente deverá transmitir para a Receita Federal do Brasil as inutilizações de número de NF-e.

> *Redação original, efeitos até 11.07.06.*
>
> *Cláusula décima quarta Na eventualidade de quebra de sequência da numeração, quando da geração do arquivo digital da NF-e, o contribuinte deverá comunicar o ocorrido, até o 10°(décimo) dia do mês subsequente, mediante Pedido de Inutilização de Número da NF-e.*
>
> *Parágrafo único. A cientificação do resultado do Pedido de Inutilização de Número da NF-e será feita mediante protocolo transmitido ao emitente, via Internet, contendo, conforme o caso, a "chave de acesso", o número da NF-e, a data e a hora do recebimento da solicitação pela administração tributária da unidade federada do contribuinte e o número do protocolo, podendo ser autenticado mediante assinatura digital gerada com certificação digital da administração tributária ou outro mecanismo de confirmação de recebimento.*
>
> *Acrescida a cláusula décima quarta-A pelo Ajuste SINIEF 08/07, efeitos a partir de 01.11.07.*

Cláusula décima quarta-A Após a concessão da Autorização de Uso da NF-e, de que trata a cláusula sétima, o emitente poderá sanar erros em campos específicos da NF-e, observado o disposto no §1°- A do art. 7° do Convênio SINIEF s/n° de 1970, por meio de Carta de Correção Eletrônica – CC-e, transmitida à administração tributária da unidade federada do emitente.

> *Nova redação dada ao § 1° da cláusula décima quarta-A pelo Ajuste SINIEF 11/08, efeitos a partir de 01.10.08.*

MANUAL DE IMPLANTAÇÃO DA NOTA FISCAL ELETRÔNICA **449**

§ 1º A Carta de Correção Eletrônica – CC-e deverá atender ao leiaute estabelecido em Ato COTEPE e ser assinada pelo emitente com assinatura digital certificada por entidade credenciada pela Infraestrutura de Chaves Públicas Brasileira – ICP-Brasil, contendo o nº do CNPJ de qualquer dos estabelecimentos do contribuinte, a fim de garantir a autoria do documento digital.

> *Redação original, efeitos até 30.09.08.*
>
> *§ 1º A Carta de Correção Eletrônica – CC-e deverá atender ao leiaute estabelecido em Ato COTEPE e ser assinada pelo emitente com assinatura digital certificada por entidade credenciada pela Infraestrutura de Chaves Públicas Brasileira – ICP-Brasil, contendo o CNPJ do estabelecimento emitente ou da matriz, a fim de garantir a autoria do documento digital.*

§ 2º A transmissão da CC-e será efetivada via Internet, por meio de protocolo de segurança ou criptografia.

§ 3º A cientificação da recepção da CC-e será feita mediante protocolo disponibilizado ao emitente, via Internet, contendo, conforme o caso, a "chave de acesso", o número da NF-e, a data e a hora do recebimento da solicitação pela administração tributária da unidade federada do contribuinte e o número do protocolo, podendo ser autenticado mediante assinatura digital gerada com certificação digital da administração tributária ou outro mecanismo de confirmação de recebimento.

§ 4º Havendo mais de uma CC-e para a mesma NF-e, o emitente deverá consolidar na última todas as informações anteriormente retificadas.

§ 5º A administração tributária que recebeu a CC-e deverá transmití-la às administrações tributárias e entidades previstas na cláusula oitava.

> *Nova redação dada ao § 6º da cláusula décima quarta-A pelo Ajuste SINIEF 11/08, efeitos a partir de 01.10.08.*

§ 6º O protocolo de que trata o § 3º não implica validação das informações contidas na CC-e

Redação original, efeitos até 30.09.08.

§ 6º O protocolo de que trata o § 4º não implica validação das informações contidas na CC-e.

Nova redação dada à cláusula décima quinta pelo Ajuste SINIEF 04/06, efeitos a partir de 12.07.06.

Cláusula décima quinta Após a concessão de Autorização de Uso da NF-e, de que trata a cláusula sétima, a administração tributária da unidade federada do emitente disponibilizará consulta relativa à NF-e.

§ 1º A consulta à NF-e será disponibilizada, em "site" na internet pelo prazo mínimo de 180 (cento e oitenta) dias.

§ 2º Após o prazo previsto no § 1º, a consulta à NF-e poderá ser substituída pela prestação de informações parciais que identifiquem a NF-e (número, data de emissão, CNPJ do emitente e do destinatário, valor e sua situação), que ficarão disponíveis pelo prazo decadencial.

§ 3º A consulta à NF-e, prevista no "caput", poderá ser efetuada pelo interessado, mediante informação da "chave de acesso" da NF-e.

Acrescido o § 4º da cláusula décima quinta pelo Ajuste SINIEF 08/07, efeitos a partir de 01.11.07.

§ 4º A consulta prevista no "caput" poderá ser efetuada também, subsidiariamente, no ambiente nacional disponibilizado pela Receita Federal do Brasil.

Redação original, efeitos até 11.07.06.

Cláusula décima quinta Após a concessão de Autorização de Uso da NF-e, de que trata a cláusula sétima, a administração tributária da unidade federada do emitente disponibilizará consulta pública relativa à NF-e.

§1º A consulta à NF-e será disponibilizada, em "site" na internet pelo prazo mínimo de 90 (noventa) dias.

§ 2º Após o prazo previsto no "caput", a consulta à NFe poderá ser substituída pela prestação de informações parciais que identifiquem a NF-e (número, data de emissão, CNPJ do emitente e

MANUAL DE IMPLANTAÇÃO DA NOTA FISCAL ELETRÔNICA   **451**

do destinatário, valor e sua situação), que ficarão disponíveis pelo prazo decadencial.

§3º A consulta à NF-e, prevista no "caput", poderá ser efetuada pelo interessado, mediante informação da "chave de acesso" da NF-e, constante no DANFE, ou mediante outra informação que garanta a idoneidade do documento fiscal.

Nova redação dada à cláusula décima sexta pelo Ajuste SINIEF 11/08, efeitos a partir de 01.10.08.

Cláusula décima sexta As unidades federadas envolvidas na operação ou prestação poderão, mediante Protocolo ICMS, e observados padrões estabelecidos em Ato COTEPE, exigir Informações do destinatário, do Recebimento das mercadorias e serviços constantes da NF-e, a saber:

I – Confirmação do recebimento da mercadoria documentada por NF-e;

II – Confirmação de recebimento da NF-e, nos casos em que não houver mercadoria documentada;

III – Declaração do não recebimento da mercadoria documentada por NF-e;

IV – Declaração de devolução total ou parcial da mercadoria documentada por NF-e;

§ 1º A Informação de Recebimento, quando exigida, deverá observar o prazo máximo estabelecido em Ato COTEPE;

§ 2º A Informação de Recebimento será efetivada via Internet;

§ 3º A cientificação do resultado da Informação de Recebimento será feita mediante arquivo, contendo, no mínimo, as Chaves de Acesso das NF-e, a data e a hora do recebimento da solicitação pela administração tributária da unidade federada do destinatário, a confirmação ou declaração realizada, conforme o caso, e o número do recibo, podendo ser autenticado mediante assinatura digital gerada com certificação digital da administração tributária ou outro mecanismo que garanta a sua recepção;

§ 4º administração tributária da unidade federada do destinatário deverá transmitir para a Receita Federal do Brasil as Informações de Recebimento das NF-e.

§ 5º A Receita Federal do Brasil disponibilizará acesso às Unidades Federadas do emitente e do destinatário, e para Superintendência da Zona Franca de Manaus, quando for o caso, os arquivos de Informações de Recebimento.

> *Redação original, efeitos até 30.09.08.*
>
> *Cláusula décima sexta As unidades federadas envolvidas na operação ou prestação poderão, mediante legislação própria, exigir a confirmação, pelo destinatário, do recebimento das mercadorias e serviços constantes da NF-e.*

> *Revogada a cláusula décima sétima pelo Ajuste SINIEF 04/06, efeitos a partir de 12.07.06.*

Cláusula décima sétima REVOGADA

> *Redação original, efeitos até 11.07.06:*
>
> *Cláusula décima sétima Na hipótese de a unidade federada de destino das mercadorias ou de desembaraço aduaneiro, no caso de importação de mercadoria ou bem do exterior, não tiver implantado o sistema para emissão e autorização de NF-e, deverá ser observado o seguinte:*
>
> *I – o DANFE emitido em unidade federada que tenha implantado o sistema de NF-e, será aceito pelo contribuinte destinatário, em substituição à Nota Fiscal modelo 1 ou 1-A, inclusive para fins de escrituração fiscal;*
>
> *II – o contribuinte destinatário deverá conservar o DANFE com o respectivo número da Autorização de Uso da NF-e, pelo prazo estabelecido na legislação tributária para a guarda dos documentos fiscais, devendo ser apresentados à administração tributária, quando solicitado.*
>
> *Parágrafo único. A administração tributária do emitente da NF-e deverá disponibilizar consulta pública que possibilite a verificação da regularidade na emissão do DANFE, nos termos deste Ajuste.*

> *Acrescida a cláusula décima sétima-A pelo Ajuste SINIEF 08/07, efeitos a partir de 01.11.07.*

Manual de Implantação da Nota Fiscal Eletrônica **453**

Cláusula décima sétima-A Nas hipóteses de utilização de formulário de segurança para a impressão de DANFE previstas neste Ajuste:

I – as características do formulário de segurança deverão atender ao disposto da cláusula segunda do Convênio ICMS 58/95;

II – deverão ser observados os parágrafos 3º, 4º, 6º, 7º e 8º da cláusula quinta do Convênio ICMS 58/95, para a aquisição do formulário de segurança, dispensando-se a exigência da Autorização de Impressão de Documentos Fiscais – AIDF e a exigência de Regime Especial.

III – não poderá ser impressa a expressão "Nota Fiscal", devendo, em seu lugar, constar a expressão "DANFE".

§ 1º Fica vedada a utilização de formulário de segurança adquirido na forma desta cláusula para outra destinação que não a prevista no "caput".

§ 2º O fabricante do formulário de segurança de que trata o "caput" deverá observar as disposições das cláusulas quarta e quinta do Convênio 58/95.

Nova redação dada ao § 3º da cláusula décima sétima-A pelo Ajuste SINIEF 10/09, efeitos a partir de 09.07.09.

§ 3º A partir de 1º de janeiro de 2010 fica vedado à Administração Tributária das unidades federadas autorizar o Pedido de Aquisição de Formulário de Segurança – PAFS – de que trata a cláusula quinta do Convênio ICMS 58/95, de 30 de junho de 1995, quando os formulários se destinarem à impressão de DANFE, sendo permitido aos contribuintes utilizarem os formulários autorizados até o final do estoque.

Redação anterior dada ao § 3º da cláusula décima sétima-A pelo Ajuste SINIEF 01/09, efeitos de 19.02.09 a 08.07.09.
§ 3º A partir de 1º de agosto de 2009, fica vedada à Administração Tributária das unidades federadas autorizar Pedido de Aquisição de Formulário de Segurança – PAFS, de que trata a cláusula quinta do Convênio ICMS 58/95, de 30 de junho de 1995, quando os formulários se destinarem à impressão de DANFE, sendo permitido aos contribuintes utilizarem os formulários autorizados até o final do estoque.

Acrescido o § 3° à cláusula décima sétima-A pelo Ajuste SI-NIEF 11/08, efeitos de 01.10.08 a 18.02.09.

§ 3° A partir de 1° de março de 2009, fica vedada à Administração Tributária das Unidades Federadas autorizar Pedido de Aquisição de Formulário de Segurança – PAFS, de que trata a cláusula quinta do Convênio ICMS 58/95, de 30 de junho de 1995, quando os formulários se destinarem à impressão de DANFE, sendo permitido aos contribuintes utilizarem os formulários autorizados até o final do estoque.

Acrescida a cláusula décima sétima-B pelo Ajuste SINIEF 08/07, efeitos a partir de 01.11.07.

Cláusula décima sétima-B A administração tributária das unidades federadas autorizadoras de NF-e disponibilizarão, às empresas autorizadas à sua emissão, consulta eletrônica referente à situação cadastral dos contribuintes do ICMS de seu Estado, conforme padrão estabelecido em ATO COTEPE.

Acrescida a cláusula décima sétima-C pelo Ajuste SINIEF 08/07, efeitos a partir de 01.11.07.

Cláusula décima sétima-C Toda NF-e que acobertar operação interestadual de mercadoria ou relativa ao comércio exterior estará sujeita ao registro de passagem eletrônico em sistema instituído por meio do Protocolo ICMS 10/03.

Parágrafo único Esses registros serão disponibilizados para a unidade federada de origem e destino das mercadorias bem como para a unidade federada de passagem que os requisitarem.

Acrescida à cláusula décima sétima-D pelo Ajuste SINIEF 11/08, efeitos a partir de 01.10.08.

Cláusula décima sétima-D A Declaração Prévia de Emissão em Contingência – DPEC (NF-e) deverá ser gerada com base em leiaute estabelecido em Ato COTEPE, observadas as seguintes formalidades:

MANUAL DE IMPLANTAÇÃO DA NOTA FISCAL ELETRÔNICA　　**455**

I – o arquivo digital da DPEC deverá ser elaborado no padrão XML (Extended Markup Language);

II – a transmissão do arquivo digital da DPEC deverá ser efetuada via Internet;

III – a DPEC deverá ser assinada pelo emitente com assinatura digital certificada por entidade credenciada pela Infraestrutura de Chaves Públicas Brasileira – ICP-Brasil, contendo o nº do CNPJ de qualquer dos estabelecimentos do contribuinte, a fim de garantir a autoria do documento digital.

§ 1º O arquivo da DPEC conterá informações sobre NF-e e conterá, no mínimo:

I – A identificação do emitente;

II – Informações das NF-e emitidas, contendo, no mínimo, para cada NF-e:

a) cave de Acesso;

b) CNPJ ou CPF do destinatário;

c) uidade Federada de localização do destinatário;

d) valor da NF-e;

e) valor do ICMS;

f) valor do ICMS retido por substituição tributária.

§2º Recebida a transmissão do arquivo da DPEC, a Receita Federal do Brasil analisará:

I – a regularidade fiscal do emitente;

II – o credenciamento do emitente, para emissão de NF-e;

III – a autoria da assinatura do arquivo digital da DPEC;

IV – a integridade do arquivo digital da DPEC;

V – a observância ao leiaute do arquivo estabelecido em Ato COTE-PE;

VI – outras validações previstas em Ato COTEPE.

§ 3º Do resultado da análise, a Receita Federal do Brasil cientificará o emitente:

I – da rejeição do arquivo da DPEC, em virtude de:

a) falha na recepção ou no processamento do arquivo;

b) falha no reconhecimento da autoria ou da integridade do arquivo digital;

c) irregularidade fiscal do emitente;

d) remetente não credenciado para emissão da NF-e;

e) duplicidade de número da NF-e;

f) falha na leitura do número da NF-e;

g) outras falhas no preenchimento ou no leiaute do arquivo da DPEC;

II – da regular recepção do arquivo da DPEC.

§ 4° A cientificação de que trata o §3° será efetuada mediante arquivo disponibilizado ao emitente ou a terceiro autorizado pelo emitente, via internet, contendo, o arquivo do DPEC, o número do recibo, data, hora e minuto da recepção, bem como assinatura digital da Receita Federal do Brasil.

§ 5° Presumem-se emitidas as NF-e referidas na DPEC, quando de sua regular recepção pela Receita Federal do Brasil, observado o disposto no §1° da cláusula quarta.

§ 6° A Receita Federal do Brasil disponibilizará acesso às Unidades Federadas e Superintendência da Zona Franca de Manaus aos arquivos da DPEC recebidas.

§ 7° Em caso de rejeição do arquivo digital, o mesmo não será arquivado na Receita Federal do Brasil para consulta.

Cláusula décima oitava Aplicam-se à NF-e, no que couber, as normas do Convênio SINIEF S/N°, de 15 de dezembro de 1970.

Acrescido o § 1° à cláusula décima oitava, pelo Ajuste SINIEF 8/07, efeitos a partir de 01.11.07.

§ 1° As NF-e canceladas, denegadas e os números inutilizados devem ser escriturados, sem valores monetários, de acordo com a legislação tributária vigente.

MANUAL DE IMPLANTAÇÃO DA NOTA FISCAL ELETRÔNICA **457**

Acrescido o § 1º à cláusula décima oitava, pelo Ajuste SINIEF 8/07, efeitos a partir de 01.11.07.

§ 2º Nos casos em que o remetente esteja obrigado à emissão da NF-e, é vedada ao destinatário a aceitação de qualquer outro documento em sua substituição, exceto nos casos previstos na legislação estadual.

Nova redação dada cláusula décima nona pelo Ajuste SINIEF 11/05, efeitos a partir de 21.12.05.

Cláusula décima nona O disposto neste Ajuste aplica-se, a partir de 1º de abril de 2006, aos Estados do Amapá, Espírito Santo, Paraíba, Pernambuco, Piauí e Roraima e ao Distrito Federal.

Acrescido o parágrafo único à cláusula décima nona pelo Ajuste SINIEF 02/06, efeitos a partir de 29.03.06.

Parágrafo único. O disposto na cláusula segunda deste Ajuste aplica-se aos Estados do Amapá, Espírito Santo, Paraíba e Pernambuco e ao Distrito Federal a partir de 1º de janeiro de 2007.

Redação original, efeitos até 20.12.05.
Cláusula décima nona O disposto na cláusula segunda se aplica, a partir de 1º de janeiro de 2006, aos Estados do Espírito Santo, Paraíba, Pernambuco e Piauí e ao Distrito Federal.

Cláusula vigésima Este Ajuste entra em vigor na data de sua publicação no Diário Oficial da União.

Manaus-AM, 30 de setembro de 2005.

Referências

ACBr – Automação Comercial Brasil
http://acbr.sourceforge.net/drupal/

Ararat Synapse
http://www.synapse.ararat.cz/doku.php/start

Criptografia Numaboa
http://numaboa.com.br/criptografia/

Infra-Estrutura de Chaves Públicas Brasileira – ICP-Brasil
http://www.icpbrasil.gov.br

Instituto Nacional de Tecnologia da Informação
http://www.iti.gov.br

Microsoft Developer Network (MSDN)
http://msdn.microsoft.com/

NF-eletrônica nacional
http://nf-eletronica.com/blog/

OpenSSL: The Open Source toolkit for SSL/TLS
http://www.openssl.org/

Portal da Nota Fiscal Eletrônica
http://www.nfe.fazenda.gov.br/portal

RSA, The Security Division of EMC, Security Solutions for Business Acceleration
http://www.rsa.com/

SEFAZ Acre
http://www.sefaz.ac.gov.br

SEFAZ Alagoas
http://www.sefaz.al.gov.br

SEFAZ Amapá
http://www.sefaz.ap.gov.br

SEFAZ Amazonas
http://www.sefaz.am.gov.br

SEFAZ Bahia
http://www.sefaz.ba.gov.br

SEFAZ Ceará
http://www.ceara.gov.br

SEFAZ Distrito Federal
http://www.fazenda.df.gov.br

SEFAZ Espírito Santo
http://www.sefaz.es.gov.br

SEFAZ Goiás
http://nfe.sefaz.go.gov.br

SEFAZ Maranhão
http://www.sefaz.ma.gov.br

SEFAZ Mato Grosso
http://www.sefaz.mt.gov.br

SEFAZ Mato Grosso do Sul
http://www1.nfe.ms.gov.br

SEFAZ Minas Gerais
http://portalnfe.fazenda.mg.gov.br

SEFAZ Pará
http://www.sefa.pa.gov.br

SEFAZ Paraíba
http://www.receita.pb.gov.br

SEFAZ Paraná
http://www.fazenda.pr.gov.br

SEFAZ Pernambuco
http://www.sefaz.pe.gov.br

SEFAZ Piauí
http://www.sefaz.pi.gov.br

SEFAZ Rio de Janeiro
http://www.fazenda.rj.gov.br

SEFAZ Rio Grande do Norte
http://www.set.rn.gov.br

SEFAZ Rio Grande do Sul
http://www.sefaz.rs.gov.br

SEFAZ Rondônia
http://www.portal.sefin.ro.gov.br/site/

SEFAZ Roraima
http://www.sefaz.rr.gov.br

SEFAZ Santa Catarina
http://nfe.sef.sc.gov.br

SEFAZ São Paulo
http://www.fazenda.sp.gov.br/nfe

SEFAZ Sergipe
http://nfe.sefaz.se.gov.br

SEFAZ Tocantins
http://www.sefaz.to.gov.br

SPED – Sistema Público de Escrituração Digital
http://www1.receita.fazenda.gov.br

Sun Developer Network (SDN)
http://java.sun.com/

The Code Project
http://www.codeproject.com/

The XML C parser and toolkit of Gnome – libxml
http://xmlsoft.org/index.html

The World Wide Web Consortium (W3C)
http://www.w3.org/

WEBSERVICES.ORG
http://www.webservices.org/

Wikipedia, a enciclopédia livre
http://en.wikipedia.org/ | http://pt.wikipedia.org/

XML Security Library
http://www.aleksey.com/xmlsec/index.html

XStream
http://xstream.codehaus.org/